在线广告模式与
定价策略优化研究

李国鑫 葛 姣 任际范 吴 航 著

科 学 出 版 社

北 京

内 容 简 介

进入数智时代，在线广告越来越呈现个性化、移动化和社会化特征，大数据中蕴含的巨大价值与新兴技术的驱动为在线广告提供了前所未有的发展空间和机遇，也对新的在线广告模式及其定价策略提出许多需要解决的新问题。针对大数据环境下的在线广告创新与实践，本书聚焦信息流广告、短视频广告、移动 O2O 广告、社交媒体广告、直播广告和搜索排名广告等新兴广告模式，详细介绍依托中国数据的实证研究和实验研究成果。这些研究采用多源数据和多研究方法交叉的研究范式，通过大样本数据和实验数据，运用计量经济学、统计学和机器学习等研究方法，揭示在线广告的作用机制、用户接受、投放方法、广告有效性和定价优化等方面的机理与规律。

本书可以为数智时代的在线广告研究提供理论参考，同时为在线广告有效投放实践提供方法选择。本书适用于高校和科研单位的经济管理领域学者和研究生，对品牌企业和平台企业的市场营销人员也具有参考价值。

图书在版编目（CIP）数据

在线广告模式与定价策略优化研究 / 李国鑫等著. —北京：科学出版社，2023.12

ISBN 978-7-03-077060-8

Ⅰ. ①在… Ⅱ. ①李… Ⅲ. ①网络广告-定价-研究

Ⅳ. ①F713.8

中国国家版本馆 CIP 数据核字（2023）第 226326 号

责任编辑：郝　悦 / 责任校对：王晓茜
责任印制：张　伟 / 封面设计：有道设计

斜 学 出 版 社 出版

北京东黄城根北街 16 号
邮政编码：100717
http://www.sciencep.com

北京盛通数码印刷有限公司印刷
科学出版社发行　各地新华书店经销

*

2023 年 12 月第 一 版　开本：720×1000　1/16
2023 年 12 月第一次印刷　印张：17
字数：330 000

定价：178.00 元

（如有印装质量问题，我社负责调换）

前　言

互联网的出现和庞大的用户群体促进了在线广告的蓬勃发展。我国的在线广告产业已经实现了千亿元级规模，呈现出巨大经济体量和发展潜力。数智技术的发展在其中起到了不可估量的推动作用。大数据技术和需求管理平台（demand management platform，DMP）的兴起为提供精准的、个性化的在线行为广告带来了可能；智能移动设备及技术的普及给线上线下广告媒体的深度融合带来了机遇；社会媒体的广泛应用催生了信息流广告和定向广告等新的广告模式。实践的发展也为我们提出了新的研究课题。

本书是对国家自然科学基金重点项目"在线广告模式与定价策略优化研究"（NSFC#71831005）的部分研究内容的梳理和汇总，详细呈现最新的在线广告模式研究成果。本书紧扣现实问题，立足在线广告的研究前沿，从个性化、移动化和社会化等多维度的科学视角研究不同模式的在线广告效果及广告定价优化策略，为数智时代的广告模式创新提供新视角和新方向。全书共分四篇，分为在线广告的个性化篇、移动化篇、社会化篇和广告定价策略篇。每篇包含 4 章内容，共 16 章。各章内容相对独立，自成体系。针对每一种广告模式和定价策略，详细介绍基础知识、研究模型构建与分析、研究发现及营销管理建议。本书写作风格力求"上天入地"，既能将前沿的研究成果呈现给相关领域的硕士研究生、博士研究生和学者，也能用通俗易懂的语言呈现给企业应用人员和社会大众。

本书各章的撰写组织如下：第 1 章由唐霈雯、李国鑫撰写；第 2 章由何玉锋、李国鑫撰写；第 3 章由刘可清、李国鑫撰写；第 4 章由韩笑、李国鑫撰写；第 5 章由安涵、任际范撰写；第 6 章由程静、任际范撰写；第 7 章由朱梦洋、任际范撰写；第 8 章由卓星辰、李国鑫撰写；第 9 章由吴刚、任际范撰写；第 10 章由周晓风、葛姣撰写；第 11 章由窦家琪、葛姣撰写；第 12 章由田婷、葛姣撰写；第 13 章由刘跃、吴航撰写；第 14 章由路璨雯、吴航撰写；第 15 章由路璨雯、吴航撰写；第 16 章由刘跃、吴航撰写。衷心感谢团队成员及所有合作者在项目研究中所做的学术创新与贡献。感谢刘欣、吴昊、简乐儿、欧唯、牛妍方、张燕玲、杜铎、潘泽安、谭颖锶等学生在本书撰写过程中付出的努力。感谢李莉在本书的出版方面所做的大量工作。

目　　录

第一篇　在线广告的个性化篇

第二篇　在线广告的移动化篇

第三篇　在线广告的社会化篇

第四篇　广告定价策略篇

第一篇　在线广告的个性化篇

第1章 定向广告的消费者接受意愿影响研究

1.1 定 向 广 告

自 1994 年出现第一个横幅广告开始,在线广告的支出预算不断增长,其种类和数量也日渐丰富。在线广告模式也不再局限于横幅广告、网站等形式,现在有多种在线广告模式可供广告商选择,如信息流广告、移动广告、定向广告等。其中,定向广告是近年来兴起的一种在线广告模式。

定向广告是指广告商通过获得消费者的标签信息,向消费者推送个性化内容,以提高与潜在消费者的准确联系[1]。简单来说,定向广告是在正确的时间向正确的人传递正确的信息,让消费者产生心理暗示,认为这样的广告与他们的消费需求更相关,更符合他们的目标和兴趣[2]。

定向广告的优点是通过个性化服务传递更有效的信息,激发消费者购买产品或获得服务的个性化感知。与非定向广告相比,定向广告可能导致更高的消费者点击率、拥有更高的对广告技术的接受意愿。从营销人员的角度,利用定向广告技术,营销人员可以通过与产品相关的关键字搜索,积极地锁定对其产品表现出兴趣的消费者,并将大部分预算投资在那些最有可能转化为购买产品的个人身上[3]。从消费者的角度,定向广告的个性化推荐内容对消费者更有吸引力、更相关,也更符合他们的个人兴趣[4],消费者会更在意符合他们的目标和愿望的产品广告[5]。定向广告可以提高信息提供的及时性和产品建议的个性化,使信息搜索方法更有效,同时增强目标消费者的购买意愿[6]。这种有针对性的广告降低了广告整体成本,直接的效果是使行业利润最大化[7]。

定向广告的缺点是可能引起消费者的隐私担忧。在定向广告研究中,隐私关注问题可能导致消费者对数字广告的负面态度,很多消费者认为频繁的定向广告极具侵入性,并由此产生广告规避行为[8]。当消费者觉得自己的信息已经被网站跟踪、披露时,会对定向广告产生反感,并主动屏蔽该类型广告。尤其当消费者并不清楚外部的商业活动是如何获取自己的个人信息、是谁在收集他们的浏览信息、这些信息被用于什么目的时,会产生一种隐私被侵犯的感觉[9]。如果消费者因隐私信息被泄露等原因感受到不舒适,消费者对个性化服务的接受意愿也将降低[10]。同时,消费者也会通过感知非个性化成本和隐私顾虑,进一步影响其对广告商和社交媒体的态度,进而产生心理抗拒。目前政府已出台《中华人民共和国网络安全法》《中华人民共和国个人信息保护法》《App 违法违规收集使用个人信息行为认定方法》①等多项法律法规,对如何保护消费者信息安全做出了具体规定。

1.2　消费者定向广告知识与定向广告技术接受意愿

1. 消费者的定向广告知识

消费者知识被定义为消费者认知行为和消费者理解水平以及信息处理能力[11]。消费者从各种来源获取有关产品和品牌的知识。消费者知识可以分为客观知识和主观知识两种结构。客观知识是关于长期记忆的产品的准确信息;主观知识是对自我评估的知识,如个人对产品或服务的感知等,因此消费者知识的定义中强调了它是影响决策过程的重要因素。消费者的定向广告知识是指消费者辨别定向广告的类型、产生原因、法律界限等方面的知识水平[12]。

已有研究表明,消费者知识与态度和行为意向有密切关系,客观知识是产品评估的更好预测指标[13]。当消费者对未知技术或服务持有积极态度时,他们拥有的与该技术或服务相关的知识会有助于提升其对该技术或服务的接受意愿。例如,个体有关心理健康服务知识的了解程度与其对心理健康服务的态度存在正相关关系[14],个体对某病毒的知识水平与其对战胜该病毒的信心间存在显著积极影响关系[15],消费者所具有的绿色品牌知识对其绿色品牌购买意愿有积极的影响[16],等等。但当消费者对未知技术或服务持有消极态度时,他们拥有的相关知识可能负向影响其对技术或服务的接受意愿。当消费者察觉外界信息具备广告属性时,他们所具备的广告知识也可能负向影响消费者的广告态度[17]。

Smit 等[12]于 2014 年证实,互联网消费者目前的知识不足以很好地理解新兴的定向广告技术,同时每个消费者在隐私问题、个性化等方面的态度有所不同,因此他们对定向广告技术的接受意愿不尽相同。由说服知识模型(persuasion knowledge model,PKM)可知,定向广告更容易使消费者察觉外界信息的说服企图,因此很有可能引起消费者的抗拒和回避行为。Hadlington 等[15]发现,当消费者面对精确的个性化推荐时,他们具备的广告知识水平越高,其总体信息安全意识就越高,参与风险行为的可能性就越低,接受外界刺激并采取行动的可能性也就越低。

2. 消费者的定向广告技术接受意愿

定向广告技术是指使广告运营商通过媒介方式向潜在消费者实时推送个性化

---

① App 指应用程序(application)

信息的技术[18]。这些技术目前包括市场细分、社交媒体分析、地理位置追踪、互联网协议（internet protocol，IP）地址匹配、关键词匹配和水印等[18]，见表 1-1。

表 1-1　六种定向广告技术名称及内涵

名称	内涵
市场细分技术	收集用户的人口统计基本信息和心理信息，根据这些信息进行用户群体划分和个性化广告推荐。例如，通过收集您的性别、年龄、收入等信息，向您推荐服装的广告
社交媒体分析技术	收集用户在社交媒体网站上留下的兴趣、身份等标签，根据这些信息进行用户群体划分和个性化广告推荐。例如，通过收集您注册某英语网站或关注某英语微信公众号的信息，向您推荐英语课程的广告
地理位置追踪技术	收集用户在移动设备上留下的位置数据，根据用户的当前位置进行个性化广告推荐。例如，通过收集您在某商场附近的位置信息，向您推荐该商场的广告
IP 地址匹配技术	关联用户拥有的同一个 IP 地址的各种设备（手机、计算机），通过把这些信息联系起来进行个性化广告推荐。例如，通过您在手机上访问家具网站的信息，在您使用计算机时向您推荐家具的广告
关键词匹配技术	有些软件可以听见用户说过的关键词匹配，通过收集这些关键词匹配来进行个性化广告推荐。例如，通过您在交谈时提到的电饭煲信息，在您使用手机时向您推荐电饭煲的广告
水印技术	有些软件可以听见用户正在收看的网络节目，通过收集这些信息来进行个性化广告推荐。例如，听到您在看电视时电视中提到的榨汁机信息，在您使用手机时向您推荐榨汁机的广告

相比非个性化广告，定向广告具备个性化推荐优势的同时，也可能引发消费者的隐私担忧。适度个性化的定向广告增加了消费者的点击率，高度个性化的定向广告（如基于个人年龄、性别和位置信息等追踪）则降低了消费者的点击率[19]。因此，设计合理的定向广告投放方式、使用合适的定向广告技术，尽可能避免引起消费者对隐私的担忧，同时为消费者提供精准的个性化服务，将有助于提升消费者对定向广告技术的接受意愿。

本章聚焦探索消费者的定向广告知识和隐私关注如何影响消费者的定向广告技术接受意愿。主要回答两个研究问题：①消费者的定向广告知识是否以及如何影响其对定向广告技术的接受意愿？②消费者对定向广告的个性化与隐私关注的权衡在其中起到什么影响作用？

1.3　研究模型构建与分析

1. 理论基础

说服知识模型是由 Friestad 和 Wright[20]在 1994 年提出的用于研究说服企图与用户反应的理论模型。由于不同的人拥有不同的经历和经验，说服知识并不只包括正式知识，同时每个人会形成独特的说服知识体系。说服知识可以帮助人们识别出具备说服特征的场景，防止自己的态度或行为受到不必要的影响[21]。O'Keefe[22]在1990年提出，说服是指说服者在沟通过程中有目的地影响被说服者，但被说服者拥有自由选择的权利，并没有被强迫接受外界的说服信息。说服知识模型是指在面对营销人员的说服战术时，消费者是如何理解并处理说服信息的，即消费者对营销人员战术战略的态度和看法最终导致什么样的结果[23]。因此，消费者并不是说服信息的被动接受者，而是能够在接收外界的说服信息时，形成自己的知觉判断，并主动应对说服者的营销行为。本章中定向广告技术是一种营销场景下劝说潜在消费者购买的技术手段，因此本章适合将说服知识模型作为理论基础，研究消费者如何主动应用自己的说服知识体系对定向广告技术进行辨别，并做出反应。说服知识模型如图1-1所示。

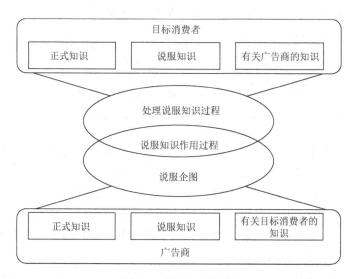

图 1-1 说服知识模型

由说服知识模型可知，广告商具备正式知识体系、说服知识体系和有关目标消费者的知识体系，而目标消费者具备正式知识体系、说服知识体系和有关广告商的知识体系。因此，广告商向外传播具备说服企图的外界信息和消费者接收该信息的刺激使得广告商与消费者之间产生两方博弈。该过程可以被抽象为广告商依据自身知识体系发出具备说服企图的信息，消费者结合自身知识体系处理该刺激，并最终形成在说服企图下的行为。消费者对定向广告的响应过程可以抽象为接受外界信息、激发说服知识、做出反应这三个阶段。当消费者接收外界信息刺激时，可能将其视为一种说服企图的信息；当这种企图作用于消费者时，消费者的说服知识可能被激发，进而判断并评估该外界信息的商业性质，并形成对该信息的认知和评价；在此基础上，消费者依据对该信息的理解和评价，就会产生相应的行为。这一过程也与刺激-机体-反应（stimulus-organism-response，S-O-R）模型的作用过程相似。本章将定向广告作为研究对象，如果用户将某项内容识别为广告，尤其是定向广告，就很有可能直接触发用户对该内容的抵制。当用户识别到某项内容中存在一定的说服信息，即试图说服用户相信、接受某种观点或者进行某种行为时，用户自身的说服知识便会被激活，并产生抗拒心理和广告规避。当用户接收说服企图时，出于被欺骗的顾虑，用户可能对定向广告的内容更加谨慎，进而采取抵制行为。

隐私演算理论（privacy calculus theory，PCT）是由 Laufer 和 Wolfe[24]在 1977 年首次提出的。该理论假设个体正在考虑自己的行为后果，个体在披露敏感信息之前，通常会将社会利益与披露带来的潜在负面后果进行比较。隐私演算理论是研究对立力量（即风险和收益）对隐私行为的联合影响最常用的理论之一[25]。该理论表明，人们披露个体信息的意图基于隐私演算，在该演算中，个体权衡了潜在的竞争因素，如交易的风险和收益[26, 27]。隐私演算理论模型如图 1-2 所示。本章聚焦定向广告的个性化推荐与消费者隐私关注的影响机制，应用隐私演算理论对消费者权衡风险与利益的过程进行解释。消费者是否选择接纳新技术取决于他们对共享信息的收益及隐私担忧的权衡。如果消费者认为披露个体信息的收益很高，他们可能允许移动设备获取自己的信息，并接受定向广告的个性化服务，此时消费者感知到的风险小于收益。但是这些个性化服务的成功在很大程度上依赖于对详细个体信息的收集和分析，基于个性化推荐技术的参与程度、数据收集的丰富性和连续性、隐私威胁及其来源的不可预测性等，消费者对风险的评估可能越来越不准确[28]，他们也可能面临着个体信息（如位置、购物偏好、社交网络）被泄露的风险，因此一些对隐私关注程度较高的消费者可能选择放弃定向广告的个性

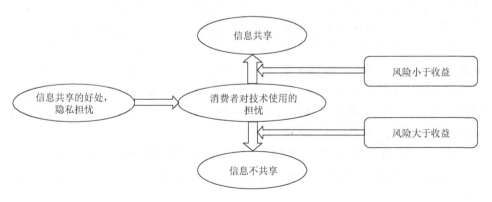

图 1-2　隐私演算理论模型

化推荐功能,此时消费者感知到的风险大于收益。因此,本章应用隐私演算理论,在定向广告推送情境下研究个性化内容和隐私关注间的权衡对定向广告技术接受意愿的影响,拓展了该理论的应用范围。

2. 假设提出

在说服知识模型和隐私演算理论的指导下,本章将探索定向广告知识与定向广告技术接受意愿之间的影响机制,并以个性化推荐与隐私关注间的权衡作为中介变量,构建相应的理论研究模型;根据已有的相关文献研究,进行假设论证。

1) 消费者定向广告知识对定向广告技术接受意愿的直接影响

定向广告的个性化推荐有助于促进潜在消费者的购买行为,但不恰当的个性化推荐可能使消费者产生对隐私的担忧[29]。多项有关定向广告的研究表明,当消费者识别出定向广告后,其购买意愿会下降[29]。隐私关注问题往往会对消费者的广告接受意愿产生负向影响[30],并引起消费者的广告规避行为[31],尤其当消费者不清楚自己的信息是如何被收集、被使用时,会产生隐私被侵犯的心理[9],定向广告的可信度被消费者质疑,定向广告技术的接受意愿下降。因此,向潜在消费者精确推荐相关广告的代价是消费者可能产生强烈的隐私侵犯感,进而购买意愿降低,广告规避和拒绝增加[32,33],并产生质疑广告信息可信度的行为[34,35]。

定向广告知识是指用户对其收到的定向广告的现象、原因和法律界限的了解程度。依据说服知识模型,在定向广告个性化推荐的条件下,消费者可能被外界信息激发出说服知识,并在理解和评价信息后,可能引发消费者的广告规避和抗拒行为。当消费者面对精准的个性化内容推荐时,他们会更容易察觉外界刺激的广告属性,进而产生更高的安全意识[36],因此他们更抗拒定向广告的个性化推荐机制,对定向广告技术的接受意愿也更低。已有学者发现定向广告的个性化推荐可能促使消费者更快地识别出定向广告的商业化性质并产生回避行为[15,36]。例如,Brehm[37]提出当消费者感知到外界广告信息试图引起他们的购买冲动时,消费者会产生广告抗拒行为;Knowles和Linn[38]提出消费者在外界商业刺激下,容易对外界试图说服他们的信息产生不信任,进而质疑该广告信息。当消费者的说服知识体系被激活,即识别出了定向广告时,他们对广告内容将持有消极态度[39]。因此,消费者的定向广告知识水平越高,他们对定向广告技术的接受意愿就越低。在此基础上,本章提出如下假设。

H1-1:消费者的定向广告知识对定向广告技术的接受意愿具有直接的负向影响。

H1-1a:消费者的定向广告知识对市场细分技术的接受意愿具有直接的负向影响。

H1-1b:消费者的定向广告知识对社交媒体分析技术的接受意愿具有直接的负向影响。

H1-1c: 消费者的定向广告知识对地理位置追踪技术的接受意愿具有直接的负向影响。

H1-1d: 消费者的定向广告知识对 IP 地址匹配技术的接受意愿具有直接的负向影响。

H1-1e: 消费者的定向广告知识对关键词匹配技术的接受意愿具有直接的负向影响。

H1-1f: 消费者的定向广告知识对水印技术的接受意愿具有直接的负向影响。

2）个性化与隐私关注的权衡的中介作用

由隐私演算理论可知，消费者会比较信息披露后的收益与可能出现的负面后果，进而做出是否披露个体敏感信息的决定[24]。基于定向广告的定向性特征，消费者既可能从定向广告中获取个性化内容，也可能对高度个性化的定向广告产生隐私担忧，因此他们会对个性化的收益和隐私担忧的负面影响进行权衡，进而决定是否接受定向广告技术。多数有关定向广告的研究表明，隐私担忧对消费者的新技术接受意愿有负向影响[13, 40, 41]，因此消费者对隐私担忧的关注超过对定向广告个性化信息的关注会导致消费者对定向广告技术的接受意愿降低。在此基础上，本章提出如下假设。

H1-2：个性化和隐私关注之间的权衡在定向广告知识和定向广告技术的接受意愿之间起中介作用。当消费者关注个性化超过隐私担忧时，会产生对定向广告技术的积极接受意愿；当消费者关注隐私担忧超过个性化时，会产生对定向广告技术的消极接受意愿。

H1-2a：个性化和隐私关注之间的权衡在消费者定向广告知识和市场细分技术的接受意愿之间起中介作用。

H1-2b：个性化和隐私关注之间的权衡在消费者定向广告知识和社交媒体分析技术的接受意愿之间起中介作用。

H1-2c：个性化和隐私关注之间的权衡在消费者定向广告知识和地理位置追踪技术的接受意愿之间起中介作用。

H1-2d：个性化和隐私关注之间的权衡在消费者定向广告知识和 IP 地址匹配技术的接受意愿之间起中介作用。

H1-2e：个性化和隐私关注之间的权衡在消费者定向广告知识和关键词匹配技术的接受意愿之间起中介作用。

H1-2f：个性化和隐私关注之间的权衡在消费者定向广告知识和水印技术的接受意愿之间起中介作用。

3. 研究模型

本章在定向广告营销背景下，探究定向广告知识对定向广告技术接受意愿的影响关系，加入个性化与隐私担忧间权衡的中介作用，并将消费者年龄、性别、受教育程度等作为控制变量，细化研究结果。本章的研究模型如图 1-3 所示。

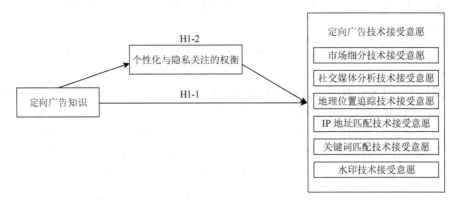

图 1-3　研究模型

4. 研究设计

1）研究变量测量

本章的因变量是定向广告技术接受意愿，代表了消费者的态度和行为意向。本章通过问卷构造市场细分技术、社交媒体分析技术、地理位置追踪技术、IP 地址匹配技术、关键词匹配技术、水印技术这六种技术的不同应用情境，用于测量问卷被试者在面对六种定向广告技术时的接受意愿。

本章的自变量是定向广告知识，使用 8 个有具体答案的是/否问题，问卷被试者根据自己对定向广告的了解选择"是"或"否"，以答对的题目数量作为被试者的定向广告知识水平。

本章的中介变量是定向广告的个性化与隐私关注的权衡。定向广告会同时为消费者带来个性化的精准内容推荐，也可能引起消费者的隐私担忧问题。消费者自身所掌握的定向广告知识水平会通过消费者对个性化和隐私问题的权衡，进而影响消费者对定向广告技术的接受意愿。因此，本章将个性化与隐私关注的权衡确定为中介变量，研究个性化与隐私关注的权衡在定向广告知识与定向广告技术接受意愿之间影响机制的中介作用。

消费者具备不同的人口统计学特征，年龄、性别、受教育程度等变量可能对定向广告技术接受意愿产生影响。因此，为保证问卷调查结果的有效性，本章将问卷被试者的其他人口统计学信息加以控制，将消费者年龄、性别、受教育程度、工作状态、广告行业经验等信息作为控制变量引入模型中。

2）问卷量表设计

根据已有文献对定向广告知识、定向广告技术接受意愿、个性化与隐私关注的权衡等的定义，本章将沿用文献中的成熟量表对变量加以测量。通过计算 Smit 等[12]在 2014 年提出的 8 个问题的正确数量来衡量问卷被试者的定向广告知识。它们以真或假的客观问题的形式呈现，以问卷被试者答对的题目数量作为被试者的定向广告知识水平，对问卷被试者的定向广告知识水平的测量将更加准确。本章以 Kim 等[42]的研究为基础，采用 10 分制方式（1 = "完全选择个性化推荐"，10 = "完全选择隐私保护"）测量个性化与隐私关注的权衡。此外，本章中包含的六种定向广告技术的最初描述来自 Segijn 和 van Ooijen[18]的研究。在预测试中，邀请 10 位被试者进行定向广告技术描述的易读性测试时，有 5 位被试者反映原始描述难以阅读和理解，尤其是对于关键词匹配和水印技术。因此，本章在设置定向广告技术的描述时，为每种技术补充了一个应用场景。每个定向广告技术的接受意愿都用利克特（Likert）七级量表进行测量（1 = "完全不能接受"，7 = "完全能接受"），由被试者根据自己的感知情况做出选择。

　　3）问卷数据收集

　　本次问卷调查在 2020 年 11 月 8～28 日发布，依托第三方数据公司（北京益派数据有限公司）相关调查数据进行发放，确保问卷收集的数量和质量。最终收集了 2247 份问卷，经过数据清洗，共获得 1838 份有效问卷，样本有效率为 81.8%。其中，49.62%的被试者为女性被试者。

　　4）描述性统计分析

　　根据本章收集的 1838 份有效问卷，使用 Stata 统计学软件对定向广告知识、定向广告技术接受意愿、个性化与隐私关注的权衡等相关的各个问卷题项进行描述性统计分析。本章将未接受教育、小学、初中、高中和职业学校划定为受教育程度较低的类别，将获得学士学位、硕士学位和博士学位划定为受教育程度较高的类别。在各项定向广告技术中，消费者对市场细分技术和社交媒体分析技术的接受意愿最高，其次依次是地理位置追踪技术、IP 地址匹配技术、关键词匹配技术和水印技术。有关定向广告技术的描述性统计数据如表 1-2 所示，本次问卷数据适合进行后续回归分析和假设验证。

表 1-2　描述性统计分析

项目	样本量/份	市场细分均值	社交媒体分析均值	地理位置追踪均值	IP 地址匹配均值	关键词匹配均值	水印均值
女性	912	4.47	4.45	4.04	4.00	3.81	3.76
男性	926	4.68	4.68	4.31	4.23	4.18	4.14
Z 世代	352	4.57	4.58	3.99	3.83	3.67	3.59
Y 世代	548	4.25	4.33	3.79	3.62	3.23	3.24
X 世代	504	4.34	4.34	4.04	4.04	4.16	4.08

项目	样本量/份	市场细分均值	社交媒体分析均值	地理位置追踪均值	IP地址匹配均值	关键词匹配均值	水印均值
银发一族	434	5.27	5.14	4.97	5.09	5.09	5.04
受教育程度较低	599	4.69	4.60	4.46	4.48	4.56	4.42
受教育程度较高	1239	4.50	4.54	4.02	3.93	3.71	3.71
总计	1838	4.57	4.57	4.17	4.12	4.00	3.95

注：Z世代指1995年以后出生；Y世代指1977~1995年出生；X世代指1965~1976年出生；银发一族指1946~1964年出生

5. 回归检验

1）定向广告知识对定向广告技术接受意愿的回归分析

以定向广告技术的接受意愿作为因变量进行回归分析，结果如表 1-3 所示。定向广告知识对定向广告技术的接受意愿有显著的负向影响（$\beta = -0.283 \sim -0.100$，$p < 0.01$）。具体来说，定向广告知识对市场细分技术接受意愿的负向影响最小（$\beta = -0.100$，$p < 0.01$），而定向广告知识对水印技术接受意愿的负向影响最大（$\beta = -0.283$，$p < 0.01$）。这表明定向广告技术越简单，定向广告知识对定向广告技术的接受意愿的负向影响就越小，消费者就越有可能接受。以上结果支持 H1-1 和 H1-2。

表 1-3　定向广告知识对定向广告技术接受意愿的回归结果

变量	市场细分	社交媒体分析	地理位置追踪	IP地址匹配	关键词匹配	水印
定向广告知识	-0.100***	-0.102***	-0.180***	-0.211***	-0.281***	-0.283***
年龄	0.213***	0.165***	0.255***	0.353***	0.433***	0.452***
性别（女性=1）	-0.214**	-0.236**	-0.224*	-0.166*	-0.260**	-0.282**
受教育程度	0.076	0.103	-0.098	-0.123	-0.323**	-0.148
工作状态	0.010	-0.057*	-0.001	-0.042	-0.086*	-0.086*
广告行业经验	0.183**	0.265***	0.164*	0.167*	0.286***	0.244***
样本量	1838	1838	1838	1838	1838	1838
调整后 R^2	0.039	0.035	0.068	0.099	0.159	0.159

注：因变量为定向广告技术接受意愿

*$p < 0.1$

**$p < 0.05$

***$p < 0.01$

2）个性化与隐私关注的权衡的中介作用

本章利用 Stata 软件，参考 1986 年 Baron 和 Kenny[43]提出的依次回归法验证个性化与隐私关注的权衡的中介作用。该方法对中介效应的判断原理可通过 3 个模型进行表示（以因变量为定向广告技术接受意愿为例）：

$$\text{Intention}_i = \beta_0 + c\text{Knowledge}_i + \text{Controls} + \varepsilon_i, \quad i = 1, 2, \cdots, 1838 \quad （1\text{-}1）$$

$$\text{Tradeoff}_i = \beta_1 + a\text{Knowledge}_i + \text{Controls} + \varepsilon_i, \quad i = 1, 2, \cdots, 1838 \quad （1\text{-}2）$$

$$\text{Intention}_i = \beta_2 + c'\text{Knowledge}_i + b\text{Tradeoff}_i + \text{Controls} + \varepsilon_i, \quad i = 1, 2, \cdots, 1838 \quad （1\text{-}3）$$

在以上模型中，Intention 代表定向广告技术接受意愿，是模型的因变量；Tradeoff 代表个性化与隐私关注的权衡，是模型的中介变量；Knowledge 则代表定向广告知识，是模型的自变量。在 3 个模型中，只有回归系数 a、b、c 同时显著才能表明中介作用存在。如果自变量对因变量的系数 c' 不显著，则个性化与隐私关注的权衡是对定向广告技术接受意愿的完全中介作用，即定向广告知识只能通过个性化与隐私关注的权衡作用于定向广告技术接受意愿。如果系数 c' 显著，则个性化与隐私关注的权衡是对定向广告技术接受意愿的部分中介作用，即自变量不仅可以直接对因变量产生影响，而且可以通过中介变量产生影响，中介变量发挥作用的大小是 $c-c'$。个性化与隐私关注的权衡的中介作用如表 1-4 和表 1-5 所示。

表 1-4　定向广告知识、个性化与隐私关注的权衡对定向广告技术接受意愿的回归结果

变量	市场细分	社交媒体分析	地理位置追踪	IP 地址匹配	关键词匹配	水印
定向广告知识	−0.016	−0.022	−0.090***	−0.118***	−0.188***	−0.187***
个性化与隐私关注的权衡	−0.290***	−0.276***	−0.311***	−0.319***	−0.319***	−0.332***
年龄	0.043	0.003	0.072*	0.166***	0.245***	0.257***
性别（女性＝1）	0.036	0.002	0.044	0.109	0.015	0.004
受教育程度	0.093	0.120	−0.079	−0.104	−0.304**	−0.128
工作状态	0.001	−0.065*	−0.010	−0.052*	−0.096**	−0.096**
广告行业经验	0.094*	0.180**	0.069	0.069	0.188**	0.142*
样本量	1838	1838	1838	1838	1838	1838
调整后 R^2	0.283	0.252	0.291	0.330	0.358	0.386

注：因变量为定向广告技术接受意愿

*$p<0.1$

**$p<0.05$

***$p<0.01$

表 1-5　定向广告知识对个性化与隐私关注的权衡的回归结果

变量	个性化与隐私关注的权衡
定向广告知识	0.290***
年龄	−0.588***
性别（女性 = 1）	0.861***
受教育程度	0.060
工作状态	−0.031
广告行业经验	−0.307**
样本量	1838
调整后 R^2	0.112

注：因变量为个性化与隐私关注的权衡

**$p < 0.05$

***$p < 0.01$

由表 1-4 可知，该回归模型解释了消费者对不同定向广告技术接受意愿差异的 25.2%～38.6%。个性化与隐私关注的权衡对定向广告技术的接受意愿有显著的负向影响（$\beta = -0.332 \sim -0.276$，$p < 0.01$），定向广告知识对一部分定向广告技术的接受意愿也有显著的负向影响（$\beta = -0.188 \sim -0.090$，$p < 0.01$）。

由表 1-4 和表 1-5 可知，个性化与隐私关注的权衡在定向广告知识与定向广告技术接受意愿的影响关系中起到中介作用。在市场细分技术、社交媒体分析技术中，个性化与隐私关注的权衡在定向广告知识与定向广告技术接受意愿中起完全中介作用；在地理位置追踪技术、IP 地址匹配技术、关键词匹配技术和水印技术中，个性化与隐私关注的权衡在定向广告知识与定向广告技术接受意愿中起部分中介作用。这表明当消费者面对可以理解的定向广告技术（如市场细分和社交媒体分析）时，定向广告知识对定向广告技术接受意愿的影响机制被个性化与隐私关注的权衡完全中介，消费者会只考虑定向广告技术对他们的个性化和隐私问题可能产生的影响，因此定向广告知识对定向广告技术接受意愿的负向影响会被削弱，消费者对该类定向广告技术的接受意愿相对较高；当消费者面对难以理解的定向广告技术（如地理位置追踪、IP 地址匹配、关键词匹配和水印）时，定向广告知识和个性化与隐私关注的权衡将同时对定向广告技术接受意愿产生负向影响，它往往会提醒消费者在个性化与隐私关注的权衡中更关注隐私，消费者对该类定向广告技术的接受意愿更低。

1.4　研究发现及营销管理建议

1. 研究发现

定向广告知识对定向广告技术接受意愿存在显著的负向影响（$\beta = -0.283 \sim -0.100$，$p < 0.01$）。这意味着消费者的定向广告知识越多，消费者对各类定向广告技术的接受意愿就越低。这是因为具备相关定向广告知识的消费者更容易察觉平台推送的广告具备定向性质，这一刺激会加深消费者对该内容商业属性的猜测和判断，即消费者具备的定向广告知识越多，外界刺激就越容易触发消费者对广告的感知和判断机制，因此消费者会将该信息视为具备定向广告属性的内容，进而会陷入对个体隐私保护的担忧中，对不同类型的定向广告推送方式产生反感和回避，即对不同定向广告技术的接受意愿降低。因此，定向广告知识会负向影响定向广告技术接受意愿，该结果与本章提出的研究假设一致。

定向广告具备个性化精准推荐的优点和可能使消费者产生隐私担忧的缺点，因此消费者对定向广告个性化与隐私关注的权衡结果会影响他们对各类定向广告技术的接受意愿。在定向广告应用的场景下，消费者是否接受定向广告技术也取决于他们感知到的风险和收益。若消费者认为定向广告的个性化推荐带来的收益大于风险，则会允许移动设备获取自己的信息，并乐于接受定向广告的个性化服务，对定向广告技术的接受意愿较高；若消费者认为定向广告会对自己的隐私造成威胁，他们感知到的风险大于收益，则会放弃定向广告的个性化推荐功能，并更加注重保护自己的隐私，对定向广告技术的接受意愿较低。

2. 营销管理建议

基于以上对研究结果的分析，本章分别为定向广告投放过程中涉及的品牌方、广告商和消费者这三个重要主体提出营销管理建议。

品牌方应认识到消费者自身所具备的定向广告知识会对定向广告技术接受意愿存在显著负向影响，并尽量选择易于理解的定向广告技术形式进行定向广告的设计和投放。尽管简单易懂的定向广告技术的接受意愿也会受到定向广告知识的负向影响，但难以理解的定向广告技术更可能给消费者带来未知和恐惧，从而促使消费者在定向广告的个性化与隐私关注的权衡过程中倾向于隐私关注，因此他们对难以理解的定向广告技术的接受意愿会更低。品牌方可以设计新的定向广告投放方式，尽量避免引起消费者对广告元素的察觉和感知，进而避免触发消费者自身的定向广告知识体系。

广告商作为接受品牌方委托，实施品牌方广告投放方案的重要主体，需要保证定向广告尽可能达到预期效果，因此也应当以提高消费者对定向广告技术接受意愿为首要目标，将消费者的定向广告知识、定向广告的个性化与隐私关注的权衡考虑进来，尽可能降低定向广告知识对定向广告技术接受意愿的负面影响。

此外，本章结果根据消费者的人口统计学信息（年龄、性别和受教育程度）进行了细分，发现不同性别和受教育程度的消费者受到的定向广告个性化与隐私关注的权衡的中介作用的影响程度不同。男性、受教育程度较低的消费者受到的个性化与隐私关注的权衡的中介作用更大。因此，当广告商向这类人群进行定向广告投放时，应当合理使用定向广告技术，尽可能避免引起消费者对隐私的担忧，引导他们将更多的注意力放在定向广告中的个性化的产品信息，进而引导他们在定向广告的个性化与隐私关注的权衡的过程中倾向于个性化推荐。

作为定向广告的目标受众，大多数消费者具备的定向广告知识水平相对较低，很难第一时间就识别出定向广告，因此往往在无意识情况下接受外界具备说服企图的信息，并做出不理智的决定。当消费者具备较高的定向广告知识水平时，他们在定向广告个性化与隐私关注的权衡过程中会更容易倾向于隐私关注，即对识别出的定向广告信息产生抗拒和回避心理，进而产生较低的定向广告技术接受意愿。因此，本章建议消费者可以适当增加一些定向广告知识，尤其是定向广告个性化运作机制的知识，进而能够在消费前识别出定向广告信息的说服企图，能够更理智地看待外界信息。

参 考 文 献

[1] IYER G, SOBERMAN D, VILLAS-BOAS J M. The targeting of advertising[J]. Marketing science, 2005, 24（3）: 461-476.

[2] CHO C H, CHEON H J. Why do people avoid advertising on the internet？ [J]. Journal of advertising, 2004, 33（4）: 89-97.

[3] LAMBRECHT A, TUCKER C. When does retargeting work？ Information specificity in online advertising[J]. Journal of marketing research, 2013, 50（5）: 561-576.

[4] TUCKER C E. Social networks, personalized advertising, and privacy controls[J]. Journal of marketing research, 2014, 51（5）: 546-562.

[5] VAN DOORN J, HOEKSTRA J C. Customization of online advertising: The role of intrusiveness[J]. Marketing letters, 2013, 24（4）: 339-351.

[6] WANG C C, YANG Y Y, CHIANG M H. Understanding users attitude to social endorsement advertising of embarrassing product[J]. International journal for applied information management, 2021, 1（1）: 6-22.

[7] KARLE H, PEITZ M. De-targeting: Advertising an assortment of products to loss-averse consumers[J]. European economic review, 2017, 95: 103-124.

[8] LI H A, KANNAN P K. Attributing conversions in a multichannel online marketing environment: An empirical model and a field experiment[J]. Journal of marketing research, 2014, 51（1）: 40-56.

[9]　NOWAK G J，PHELPS J. Direct marketing and the use of individual-level consumer information：Determining how and when "privacy" matters[J]. Journal of direct marketing，1995，9（3）：46-60.

[10]　刘百灵，杨世龙，李延晖. 隐私偏好设置与隐私反馈对移动商务用户行为意愿影响及交互作用的实证研究[J]. 中国管理科学，2018，26（8）：164-178.

[11]　BRUCKS M. The effects of product class knowledge on information search behavior[J]. Journal of consumer research，1985，12（1）：1-16.

[12]　SMIT E G，VAN NOORT G，VOORVELD H A M. Understanding online behavioural advertising：User knowledge，privacy concerns and online coping behaviour in Europe[J]. Computers in human behavior，2014（32）：15-22.

[13]　LINDEN G，SMITH B，YORK J. Amazon.com recommendations：Item-to-item collaborative filtering[J]. IEEE internet computing，2003，7（1）：76-80.

[14]　CASEY L M，JOY A，CLOUGH B A. The impact of information on attitudes toward E-mental health services[J]. Cyberpsychology，behavior，and social networking，2013，16（8）：593-598.

[15]　HADLINGTON L，BINDER J，STANULEWICZ N. Fear of missing out predicts employee information security awareness above personality traits，age，and gender[J]. Cyberpsychology，behavior，and social networking，2020，23（7）：459-464.

[16]　ZHOU Z M，ZHENG F C，LIN J L，et al. The interplay among green brand knowledge，expected eudaimonic well-being and environmental consciousness on green brand purchase intention[J]. Corporate social responsibility and environmental management，2020，28（2）：630-639.

[17]　BUIJZEN M. Reducing children's susceptibility to commercials：Mechanisms of factual and evaluative advertising interventions[J]. Media psychology，2007，9（2）：411-430.

[18]　SEGIJN C M，VAN OOIJEN I. Perceptions of techniques used to personalize messages across media in real time[J]. Cyberpsychology，behavior，and social networking，2020，23（5）：329-337.

[19]　LIAO C C，LIU C C，CHEN K. Examining the impact of privacy，trust and risk perceptions beyond monetary transactions：An integrated model[J]. Electronic commerce research and applications，2011，10（6）：702-715.

[20]　FRIESTAD M，WRIGHT P. The persuasion knowledge model：How people cope with persuasion attempts[J]. Journal of consumer research，1994，21（1）：1-31.

[21]　FRIESTAD M，WRIGHT P. Everyday persuasion knowledge[J]. Psychology and marketing，1999，16（2）：185-194.

[22]　O'KEEFE D J. Social judgment theory[J]. Persuasion：Theory and research，1990，36（5）：29-44.

[23]　KIM J，PARK J，RYU G. Decoy effects and brands[J]. ACR North American advances，2006（27）：283-295.

[24]　LAUFER R S，WOLFE M. Privacy as a concept and a social issue：A multidimensional developmental theory[J]. Social issues，1977，33（3）：22-42.

[25]　LI Y. Theories in online information privacy research：A critical review and an integrated framework[J]. Decision support systems，2012，54（1）：471-481.

[26]　WOTTRICH V M，VAN REIJMERSDAL E A，SMIT E G. The privacy trade-off for mobile app downloads：The roles of app value，intrusiveness，and privacy concerns[J]. Decision support systems，2018，106：44-52.

[27]　LIN C A，KIM T. Predicting user response to sponsored advertising on social media via the technology acceptance model[J]. Computers in human behavior，2016，64：710-718.

[28]　HALLAM C，ZANELLA G. Online self-disclosure：The privacy paradox explained as a temporally discounted balance between concerns and rewards[J]. Computers in human behavior，2017，68：217-227.

[29] HIGGINS S F，MULVENNA M D，BOND R B，et al. Multivariate testing confirms the effect of age-gender congruence on click-through rates from online social network digital advertisements[J]. Cyberpsychology，behavior，and social networking，2018，21（10）：646-654.

[30] LEE E，LEE K Y，SUNG Y，et al. DeleteFacebook：Antecedents of Facebook fatigue[J]. Cyberpsychology，behavior，and social networking，2019，22（6）：417-422.

[31] SHAUGHNESSY K，ROCHELEAU J N，KAMALOU S，et al. The effects of social anxiety and online privacy concern on individual differences in internet-based interaction anxiety and communication preferences[J]. Cyberpsychology，behavior，and social networking，2017，20（4）：212-217.

[32] BAEK T H，MORIMOTO M. Stay away from me：Examining the determinants of consumer avoidance of personalized advertising[J]. Journal of advertising，2012，41（1）：59-76.

[33] LEEFLANG P S，VERHOEF P C，DAHLSTRÖM P，et al. Challenges and solutions for marketing in a digital era[J]. European management journal，2014，32（1）：1-12.

[34] BOERMAN S C，VAN REIJMERSDAL E A，NEIJENS P C. Effects of sponsorship disclosure timing on the processing of sponsored content：A study on the effectiveness of European disclosure regulations[J]. Psychology and marketing，2014，31（3）：214-224.

[35] BERGSTRÖM A. Online privacy concerns：A broad approach to understanding the concerns of different groups for different uses[J]. Computers in human behavior，2015（53）：419-426.

[36] OULASVIRTA A，SUOMALAINEN T，HAMARI J，et al. Transparency of intentions decreases privacy concerns in ubiquitous surveillance[J]. Cyberpsychology，behavior，and social networking，2014，17（10）：633-638.

[37] BREHM J W. Psychological reactance：Theory and applications[J]. Advances in consumer research，1989，16（1）：72-75.

[38] KNOWLES E S，LINN J A. Resistance and persuasion[M]. Mahwah：Lawrence Erlbaum Associates，Inc，2004.

[39] COTTE J，COULTER R A，MOORE M. Enhancing or disrupting guilt：The role of ad credibility and perceived manipulative intent[J]. Journal of business research，2005，58（3）：361-368.

[40] TAYLOR D G，LEWIN J E，STRUTTON D. Friends，fans，and followers：Do ads work on social networks？How gender and age shape receptivity[J]. Journal of advertising research，2011，51（1）：258-275.

[41] HAYES J L，BRINSON N H，BOTT G J，et al. The influence of consumer-brand relationship on the personalized advertising privacy calculus in social media[J]. Journal of interactive marketing，2021，55：16-30.

[42] KIM T，BARASZ K，JOHN L K. Why am I seeing this ad？The effect of ad transparency on ad effectiveness[J]. Journal of consumer research，2019，45（5）：906-932.

[43] BARON R M，KENNY D A. The moderator-mediator variable distinction in social psychological research：Conceptual，strategic，and statistical considerations[J]. Journal of personality and social psychology，1986，51（6）：1173-1182.

第2章 短视频广告的戏剧性与情感元素
对用户参与行为影响研究

2.1 短视频广告

短视频广告是指以短视频为载体，在各种短视频平台上高频次播放的视频广告内容[1]。伴随着短视频的繁荣，短视频广告越来越成为产品宣传的重要形式。为了利用这一趋势，广告商和视频创作者将品牌信息整合到以人物和情节为特色的情境中，制作了大量形式新颖的叙事性视频广告，吸引人们注意力，借机传递有关产品效果或品牌定位的信息[2]。

目前关于短视频广告的研究多是对经典广告问题在新情境下的迁移，其中最主要的是探究短视频广告的效果。例如，张雅寒[3]借鉴经典广告效果的概念，探究了用户观看短视频广告后产生的广告态度及购买意愿；Wang[4]借助沉浸感、卷入度和临场感等概念探究了短视频广告效果。除了对经典广告研究的迁移，许多学者也针对短视频广告的特殊性展开了初步探索。短视频广告与传统视频广告的最大不同点是其交互性更复杂。通常来说，交互性具有三个维度：①主动控制；②用户与其他用户或平台之间的交互；③同步性，即交互对象彼此之间的沟通可以在一定时间内获得反馈[5]。传统视频广告一般为广告方对观看者的单向信息输出，用户与广告间很难进行交互。随着互联网广告的发展，在线流媒体中插播的视频广告开始在交互性的主动控制层面探索，例如，试图将广告的控制权交到用户手中。社交媒体中短视频广告的出现使互动变得更加复杂，观看者可以依据自己的偏好选择观看自己感兴趣的视频创作者创作的内容。这意味着在短视频平台中，用户拥有更强的自主控制权。这种自主控制权对视频创作者和广告商来说有利有弊，一方面，视频创作者必须压缩时长以降低被中途跳过的风险，这对创作提出了更高的要求[6]。另一方面，这种可选择性使得用户在面对自己感兴趣的广告时注意力会更为集中，整体观看广告的时间会变得更长[7]。因此，更强的用户自主控制权可能引发广告分享、用户评论及后续信息搜索等积极的用户参与行为[8]。用户通过短视频平台，参与短视频广告的评论和分享，从而丰富了广告和消费者之间的关系。从某种意义上讲，用户参与评论和分享就是参与了短视频广告的二次创作和再传播等环节[9]。例如，用户可以通过在视频下方留言评论，提供自己使用该产品的信息,来支持或者削弱商家对于该产品的宣传;用户也可以对视频本身进行评论或对他人留言进行回复,满足自己的社交需求。此外,消费者的分享转发行为可以促进广告的传播,从而促进网络爆款产品的出现[10]。

2.2　短视频广告戏剧性与情感元素

1. 短视频广告戏剧性元素

戏剧是广告中信息传递的基本形式之一,广告的戏剧性元素服务于广告叙事,包括事件中人物活动、场景的变化及故事情节等[11]。随着互联网技术的发展,无处不在的多媒体技术携带着过载的信息时刻触达用户,一定程度上限制了品牌对用户注意力的获取[12]。人们倾向于接受将关于他人及其行为信息以故事的形式呈现[13],为广告商提供了新的投放思路,即通过戏剧性的故事来吸引和维持用户黏性[14]。

影响广告戏剧性元素构建的叙事效果的因素有很多。首先,在叙事广告中,用户的注意力会受到叙事焦点的影响。叙述的焦点可以是产品使用的过程,也可以是产品消费的结果[15]。与以结果为中心的叙事广告相比,以过程为中心的叙事广告能够唤起更高程度的沉浸感,当用户迷失在叙事世界中时,他们不仅密切观察广告中的情节信息,甚至成为广告中情境的替代参与者,从而导致更有利的品牌态度和更强的行为意图[16]。此外,故事的完整性也会对广告的吸引力产生影响,完整的故事比不完整的故事更能吸引用户的浏览[17]。

在数字时代,用户不单单被动地接触视频广告,他们往往会搜寻自己感兴趣的内容,并进行持续关注。新兴短视频恰恰更容易打动用户[18],加以叙事性辅助,观看叙事性短视频可以缓解压力并更好地进行情绪管理[19]。具体来说,用户从被传输到短片中获得的幸福体验增强了他们对生活目的的欣赏和幸福感,从而对视频内的广告有了更高的接受度。

2. 短视频广告情感元素

目前关于情感和广告的研究大致可以分为两大方面:一方面为用户在观看广告时感知到的情感对广告效果的研究;另一方面为广告本身所包含的情感对广告效果的研究。

基于用户情感的视角需要对用户感知到的情感进行测量。随着情绪反应在营销传播中的重要性越来越明显,一些研究试图设计出用户在遇到广告时所体验到的情感量表。例如,Aaker 等[20]通过枚举各类情感及测量维度来尽可能实现测量的完备性。然而,情感的种类繁多,相近情感概念之间又有一些互相交叉的模糊性，从而使这种全情感测量变得十分困难。此外，列表上的大量情感或情感群使它们难以用于研究目的，因此研究者不再着眼于特定的情感类别，而是试图找到情绪的潜在维度，从更抽象的角度来测量情感[21, 22]。

基于广告本身情感的视角着眼于比较情感广告（emotional advertising）与其他类型广告的区别。de Pelsmacker 和 Geuens[23]于 1997 年提出了一个分类标准：若一个广告中包含情感诉求手段（幽默、热情、怀旧、性、愤怒和恐惧）中的一种及以上，该广告就是情感广告。情感广告诉诸用户的情绪或情感反应，传达商品带给他们的附加值或情绪上的满足，使用户形成积极的品牌态度。与以信息为导向的广告相比，情感广告通常具有更大的影响[24, 25]。但这一结论在高风险条件下可能不再适用，当某公司发布新品时，盲目利用情感广告进行宣传，反而会收到不理想的效果[26]。综上，目前基于广告本身情感视角的研究多为情感广告与其他类型广告的对比研究，侧重广告中能够唤起用户情感的元素的探究，但关于视频广告中人物自身展现出的情感对广告效果的影响鲜有深入探讨。

短视频广告戏剧性和情感元素是广告生动性的重要体现；评论与分享行为是短视频广告中的用户参与行为，是广告交互性的重要形式。本章尝试从短视频广告的生动性出发，通过提取戏剧性和情感元素，探究其对用户参与行为的影响。具体提出如下研究问题：①短视频广告的戏剧性元素和情感元素是否影响用户的评论和分享行为？②如果存在影响，那么其影响机制是什么？

2.3　研究模型构建与分析

1. 研究模型构建

1）短视频广告戏剧性元素对用户参与行为的影响

短视频广告戏剧性元素是指短视频广告中辅助于戏剧化叙事的元素，本章短视频广告中出现的人物和场景统称为戏剧性元素。讲故事是一种营销技巧，它有助于通过娱乐激励用户[27]。如今，比起产品和简单的信息，人们更看重娱乐和良好的体验。在故事中增加人们的兴趣和参与度能够帮助用户与产品建立联系[28]。

在短视频广告中，故事情节的丰富程度与广告中戏剧性元素的丰富程度高度一致。戏剧性元素的目标是唤起特定的情绪，以激发观众的兴趣，并促进学习活动。此外，它还有助于创造更具视听刺激的体验，使观众更容易学习或处理信息。因此，借助戏剧性元素可以使情节信息的获取更容易、更准确。

人物是情节中刻画的个体，是重要的戏剧性元素。人物之间的关系在情节中创造了紧张感，从而更好地吸引用户，并使他们沉浸在叙事展开的情节事件中[29]。人物丰富了戏剧，进而影响用户对广告的态度，丰富的剧情会使广告（和品牌）

更讨人喜欢[30]。随着角色变得越来越有吸引力，用户期待更多积极的情感、观点和分享行为。场景在视频要素中同样具有重要地位。场景是人物活动的空间载体，场景的变换体现了故事情节的空间跨度，正如舞台剧的背景重置一样，场景的切换往往代表情节的发展，能较好地体现戏剧性元素的丰富程度。本章将短视频广告中的人物和场景进行整合，由此来衡量广告中的戏剧性元素。

用户参与行为是指用户通过与广告的交互，参与广告再创作和再传播的行为，在短视频广告中，具体表现为评论和分享。点赞是一种社交媒体功能，该功能允许用户表达他们喜欢或支持某些内容。在社交媒体广告策略中，点赞数量反映了该广告内容的受欢迎度[31]，点赞数量越多，表明越多的用户对该广告本身满意，广告的制作就越成功。分享是短视频平台中的重要功能，也是爆款视频产生的重要途径。通过分享按钮，用户可以将短视频广告分享至自己的平台好友，或者分享到自己的其他社交媒体平台。评论是用户之间交流的重要渠道，用户通过评论信息的补充，参与了短视频广告的二次创作过程。

一方面，戏剧性元素增加了整个视频的精彩程度，很自然会增加用户对视频的兴趣，因此，丰富的戏剧性元素容易激发用户评论的欲望，增加评论行为。另一方面，用户分享视频中自我服务的动机使得情节丰富的短视频广告更容易受到青睐，从而增加用户的分享行为。

基于上述分析，本章提出如下假设。

H2-1a：短视频广告戏剧性元素的丰富程度显著正向影响短视频广告受欢迎度。

H2-1b：短视频广告戏剧性元素的丰富程度显著正向影响短视频广告用户的分享行为。

H2-1c：短视频广告戏剧性元素的丰富程度显著正向影响短视频广告用户的评论行为。

2）短视频广告情感元素对用户参与行为的影响

情感是态度这一整体中的一部分，它与态度中的内向感受、意向具有协调一致性，是态度在生理上一种较复杂又稳定的评价和体验[32]。本章的情感是指在短视频广告中视频人物由面部特征和行为方式所流露和传递的情感。

已有研究把广告中的情感作为离散变量进行了深入探讨，在情感细分的基础上，探究不同类型的离散情感对广告效果的影响。但一则短视频广告中往往包含多种类型的离散情感，不同类型的情感互相融合，很难严格细分，且在多种情感交融下，单一的离散情感可能对短视频广告的最终效果影响甚微。因此，本章基于短视频广告的特殊性，从短视频广告包含的情感倾向（积极和消极）去定义情感丰富程度。Akpinar 和 Berger[33]的研究表明，情感丰富的广告比信息丰富的广告更能引发用户的分享行为，同时情感的丰富性可能使得用户参与更多的评论活动。

基于此，本章提出以下假设。

H2-2a：短视频广告情感元素的丰富程度显著正向影响短视频广告的受欢迎度。

H2-2b：短视频广告情感元素的丰富程度显著正向影响短视频广告用户的分享行为。

H2-2c：短视频广告情感元素的丰富程度显著正向影响短视频广告用户的评论行为。

3）短视频广告受欢迎度的中介作用

广告受欢迎度是用户对广告喜爱程度的集中体现,反映了用户对广告的整体态度。短视频广告中的戏剧性元素是辅助叙事的手段。已有研究表明,用户更容易被叙事广告吸引,观看的内容情节越生动,越容易获得用户喜爱[34]。同样地,广告中的情感可以增加整个广告的感染力,体现短视频中的矛盾与冲突,使用户更好地沉浸在短视频营造的氛围中。随着全球市场竞争愈演愈烈,无处不在的多媒体技术携带着过载的信息时刻触达用户,一定程度上限制了品牌对用户注意力的获取[12]。Chang[34]研究发现,叙事广告比基于论证的广告更刺激人心,这是因为人们倾向于接受将关于他人及其行为信息以故事的形式呈现,通过参考已知叙述的结构和因果关系来理解信息[35]。在快节奏的生活中,人们观看短视频的目的就是逃避过度思考,从而取得放松自我的效果。短视频广告中的戏剧性元素增加了其展示信息的直观性,情感元素则增加了视频内容的张力,使用户更容易沉浸其中。因此,用户在面对戏剧性和情感元素丰富的视频时,就更容易产生喜爱之情。

已有关于分享研究的文献表明,用户对内容的主观评价越积极,就越偏向于分享该内容[36]。用户分享自己喜欢的内容,这与分享的自我服务动机相吻合。同时,广告的评价积极表现会为评论创造一个良好的环境。在短视频中,用户会更倾向于观看点赞数量较多的广告,并留在该界面进行分享和评论等操作。

基于上述分析,本章提出如下假设。

H2-3a：短视频广告受欢迎度在戏剧性元素的丰富程度和用户的分享行为之间起中介作用。

H2-3b：短视频广告受欢迎度在戏剧性元素的丰富程度和用户的评论行为之间起中介作用。

H2-3c：短视频广告受欢迎度在情感元素的丰富程度和用户的分享行为之间起中介作用。

H2-3d：短视频广告受欢迎度在情感元素的丰富程度和用户的评论行为之间起中介作用。

4）短视频广告商品出现节点的调节作用

短视频广告商品的出现节点是指广告中商品首次出现时间与广告总时长的

比值。这种商品的出现往往带有一定的侵扰性。广告侵扰是用户对广告的一种感知[37]。当广告妨碍用户的持续认知过程时，用户就会产生广告侵扰[38]。由此可见，广告本身并不具有侵扰性，只有在它妨碍用户的媒体目标时才形成侵扰。此外，广告侵扰可能引发消极的情绪反应（如恼怒）和消极的认知反应（如广告态度下降），并最终导致广告规避。短视频广告受自身视频时间的限制，无法做到视频内容和广告内容的割裂，往往将商品信息融合在视频之中，将整个短视频内容与产品信息有机融合，在吸引用户观看的同时，保证视频的带货质量。许多用户刚刚点开短视频广告时并未注意到该视频的内容具有商业性质，因此，当视频的带货信息出现后，用户会产生一种广告入侵感，这种感觉的强弱可能影响用户对该视频的评价。尤其当用户尚未沉浸于视频情节时，突然出现的商品信息可能导致用户失去兴趣，放弃视频的观看和潜在的用户参与行为。

减少对侵扰性的感知是广告商的关键问题，也是学者和实践者经常关注的焦点[39]。较低的感知侵扰水平才会刺激用户对广告的积极反应和行为[40]。因此，广告侵扰可能在用户的评论与分享行为和广告受欢迎度之间起调节作用。基于上述分析，本章提出如下假设。

H2-4a：短视频广告商品出现节点在广告受欢迎度对用户分享行为的影响中起正向调节作用。

H2-4b：短视频广告商品出现节点在广告受欢迎度对用户评论行为的影响中起正向调节作用。

5）短视频广告商品价格的调节作用

短视频广告商品价格是指短视频广告中所宣传商品的内置链接价格，该价格可以通过用户的点击在购买界面进行直接查看。商品价格会影响用户的卷入度，一个高价的产品或服务会给用户带来更大的经济风险，错误的选择可能造成较大的经济损失[41]。因此，当广告中出现商品的价格时，用户一般会选择深入处理商品信息后进行购买决策。在用户的评论行为方面，基于商家和用户之间的信息不对称性，用户可能更倾向于在购买价值较高的产品前发表提问，以询问他人的意见，或者更积极地浏览短视频下方他人关于该商品的评论信息，以达到印证视频中商品宣传真伪的目的，从而降低购买风险。

在用户的分享行为方面，由用户分享的利他动机可知，用户与他人分享信息时，也不希望被分享者承担过高的风险，因此可能在分享高价商品时采取审慎的态度。同时，短视频广告的分享既可以为平台内部的分享，也可以为跨平台的分享，例如，将广告内容分享到自己最常用的社交软件中，分享的对象为自己熟知的亲朋好友。这种熟人关系网络会导致分享者的责任感相较于分享于陌生人群体或者匿名分享时进一步增加，从而使分享者的行为趋于保守。基于上述分析，本章提出如下假设。

H2-5a：短视频广告商品价格在广告受欢迎度对用户分享行为的影响中起负向调节作用。

H2-5b：短视频广告商品价格在广告受欢迎度对用户评论行为的影响中起正向调节作用。

6）研究模型

本章提出短视频广告中的戏剧性和情感元素会影响广告受欢迎度，进而影响用户的分享和评论行为；商品价格和商品出现节点在广告受欢迎度与用户分享和评论行为之间起到调节作用。本章的研究模型如图 2-1 所示。

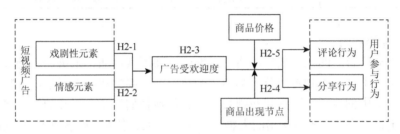

图 2-1　研究模型

2. 研究结果分析

1）研究数据来源

我国的短视频平台发展迅速，经过市场的激烈角逐，目前各个短视频平台的行业位置趋于稳定。大量短视频平台创作者与品牌方紧密结合，借助短视频的媒体形式来进行商品宣传，力求在吸引用户观看的同时向用户输出商品信息。基于上述分析，本章选取国内某短视频平台作为数据收集对象，借助该短视频平台和灰豚数据平台，获得该短视频广告创作者信息（如粉丝数量），以及该短视频广告转评赞数据、视频观众的性别比例、广告中商品的价格信息等，从而为研究提供充足的数据来源，数据来源如表 2-1 所示。在该数据的基础上，对短视频广告中的戏剧性元素、情感元素、商品出现节点的数据采用编码方式进行补充。同时，为消除视频发布后不同时间节点采集数据所造成的用户参与行为差异，本章所采集的数据均为短视频广告发布一天（24 小时）内的数据。

表 2-1　短视频广告数据来源

变量类别	变量名称	数据来源
控制变量	粉丝数量	短视频平台获取
	视频时长	灰豚数据平台获取
	性别比例	灰豚数据平台获取

变量类别	变量名称	数据来源
自变量	戏剧性元素	编码补充
	情感元素	编码补充
中介变量	广告受欢迎度	短视频平台获取
调节变量	商品出现节点	编码补充
	商品价格	短视频平台获取
因变量	用户评论行为	短视频平台获取
	用户分享行为	短视频平台获取

2）编码规则

短视频广告中的人物是推动情节发展的重要因素，通常来讲，人物关系越复杂，情节越丰富。人物是情节中刻画的个体，是重要的戏剧性元素。人物之间的关系在情节中创造了紧张感和戏剧张力，容易使他们沉浸在展开的情节事件中，使广告更讨人喜欢。本章所指的人物可以是普通人、名人、动物或卡通漫画角色，这些意象都是情节的载体，可以推动情节的发展。场景是人物活动的空间载体，场景的变换体现出了故事情节的空间跨度，同时，背景的变化可以减轻观看者视觉上的疲劳，有利于用户更好地融入情境。人物的编码采取人物和出场时间相结合的方式。当同一人物主体在同一则短视频广告中多次出现时，仅记录其在本则短视频广告中第一次出现的时间。最终，编码者根据记录的短视频广告中人物的信息，对所有出现的主体形象的数量进行汇总。场景数量的编码与人物数量类似。人物和场景都属于视频中的客观因素，判定标准较为清晰。同时，人物和场景能很好地反映出视频中情节变化、推动视频广告戏剧性情节的发展，因此是研究短视频广告中重要的戏剧性元素。对选取短视频广告中出现的人物数量和场景数量进行编码，同样采取两名志愿者独立编码和事后校对的方法，从而保证采集数据的客观性和准确性。

短视频广告中包含着丰富的情感元素，仅一则短视频广告包含的情感可能就会超过十种，各种情感与短视频的情节交融，难以通过枚举离散的情感变量种类对视频进行刻画。因此，从情感的丰富程度出发，将情感分为积极情感和消极情感两大类，对视频中人物展现的情感信息进行编码。通常来讲，情感分析有三项主要任务，即情感信息抽取、情感信息分类及情感信息的检索与归纳。本章为保证编码的客观性，在此基础上，加入核对与复检环节，具体步骤如图 2-2 所示。按照上述步骤，在对抽离出来的情感信息进行归纳整理后，将出现单一情感的视频编码为0，将同时出现积极和消极情感的视频编码为1。在编码过程中，为保证编码的客观性和严谨性，每个视频都由两名志愿者对情感进行独立编码。在同一批数据编码结束后，将两组编码数据进行核对，保留编码一致的数据，对编码不同的数据进行复检。在进行情感复检时，编码者会重点查看情感及对应时间一栏的数据，通过对照两组数据的差异，判断误差产生的原因，同时，参照表中不同情感出现的时间回到原短视频广告中进行验证，根据实际情况对数据进行修改或删除。

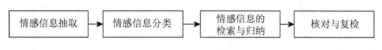

图 2-2　情感编码步骤

通过对编码数据和采集数据的整合，本章共整理得到 320 个视频的数据集，在剔除部分存在缺失数据的变量后，最终得到 302 个原始数据集。变量与原始数据之间的赋值关系如表 2-2 所示。

表 2-2　变量与原始数据之间的赋值关系

变量类别	变量名称	赋值指标
控制变量	粉丝数量/个	短视频广告创作者在视频发布时拥有的粉丝数量
	视频时长/秒	短视频广告总时长
	性别比例	男性观众数量/总观众数量
自变量	戏剧性元素/个	短视频广告中的人物数量与场景数量之和
	情感元素	只具有积极或消极情感中一类的短视频广告赋值 0，兼具积极或消极情感的短视频广告赋值 1
中介变量	广告受欢迎度/个	短视频广告的点赞数量（视频发布 24 小时内）
调节变量	商品出现节点	商品出现时间/(视频时长-3 秒)
	商品价格/元	广告中链接到商品的标价
因变量	用户评论行为/条	短视频广告的评论数量（视频发布 24 小时内）
	用户分享行为/次	短视频广告的分享数量（视频发布 24 小时内）

3）数据分析

由表 2-3 可知，本章选取的短视频广告创作者的粉丝数量从 1 万余个到 3000 多万个不等，体现出短视频平台粉丝的差异。同时，商品价格为 6.8～1080 元，说明短视频广告中的商品多在中低档价位，多为快消品。

表 2-3　描述性统计分析

变量	最小值	最大值	均值	标准差
粉丝数量/个	12000.000	32890000.000	2684295.695	4383247.402
广告受欢迎度/个	148.000	309000.000	17271.800	32662.124

续表

变量	最小值	最大值	均值	标准差
用户评论行为/条	0.000	8082.000	423.300	907.430
用户分享行为/次	0.000	21000.000	381.440	1662.671
商品价格/元	6.800	1080.000	97.317	116.897
商品出现节点	0.012	1.000	0.373	0.266
戏剧性元素/个	0.000	11.000	3.160	1.762
视频时长/秒	6.000	303.000	74.050	52.576
情感元素	0.000	1.000	0.290	0.455

本章通过单因素方差分析发现，粉丝数量、视频时长、性别比例均显著影响广告受欢迎度、用户分享行为和用户评论行为，见表 2-4。因此，在后续分析中，将粉丝数量、视频时长、性别比例作为控制变量纳入模型。

表 2-4　组间差异分析

变量	粉丝数量/个		视频时长/秒		性别比例	
	F 值	Sig.	F 值	Sig.	F 值	Sig.
广告受欢迎度/个	6.089	0.000	1.784	0.000	3.446	0.000
用户评论行为/条	6.778	0.000	2.900	0.000	5.065	0.000
用户分享行为/次	18.785	0.000	15.427	0.000	20.396	0.000

注：Sig.表示显著性

本章采用多元线性回归法，依次对假设进行检验。

首先，戏剧性元素和情感元素对广告受欢迎度的回归检验结果显示，控制了粉丝数量、视频时长和性别比例变量，戏剧性元素对广告受欢迎度的回归检验结果显著（$t = 4.854$，$p = 0.000$），H2-1a 得证；情感元素对广告受欢迎度的回归检验结果显著（$t = 2.544$，$p = 0.012$），H2-2a 得证。

其次，戏剧性元素和情感元素对用户分享行为的回归检验结果显示，戏剧性元素对用户分享行为的回归检验结果显著（$t = -2.119$，$p = 0.029$），但戏剧性元素和用户分享行为之间存在负向关系，H2-1b 未得证；情感元素对用户分享行为的回归检验结果不显著（$t = 0.934$，$p = 0.351$），H2-2b 未得证。

最后，戏剧性元素和情感元素对用户评论行为的回归检验结果显示，戏剧性元素对用户评论行为的回归检验结果不显著（$t = 1.025$，$p = 0.306$），H2-1c 未得证；情感元素对用户评论行为的回归检验结果不显著（$t = 0.934$，$p = 0.440$），H2-2c 未得证。

　　此外，广告受欢迎度在戏剧性元素丰富程度和用户分享行为之间的中介检验显示，模型的主效应显著，中介模型中同时存在直接效应与间接效应，即 H2-3a 成立。

　　广告受欢迎度在戏剧性元素丰富程度和用户评论行为之间的中介检验显示，模型的主效应不显著，但模型间接效应的自助法（bootstrap）置信区间为（29.8077，192.0927），直接效应的 bootstrap 置信区间为（−124.8534，−18.147），均不包含 0，因此，中介效应成立，H2-3b 得证。

　　广告受欢迎度在情感元素丰富程度和用户分享行为之间的中介检验显示，模型的主效应不显著，但模型间接效应的 bootstrap 置信区间为（22.3257，614.3242），均不包含 0，中介效应成立，H2-3c 得证。

　　广告受欢迎度在情感元素丰富程度和用户评论行为之间的中介检验显示，模型的主效应不显著，但模型间接效应的 bootstrap 置信区间为（46.2961，464.843），均不包含 0，中介效应成立，H2-3d 得证。

　　本章借助 SPSS 软件的层次回归法进行调节效应检验。商品价格在广告受欢迎度对用户分享行为影响中的调节检验如表 2-5 所示。广告受欢迎度的 β 值（系数）为 0.492，t 值为 7.727，p 为 0.000，在 0.01 的水平上显著；广告受欢迎度-商品价格的交互项的 β 值（系数）为−0.335，t 值为−5.211，p 为 0.000，在 0.01 的水平上显著。商品价格在广告受欢迎度对用户分享行为影响中调节的方向和效果如图 2-3 所示。由此可知，相较于高价视频，受到用户欢迎的低价视频更容易引起其分享行为，因此，短视频广告商品价格在广告受欢迎度对用户分享行为的影响中起负向调节作用的假设得到支持。

表 2-5　商品价格在广告受欢迎度对用户分享行为影响中的调节检验

变量	用户分享行为/次			用户分享行为/次		
	系数	t 值	p	系数	t 值	p
粉丝数量/个	−0.039	−0.640	0.523	−0.058	−0.993	0.321
视频时长/秒	0.135	2.192	0.029	0.098	1.626	0.105
性别比例	0.051	0.876	0.382	0.045	0.797	0.426
广告受欢迎度/个	0.372	5.921	0.000	0.492	7.727	0.000
商品价格/元				−0.043	−0.764	0.446
交互项 Int1				−0.335	−5.211	0.000
R^2	0.166			0.254		
F 值	13.234			15.001		

注：交互项 Int1 为广告受欢迎度-商品价格的交互项

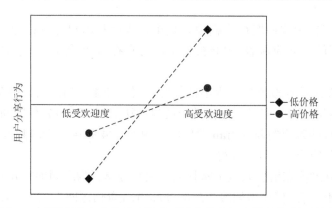

图 2-3　商品价格在广告受欢迎度对用户分享行为影响中的调节图

　　商品价格在广告受欢迎度对用户评论行为影响中的调节检验如表 2-6 所示。通过层次回归分析，广告受欢迎度的 β 值（系数）为 0.632，t 值为 11.709，p 为 0.000，在 0.01 的水平上显著；广告受欢迎度-商品价格的交互项的 β 值（系数）为 0.112，t 值为 2.052，p 为 0.041，在 0.05 的水平上显著。商品价格在广告受欢迎度对用户评论行为影响中调节的方向和效果如图 2-4 所示。由此可知，相较于低价视频，受到用户欢迎的高价视频更容易引起其评论行为，短视频广告商品价格在广告受欢迎度对用户评论行为的影响中起正向调节作用的假设得到支持。

表 2-6　商品价格在广告受欢迎度对用户评论行为影响中的调节检验

变量	用户评论行为/条			用户评论行为/条		
	系数	t 值	p	系数	t 值	p
粉丝数量/个	−0.010	−0.199	0.843	0.006	0.112	0.911
视频时长/秒	0.079	1.588	0.113	0.102	1.995	0.047
性别比例	−0.065	−1.363	0.174	−0.069	−1.458	0.146
广告受欢迎度/个	0.669	13.161	0.000	0.632	11.709	0.000
商品价格/元				−0.048	−1.006	0.316
交互项 Int1				0.112	2.052	0.041
R^2	0.467			0.476		
F 值	58.298			39.981		

注：交互项 Int1 为广告受欢迎度与商品价格的交互项

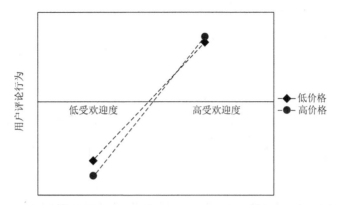

图 2-4　商品价格在广告受欢迎度对用户评论行为影响中的调节图

　　商品出现节点在广告受欢迎度对用户分享行为影响中的调节检验如表 2-7 所示。广告受欢迎度的 β 值（系数）为 0.156，t 值为 1.892，p 为 0.060，在 0.1 的水平上显著；广告受欢迎度-商品出现节点的交互项的 β 值（系数）为 0.284，t 值为 3.957，p 为 0.000，在 0.01 的水平上显著。商品出现节点在广告受欢迎度对用户分享行为影响中调节的方向和效果如图 2-5 所示，相较于商品出现节点早的短视频广告，受到用户欢迎的短视频广告中，商品出现节点晚更容易引起其分享行为，即商品出现节点在广告受欢迎度对用户分享行为的影响中起到正向调节作用的假设得到支持。

表 2-7　商品出现节点在广告受欢迎度对用户分享行为影响中的调节检验

变量	用户分享行为/次			用户分享行为/次		
	系数	t 值	p	系数	t 值	p
粉丝数量/个	−0.039	−0.640	0.523	−0.036	−0.596	0.552
视频时长/秒	0.135	2.192	0.029	0.114	1.719	0.087
性别比例	0.051	0.876	0.382	0.010	0.166	0.868
广告受欢迎度/个	0.372	5.921	0.000	0.156	1.892	0.060
商品出现节点				0.083	1.295	0.197
交互项 Int2				0.284	3.957	0.000
R^2	0.166			0.210		
F 值	13.234			11.446		

注：交互项 Int2 为广告受欢迎度与商品出现节点的交互项

　　商品出现节点在广告受欢迎度对用户评论行为影响中的调节检验如表 2-8 所示。广告受欢迎度的 β 值（系数）为 0.714，t 值为 10.342，p 为 0.000，在 0.01

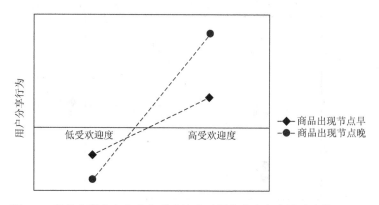

图 2-5　商品出现节点在广告受欢迎度对用户分享行为影响中的调节图

的水平上显著；广告受欢迎度-商品出现节点的交互项的 β 值（系数）为−0.046，t 值为−0.769，p 为 0.443，不显著。由上述数据分析可知，短视频广告商品出现节点在广告受欢迎度对用户评论行为的影响中起正向调节作用的假设未得到支持。

表 2-8　商品出现节点在广告受欢迎度对用户评论行为影响中的调节检验

变量	用户评论行为/条			用户评论行为/条		
	系数	t 值	p	系数	t 值	p
粉丝数量/个	−0.010	−0.199	0.843	−0.009	−0.180	0.857
视频时长/秒	0.079	1.588	0.113	0.099	1.783	0.076
性别比例	−0.065	−1.363	0.174	−0.049	−0.957	0.339
广告受欢迎度/个	0.669	13.161	0.000	0.714	10.342	0.000
商品出现节点				−0.071	−1.314	0.190
交互项 Int2				−0.046	−0.769	0.443
R^2	0.467			0.470		
F 值	58.298			38.055		

注：交互项 Int2 为广告受欢迎度与商品出现节点的交互项

2.4　研究发现及营销管理建议

1. 研究结论

通过数据分析，本章得出以下结论：①短视频广告的生动性是吸引用户的重要途径，但生动性不是短视频广告的全部，广告创作者应在吸引用户的同时，避免落入过度追求情节复杂和情感丰富的陷阱。②商品价格在广告受欢迎度对用户参与行为的影响中有着不同的调节作用。短视频广告商品价格在广告受欢迎度对用户评论行为的影响中起正向调节作用，在广告受欢迎度对用户分享行为的影响中起负向调节作用。③商品出现节点在广告受欢迎度对用户分享行为的影响中起正向调节作用，但在广告受欢迎度对用户评论行为的影响中调节作用不显著。基于上述结论，结合短视频平台的特点，本章从品牌方和视频创作者（提供方）及短视频平台用户（接受方）两个角度给出管理建议。

2. 营销管理建议

对品牌方和视频创作者的建议如下：①增强短视频广告的生动性以吸引用户。短视频广告中的情感和戏剧性元素均对广告受欢迎度有着显著正向影响，这说明用户更喜欢看情节丰富、具有戏剧张力的视频。合理利用视频的生动性，能够缓解用户对广告的回避情绪，进而提升视频的完播率。②追求广告生动性切勿忽视精准传达商品信息。短视频广告中的戏剧性和情感元素虽然能吸引用户的眼球，但对用户参与行为无显著影响。因此，仅仅增加视频中的戏剧性和情感元素，并不能促使用户更加积极地转发和评论该广告。只有在短视频广告的制作中把握好视频的生动性和商品信息介绍之间的关系，才能避免出现用户参与行为不升反降的窘境。③合理控制短视频广告中商品价格的区间。从本章收集的数据来看，短视频广告带货商品价格集中在 0～100 元，这种价格区间恰恰反映了市场的选择。通常来讲，价格越高，用户感知到的风险就越强，购买此商品所要花费的精力就越多。因此，合理把握商品价格的尺度，合理平衡评论数量与转发量之间的关系，才能获得最佳的宣传效果。④避免短视频广告中的商品过早暴露。本章发现，商品出现节点晚比出现节点早更容易引起用户的转发行为。这意味着如果短视频广告中的商品过早暴露，会抑制用户的转发行为。这其实对整个短视频广告的设计提出了更高要求，要合理安排广告情节与商品的位置，从而获得更大的转发量。

对短视频平台用户的建议如下：①更加合理地区分有吸引力的广告和有吸引力的商品。短视频广告中的很多设计非常精美，让人不自觉会对其产生好感。但作为用户和潜在用户，一定要意识到，精彩的广告不等于出众的商品。因此，用户在决定购买或者推荐目标商品时，需要抛开对视频本身的态度，全面客观地评估商品。②善于运用评论辅助购物决策。短视频广告发布主体多元，审核发布时间较短，数量庞大，难免会出现短视频广告内容良莠不齐的情况。用户在观看视频广告时，不能盲目相信广告中的商品宣传。用户可以充分利用短视频广告交互性强的特点，合理地利用评论功能，将评论中其他用户的商品内容披露和实际购买体验作为自己购买和分享决策的辅助信息。③合理为他人推荐商品。短视频广告依托社交媒体平台，可以快速进行分享。目前一些短视频平台包含大量爆款商品，合理地利用分享功能既能够满足将自己"淘"到高质量商品进行推广的心理需求，也能够使被分享者享受到实在的优惠。当然，用户在分享商品时需要进行仔细的研究和甄别，这样才能防止盲目分享带来的不必要的责任风险。

参 考 文 献

[1] 任静怡. 短视频广告传播对品牌形象感知的影响作用：基于不同广告阶段的研究[J]. 商业经济研究，2022（23）：88-91.

[2] CHANG C. A metacognitive model of the effects of susceptibility to persuasion self-beliefs on advertising effects[J]. Journal of advertising, 2017, 46（4）：487-502.

[3] 张雅寒. 理性诉求视角下社交媒体短视频广告效果的影响因素研究[J]. 商业经济研究，2022（12）：96-99.

[4] WANG Y W. Humor and camera view on mobile short-form video apps influence user experience and technology-adoption intent, an example of TikTok（DouYin）[J]. Computers in human behavior, 2020, 110：106373.

[5] LIU Y, SHRUM L J. What is interactivity and is it always such a good thing? Implications of definition, person, and situation for the influence of interactivity on advertising effectiveness[J]. Journal of advertising, 2002, 31（4）：53-64.

[6] ARANTES M, FIGUEIREDO F, ALMEIDA J M. Understanding video-ad consumption on YouTube: A measurement study on user behavior, popularity, and content properties[C]. Hannover: Proceedings of the 8th ACM Conference on Web Science, 2016：25-34.

[7] PASHKEVICH M, DORAI-RAJ S, KELLAR M, et al. Empowering online advertisements by empowering viewers with the right to choose: The relative effectiveness of skippable video advertisements on YouTube[J]. Journal of advertising research, 2012, 52（4）：451-457.

[8] GOODRICH K, SCHILLER S Z, GALLETTA D. Consumer reactions to intrusiveness of online-video advertisements: Do length, informativeness, and humor help（or hinder）marketing outcomes? [J]. Journal of advertising research, 2015, 55（1）：37-50.

[9] BARWISE P, BELLMAN S, BEAL V. Why do people watch so much television and video? Implications for the future of viewing and advertising[J]. Journal of advertising research, 2020, 60（2）：121-134.

[10] HUANG Y. Hyperboles in advertising: A serial mediation of incongruity and humour[J]. International journal of advertising, 2020, 39（5）：719-737.

[11] BOLLER G W, OLSON J C. Experiencing ad meanings: Crucial aspects of narrative/drama processing[J]. Advances in consumer research, 1991, 18（1）：172-175.

[12] ROMANIUK J, NGUYEN C. Is consumer psychology research ready for today's attention economy? [J]. Journal of marketing management, 2017, 33（11-12）：909-916.

[13] HIGGINS E T, BARGH J A. Social cognition and social perception[J]. Annual review of psychology, 1987, 38：369-425.

[14] NABI R L, GREEN M C. The role of a narrative's emotional flow in promoting persuasive outcomes[J]. Media psychology, 2015, 18（2）：137-162.

[15]　ESCALAS J E. Imagine yourself in the product：Mental simulation，narrative transportation，and persuasion[J]. Journal of advertising，2004，33（2）：37-48.

[16]　ZHENG L. Narrative transportation in radio advertising：A study of the effects of dispositional traits on mental transportation[J]. Journal of radio and audio media，2014，21（1）：36-50.

[17]　QUESENBERRY K A，COOLSEN M K. Drama goes viral：Effects of story development on shares and views of online advertising videos[J]. Journal of interactive marketing，2019（48）：1-16.

[18]　ENGLISH K，SWEETSER K D，ANCU M. YouTube-ification of political talk：An examination of persuasion appeals in viral video[J]. American behavioral scientist，2011，55（6）：733-748.

[19]　KIM E A，RATNESHWAR S，THORSON E. Why narrative ads work：An integrated process explanation[J]. Journal of advertising，2017，46（2）：283-296.

[20]　AAKER D A，STAYMAN D M，VEZINA R. Identifying feelings elicited by advertising[J]. Psychology and marketing，1988，5（1）：1-16.

[21]　NABI R L. The case for emphasizing discrete emotions in communication research[J]. Communication monographs，2010，77（2）：153-159.

[22]　BOLLS P D. Understanding emotion from a superordinate dimensional perspective：A productive way forward for communication processes and effects studies[J]. Communication monographs，2010，77（2）：146-152.

[23]　DE PELSMACKER P，GEUENS M. Emotional appeals and information cues in Belgian magazine advertisements[J]. International journal of advertising，1997，16（2）：123-147.

[24]　王怀明. 理性广告和情感广告对消费者品牌态度的影响[J]. 心理科学进展，1999，7（1）：56-59.

[25]　LEE J，HONG I B. Predicting positive user responses to social media advertising：The roles of emotional appeal，informativeness，and creativity[J]. International journal of information management，2016，36（3）：360-373.

[26]　MACINNIS D J，RAO A G，WEISS A M. Assessing when increased media weight of real-world advertisements helps sales[J]. Journal of marketing research，2002，39（4）：391-407.

[27]　GREENE H，KOH K，BONNICI J，et al. The value of storytelling in the marketing curriculum[J]. Journal of the academy of business education，2015（16）：111-123.

[28]　WIEDERHOLD M，MARTINEZ L F. Ethical consumer behaviour in Germany：The attitude-behaviour gap in the green apparel industry[J]. International journal of consumer studies，2018，42（4）：419-429.

[29]　DEIGHTON J，ROMER D，MCQUEEN J. Using drama to persuade[J]. Journal of consumer research，1989，16（3）：335-343.

[30]　PETTY R E，BARDEN J，WHEELER S. The elaboration likelihood model of persuasion：Developing health promotions for sustained behavioral change[M]//DICLEMENTE R J，CROSBY R A，KEGLER M C. Emerging theories in health promotion practice and research. 2nd ed. Jossey-Bass：Wiley，2009：185-214.

[31]　DE VRIES L，GENSLER S，LEEFLANG P S H. Popularity of brand posts on brand fan pages：An investigation of the effects of social media marketing[J]. Journal of interactive marketing，2012，26（2）：83-91.

[32]　杨泽民. 对情感理论的新探讨[J]. 心理学探新，1982，2（2）：37-42.

[33]　AKPINAR E，BERGER J. Valuable virality[J]. Journal of marketing research，2017，54（2）：318-330.

[34]　CHANG C. Repetition variation strategies for narrative advertising[J]. Journal of advertising，2009，38（3）：51-66.

[35]　CHANG C. "Being hooked" by editorial content：The implications for processing narrative advertising[J]. Journal of advertising，2009，38（1）：21-34.

[36]　郭琨，周静，王一棉，等. 个人特征、社交网络信息分享态度和分享行为——一项基于人人网的研究[J]. 现代情报，2014，34（1）：159-166.

[37]　顾远萍. 网络视频广告侵扰影响因素研究[J]. 现代传播（中国传媒大学学报），2015，37（10）：163-165.

[38]　LI H R，EDWARDS S M，LEE J H. Measuring the intrusiveness of advertisements：Scale development and validation[J]. Journal of advertising，2002，31（2）：37-47.

[39]　BELANCHE D. Ethical limits to the intrusiveness of online advertising formats：A critical review of better ads standards[J]. Journal of marketing communications，2019，25（7）：685-701.

[40]　HSIEH J K，HSIEH Y C，TANG Y C. Exploring the disseminating behaviors of eWOM marketing：Persuasion in online video[J]. Electronic commerce research，2012，12（2）：201-224.

[41]　孙祥，张硕阳，尤丹蓉，等. B2C 电子商务中消费者的风险来源与风险认知[J]. 管理学报，2005，2（1）：45-48，54.

第 3 章　影视剧贴入式广告的剧情关联
对受众态度影响研究

3.1　贴入式广告

贴入式广告是一种新型植入式广告，即在视频中根据情境创意贴入广告，因其外观与创可贴相似，故也称创可贴广告[1]。在投放技术上，贴入式广告又称打点广告，能基于影视剧中的故事发展趋势，利用人工智能（artificial intelligence，AI）识别找寻适合品牌或者产品特点的贴入机会，巧妙地把广告语结合剧情相关元素以创可贴形式短暂地贴入视频左下角。

爱奇艺在 2016 年率先打造贴入式广告等随情而变的广告产品。随后，贴入式广告在各大视频平台迅速崛起，在影视剧播放过程中，利用技术手段挑选恰当的时间，巧妙地将广告语以弹幕的形式出现，让观众在毫不影响观剧体验的同时与广告语的内容产生共鸣，一举两得。贴入式广告能够通过自动识别技术识别剧情中的重要任务或场景，为品牌“量身定制”植入内容，以求实现植入式广告与剧情的紧密贴合。由于其技术手段高效，广告内容创造周期大大缩短，进一步拓宽了植入式广告的发展空间。

贴入式广告新颖有趣的特点和受欢迎的现象为广告创作者和品牌方打开了全方位的营销视角，它具备传统影视剧植入式广告和在线广告的双方优点，以“广告与剧情内容贴合，减少生硬感”为核心，广告语内容既追着剧情走，又能与观众一起互动吐槽，让观众在有趣追剧的同时，能有效地接收和记住产品特点。贴入式广告具有生动形象的广告语与剧情受众的同步互动性，一经出现便呈现出迅速增长的发展趋势，其潜在的媒介营销价值被专业的广告创作者逐渐挖掘，形成了新的商业模式，也给品牌方带来了曝光度和知名度。

3.2　贴入式广告与剧情关联

Russell[2]是最早把产品植入与剧情内容连接起来并给出定义的学者，其对剧情关联的定义是从影视剧受众、品牌消费者、平台用户的态度入手，能够推动剧情发展和改善品牌态度的广告与剧情相结合的模式。产品植入被划为两类：一是品牌或者产品对剧情发展的贡献程度；二是产品或者品牌有利于剧情中角色的塑造[3]。总而言之，植入的品牌或者产品与影视剧内容关联性较低时，观众能够明显感觉到广告带来的侵犯感，因此更不愿意接受此类广告模式，受众态度也会消极，反之，受众态度会积极。Babin 等[4]给产品植入全新且全面的定义，任何广告与剧情的契合度都是可进行观测的，如广告内容符合影视剧剧情发展的趋势、与剧中某个角色产生联系等。观众看到产品植入并感知到其与影视剧剧情内容相贴合。植入式广告与剧情具体内容的关联度可以直接影响广告效果，甚至牵连影视剧的评分，因此品牌方、视频平台、影视剧方及广告创作者都会关心此问题。

有学者提出三度空间概念，其根据自身研究目的将剧情关联分成三类，具体如图 3-1 所示[5, 6]。第一，屏幕植入，将广告信息与场景有机融合；第二，台词植入，在对话中不经意提起产品或者品牌名称，更有对白直接宣传产品功能和使用方法；第三，情节植入，将产品、品牌融入整个剧情中。

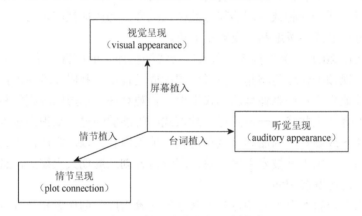

图 3-1　植入式广告的三维模型

Russell[2]结合剧情细节和产品植入模式，将植入剧情关联型广告划分为三种形态：视觉植入、听觉植入和混合植入。视觉植入是指影视剧中隐蔽地出现产品使用方法、品牌标识，在低侵入情况下，产品或者广告的出现使得角色形象更加饱满。听觉植入是指台词中的某句话和产品或者品牌特点巧妙结合，虽然已有研究表明听觉植入对受众记忆力和注意力有显著积极作用，但此类模式依然容易引起观众反感。混合植入是指产品和品牌广告与剧情发展具有一致性。

广告与剧情关联度较高会对品牌的各个方面产生积极影响，广告效果不仅与场景、人物有相关关系，而且与观众的感官反馈相关联[7]。广告信息与剧情发展趋势一致不仅使得影视剧观众更加容易地接受植入信息，而且可以形成较强的品牌回忆，进而改善品牌态度，也会正向影响购买意愿[8]。岑颖倩[9]在其研究创意中插广告时发现，广告内容和剧情内容具有很强的相关性，该特征可以降低受众的广告侵扰感知，进而提升广告效果。类比社交网站广告研究，van den Broeck 等[10]发现广告与剧情显著相关会正向促进广告效果，且有利于接受度的提高，反之，对视频或者广告都持拒绝态度。Itoo 和 Nagar[11]验证了不同的媒体类型和品牌植入的不同程度的剧情链接会影响品牌植入的有效性。

本章借鉴植入式广告与剧情关联的分类，根据广告文案与视频场景的结合程度，把研究对象分为广告语与剧情的视觉关联、听觉关联和情节关联，并且结合贴入式广告的特征，给三种类型赋予明确的含义。本章的视觉关联是指广告语与画面的结合，主要是广告语描述的内容与画面中出现的人物巧妙结合；听觉关联是指广告语与台词的结合，主要是广告语与台词呼应；情节关联是指广告语描述的是故事的走向，主要涉及剧情的链接。本章将结合植入式广告的分类，研究贴入式广告与剧情结合的三种类型（视觉关联、听觉关联与情节关联）对受众态度的影响，同时探究广告语与剧情关联影响受众广告态度和品牌态度的中介机制。

3.3　研究模型构建与分析

1. 研究模型构建

1）广告语与剧情关联对受众态度的影响研究

视觉植入是指在屏幕上展现商标、广告标识或其他植入品牌的任何可视觉识别的符号，但在音频中并不包含任何与品牌有关的声音和其他信息[12]。显著的视觉植入包括广告占据画面中心位置、比例较大、风格明显的品牌标识。微妙的视觉植入包括不显著的植入品牌、标识尺寸占据屏幕比例较小、更多地作为背景展现品牌或者商品、同其他品牌一起出现不易识别、曝光时间较短不易记忆，通常在全景背景中较难识别或在短暂的镜头中闪现时间过短，不易引起受众注意[13]。

Russell[14]提出角色与植入产品关联，其把较强的人物关系视为一种更为清晰的表达主要角色的意识和观念，品牌或者产品对角色的表演与展示有积极作用。本章的视觉关联是指广告语与屏幕中出现的主要角色的关联，即贴入式广告的广告语所表述的含义是对影视剧中主要角色的吐槽、表扬、称赞或一切与大多数受众评价一致的内容。Yoon 等[15]指出，当植入产品与剧中角色关联度较高时，视频受众对剧中角色的喜爱会转移到其使用或宣传的产品与相关品牌，从而对品牌记忆产生积极影响。Fong Yee Chan 和 Lowe[16]研究得出角色与其他要素的整合会共同对植入式广告的效果产生积极影响。因此，广告与角色互动对受众态度有积极影响。结合贴入式广告的广告语特征，本章提出以下假设。

H3-1：贴入式广告的广告语与剧情视觉关联对受众态度（a.受众广告态度；b.受众品牌态度）产生积极影响。

听觉植入是指影视剧中以台词的方式提到品牌名称或人物在无意中传递产品功能或者品牌相关信息，但产品并没在屏幕中展示，而是将声音作为传递品牌信息的唯一方式[17]。显著的听觉植入是指主要角色台词中提及的品牌信息可以清晰辨识、无其他品牌混淆。微妙的听觉植入是指主要角色台词中提及的品牌信息和其他声音掺杂在一起，台词含糊、辨识度低，或品牌信息以画外音的形式出现[18]。

听觉植入和影视剧的台词脚本直接相关，在听觉通道传达的信息在表现形式上比视觉信息更加清晰[19]。因为受众即使在没有沉浸式观看影视剧的过程中也可以同时加工处理影视剧中的台词信息，所以有实验研究表明，听觉刺激比视觉刺激通常具备更严重的侵入性和内在警报性[20, 21]。有意义的刺激让每个个体的认知结构更加完善，加工处理也更加深刻，因此会产生更加明确的回忆[22]。此外，基于刺激种类的多样性，信息传递方式在决定广告传递的有效性方面至关重要。因此，结合贴入式广告的广告语特征，本章提出以下假设。

H3-2：贴入式广告的广告语与剧情听觉关联对受众态度（a.受众广告态度；b.受众品牌态度）产生积极影响。

情节关联是指植入品牌或者产品对故事情节发展的贡献程度[14]。有研究指出，植入式广告与剧情的情节关联性较高很大程度上能提高受众对植入品牌标识的识别[23, 24]，因此，植入品牌和剧情的情节关联性较高能提高受众对广告传达信息的关注度和对品牌的识别度[25]。本章的情节关联是指贴入式广告的广告语所传达的信息与剧情情节紧密相关。有研究发现，接近剧情情节内容的植入品牌更容易被识别，与剧情情节有关联的植入品牌可看作首要信息（与情节紧密相关的重要中心信息），而与剧情情节无关联的植入品牌可看作次要信息（与情节不相关的非重要边缘信息）[26]。因此，广告与情节关联会对受众态度产生积极影响。结合贴入式广告的广告语特征，本章提出以下假设。

H3-3：贴入式广告的广告语与剧情情节关联对受众态度（a.受众广告态度；b.受众品牌态度）产生积极影响。

2）加工流畅性和临场感的中介作用

根据加工流畅性理论，信息接收方并非能够对信息发出方想要传递的全部含义进行消化理解，而是根据自身需要有目的性地解读信息内容，并且任何人处理信息都要经过一段时间的充分理解，当个体接收的信息符合其认知且具备相关经验时该广告信息被认为容易处理，此时个体的加工流畅性较高，个体也会以更轻松的态度关注此信息[27]。Lee 和 Aaker[28]实验验证了个体在自身具备更高的认知水平或者相关的专业知识或能力时，会提高自身对接收信息的加工流畅性。因此，本章提出以下假设。

H3-4：加工流畅性在广告语与剧情关联（a.视觉关联；b.听觉关联；c.情节关联）对受众态度的影响中起中介作用。

临场感是指观众在运用媒体进行交流时能够感受到的人际互动。临场感越强，观众的沟通交流效果就越好，双方的精神联系越来越紧密，对对方的存在感也越来越强。反之，观众的心理距离会越来越远，他们之间的感知也会越来越弱[29]。汪旭晖和郭一凡[30]发现，受众社会临场感的增强能更好地激发其对购物直播的认知效果，从而更容易形成正面的购买情绪；受众社会临场感越强，观众对商品的真实感也就越强。受众的知觉和情感都会影响受众的体验状态。因此，本章提出以下假设。

H3-5：临场感在广告语与剧情关联（a.视觉关联；b.听觉关联；c.情节关联）对受众态度的影响中起中介作用。

3）研究模型

通过对文献的梳理，根据加工流畅性和临场感两大理论基础，本章共提出 5 个假设，探究贴入式广告的剧情关联（视觉关联、听觉关联、情节关联）与受众态度（广告态度和品牌态度）的相关关系，并进一步验证加工流畅性和临场感的中介效应，据此形成了本章的研究模型，如图 3-2 所示。

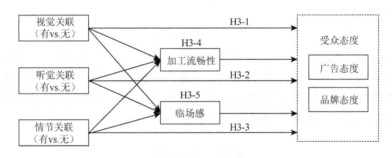

图 3-2　研究模型

2. 研究方案

1）实验设计

本章的整体设计和全部流程在见数平台上完成。情景实验设计包括广告语与视觉关联或广告语与视觉无关、广告语与听觉关联或广告语与听觉无关、广告语与情节关联或广告语与情节无关。实验挑选出以悬疑为主题的影视剧素材，分别为三部电影中的三个片段，进行广告与视频的剪辑，形成 6 段长约 2 分钟的视频。为了满足研究需求，选取在线影视剧本就存在的"××感冒灵""××吸尘器""××坚果"三个品牌，并设计其对照组的广告语，进行广告语与剧情关联的设计。其中贴入式广告贴入的时长约为 10 秒。具体实验流程如图 3-3 和图 3-4 所示。

请问您在观看视频的过程中，是否注意到左下角的贴入式广告？

○是

○否

图 3-3　视觉关联确认界面

请问您在观看视频的过程中，是否注意到左下角的贴入式广告？

○是

○否

图 3-4　视觉无关确认界面

2）量表设计

实验过程中，对广告态度、品牌态度、加工流畅性和临场感的测量使用已经成熟且完善的 Likert 七级量表。例如，对于广告态度，1 表示"非常不同意"该观点，而 7 表示"非常同意"该观点，并提醒被试者在作答时遵从自己内心的想法来做出选择。本章在选择测量时对涉及的四个变量都采用现有英文文献被广泛认可的成熟量表，具体来源如表 3-1 所示。

表 3-1　题项来源

变量	题项	量表来源
加工流畅性	我认为这则贴入式广告让这段视频更简单	Lee 和 Aaker[28] Tok 等[31]
	我认为这则贴入式广告让这段视频更容易理解	
	看到这则贴入式广告，我能够清楚地理解这段视频	
临场感	看到此段视频中的贴入式广告，我有与它对话的感觉	Ou 等[32] 李淼和华迎[33]
	看到此段视频中的贴入式广告，我能感受到它的热情	
	看到此段视频中的贴入式广告，我能感受到它的友善	
	看到此段视频中的贴入式广告，我能感受到它的个性	
广告态度	这则贴入式广告可以打动我	Torres 等[34] Zhang 等[35]
	我认为这则贴入式广告是可信的	
	我对这则贴入式广告印象深刻	
	我认为这则贴入式广告是有吸引力的	
	我认为这则贴入式广告可以吸引我的注意力	
	总体来说，我很喜欢这则贴入式广告	

变量	题项	量表来源
品牌态度	我对该广告中出现的品牌：	Pavlič 等[36]
	我认为该品牌：	
	我对该品牌的评价是：	

3）实验对象与数据收集

本章的实验对象面向全体在线视频网站的受众，借助见数平台设计 3×2 共 6 组实验，并且以实验刺激+问卷的方式进行最终呈现和数据收集。为了检测实验设计的合理性，首先请四位学生参与实验并填写调查问卷，根据他们的意见对调查问卷进行合理的调整；然后在微信和 QQ 上发布 100 份调查问卷（每人只能参与一次），初步分析后发现调查效果较好；最后在见数平台上大规模发放调查问卷。在此期间，6 组实验共计回收调查问卷 330 份，有效样本数量为 286 份，回收有效率为 86.67%。

3. 研究结果分析

1）描述性统计分析

本章借助 SPSS 软件对实验对象、变量进行描述性统计分析，有效问卷基本信息见表 3-2。

表 3-2　有效问卷基本信息

特征项	具体类型	频数/个	频率
之前是否看过这部剧？	是	226	79.0%
	否	60	21.0%
平时是否使用爱奇艺、腾讯视频、优酷等视频 App 看剧？	是	254	88.8%
	否	32	11.2%
平时在看剧过程中是否注意到剧中出现的贴入式广告？	是	220	76.9%
	否	66	23.1%
平时有没有见过"××感冒灵"品牌的其他广告？	是	222	77.6%
	否	64	22.4%
性别	男	140	49.0%
	女	146	51.0%
年龄	≤18 岁	3	1.1%
	19～22 岁	141	49.3%
	23～30 岁	121	42.3%
	≥31 岁	21	7.3%

续表

特征项	具体类型	频数/个	频率
受教育程度	小学及以下	1	0.4%
	初高中	15	5.2%
	本硕博	231	80.8%
	其他	39	13.6%
专业（行业）	理工类	105	36.7%
	人文社科类	49	17.1%
	经济与管理类	94	32.9%
	其他	38	13.3%

2）独立样本 t 检验

本章通过独立样本 t 检验分析 4 个关键变量：加工流畅性、临场感、广告态度、品牌态度在 6 组实验之间的数据是否存在明显差异。当广告语与剧情有关联时，广告态度与品牌态度均明显提高，且情节关联的效果优于听觉和视觉关联；当广告语与剧情无关时，各组变量之间也有明显差异，需要进一步检验。

3）回归分析

（1）视觉关联对受众态度的回归分析。

首先，广告语与剧情的视觉关联对受众态度的影响分析如表 3-3 和表 3-4 所示。模型 1 将所有控制变量纳入模型中，测量其是否对因变量广告态度产生影响。结果显示受教育程度会影响广告态度（ $\beta = 0.012, p = 0.000$ ）。模型 2 加入了自变量——视觉关联，同时控制其他变量，研究自变量广告语与剧情的视觉关联对广告态度的影响。结果显示广告语与剧情的视觉关联对广告态度有积极影响，且在 0.01 的水平上显著（ $\beta = 0.593, p = 0.000$ ）。同理，模型 3 测量了控制变量（年龄、受教育程度、专业、性别）对因变量品牌态度的回归检验结果。模型 4 加入了自变量——视觉关联，同时控制其他变量，研究广告语与剧情的视觉关联对品牌态度的影响。结果显示广告语与剧情的视觉关联对品牌态度有显著的正向影响（ $\beta = 0.624, p = 0.000$ ）。

表 3-3 视觉关联对广告态度的分析

变量	模型 1		模型 2	
	标准化系数	p	标准化系数	p
视觉关联	—	—	0.593***	0.000
性别	−0.130	0.253	−0.109	0.243
年龄	−0.053	0.639	0.016	0.863

续表

变量	模型 1		模型 2	
	标准化系数	p	标准化系数	p
受教育程度	0.012***	0.000	−0.102	0.299
专业	−0.072	0.550	−0.083	0.399
R^2	0.158		0.323	
F 值	0.541		9.191	
Sig.	0.706		0.000	

注：因变量为广告态度

***$p < 0.01$

表 3-4　视觉关联对品牌态度的分析

变量	模型 3		模型 4	
	标准化系数	p	标准化系数	p
视觉关联	—	—	0.624***	0.000
性别	−0.148	0.190	−0.125	0.160
年龄	−0.099	0.379	−0.026	0.771
受教育程度	0.107	0.360	−0.014	0.885
专业	−0.028	0.814	−0.039	0.673
R^2	0.044		0.376	
F 值	0.975		11.621	
Sig.	0.426		0.000	

注：因变量为品牌态度

***$p < 0.01$

其次，加工流畅性和临场感在视觉关联对广告态度影响中的中介作用的假设验证。本章使用 bootstrap 检验相关性系数及其准确水平的显著性，如表 3-5 所示。由模型 2 可知，广告语与剧情的视觉关联对广告态度的直接影响正向显著（$\beta = 0.593$，$p < 0.01$）；由模型 5 可知，广告语与剧情的视觉关联对加工流畅性的影响正向显著（$\beta = 0.693$，$p < 0.01$）；由模型 6 可知，广告语与剧情的视觉关联对临场感的影响正向显著（$\beta = 0.644$，$p < 0.01$）；由模型 7 可知，加工流畅性对广告态度的影响正向显著（$\beta = 0.104$，$p < 0.1$），临场感对广告态度的影响正向显著（$\beta = 0.212$，$p < 0.05$），此时，视觉关联对广告态度的直接影响依然正向显著（$\beta = 0.479$，$p < 0.01$）。因此，加工流畅性起到部分中介作用，中介效应为 $0.693 \times 0.104/0.593 = 0.122$；临场感起到部分中介作用，中介效应为 $0.644 \times 0.212/0.593 = 0.230$。

表 3-5　加工流畅性和临场感的中介作用结果（一）

变量	模型 2	模型 5	模型 6	模型 7
自变量	视觉关联	视觉关联	视觉关联	视觉关联、加工流畅性、临场感
因变量	广告态度	加工流畅性	临场感	广告态度
	标准化系数			
视觉关联	0.593***	0.693***	0.644***	0.479***
加工流畅性	—	—	—	0.104*
临场感	—	—	—	0.212**
性别	−0.109	0.991	−0.070	−0.100
年龄	0.016	−0.086	−0.026	0.028
受教育程度	−0.102	−0.132	−0.042	−0.098
专业	−0.083	0.108	−0.039	−0.089
R^2	0.323	0.447	0.347*	0.637
F 值	9.191	4.092	2.270	7.932
Sig.	0.000	0.002	0.055	0.000

*$p < 0.1$
**$p < 0.05$
***$p < 0.01$

最后，加工流畅性和临场感在视觉关联对品牌态度影响中的中介作用的假设验证。本章使用 bootstrap 相关性系数及其准确水平的显著性，如表 3-6 所示。由模型 4 可知，广告语与剧情的视觉关联对品牌态度的直接影响正向显著（$\beta = 0.624$，$p < 0.01$）；由模型 5 可知，广告语与剧情的视觉关联对加工流畅性的影响正向显著（$\beta = 0.693$，$p < 0.01$）；由模型 6 可知，广告语与剧情的视觉关联对临场感的影响正向显著（$\beta = 0.644$，$p < 0.01$）；由模型 8 可知，加工流畅性对品牌态度的影响正向显著（$\beta = 0.366$，$p < 0.05$），临场感对品牌态度的影响正向显著（$\beta = 0.207$，$p < 0.05$），此时，视觉关联对品牌态度的影响依然正向显著（$\beta = 0.545$，$p < 0.01$）。因此，加工流畅性起到部分中介作用，中介效应为 $0.693 \times 0.366/0.624 = 0.406$；临场感起到部分中介作用，中介效应为 $0.644 \times 0.207/0.624 = 0.214$。

表 3-6　加工流畅性和临场感的中介作用结果（二）

变量	模型 4	模型 5	模型 6	模型 8
自变量	视觉关联	视觉关联	视觉关联	视觉关联、加工流畅性、临场感
因变量	品牌态度	加工流畅性	临场感	品牌态度

续表

变量	模型 4	模型 5	模型 6	模型 8
	标准化系数			
视觉关联	0.624***	0.693***	0.644***	0.545***
加工流畅性	—	—	—	0.366**
临场感	—	—	—	0.207**
性别	−0.125	0.991	−0.070	−0.112
年龄	−0.026	−0.086	−0.026	−0.019
受教育程度	−0.014	−0.113	−0.005	−0.020
专业	−0.040	0.090	−0.040	−0.029
R^2	0.485	0.447	0.347*	0.670
F 值	11.621	4.092	2.270	9.405
Sig.	0.000	0.002	0.055	0.000

*$p < 0.1$

**$p < 0.05$

***$p < 0.01$

（2）听觉关联对受众态度的回归分析。

首先，广告语与剧情的听觉关联对受众态度的影响分析如表 3-7 和表 3-8 所示。模型 9 将所有控制变量纳入模型中，测量其是否对因变量广告态度产生影响。结果显示控制变量对广告态度均无显著影响。模型 10 加入了自变量——听觉关联，同时控制其他变量，研究自变量广告语与剧情的听觉关联对广告态度的影响。结果显示广告语与剧情的听觉关联对广告态度有积极影响，且在 0.01 的水平上显著（$\beta = 0.537$，$p = 0.000$）。同理，模型 11 只将控制变量加入模型，测量其对品牌态度的回归结果。结果显示控制变量年龄对品牌态度有正向影响（$\beta = 0.327$，$p = 0.040$）。模型 12 加入了自变量——听觉关联，同时控制其他变量，研究广告语与剧情的听觉关联对品牌态度的影响。结果显示广告语与剧情的听觉关联对品牌态度存在显著的正向影响（$\beta = 0.377$，$p = 0.000$）。

表 3-7　听觉关联对广告态度的分析

变量	模型 9		模型 10	
	标准化系数	p	标准化系数	p
听觉关联	—	—	0.537***	0.000
性别	−0.055	0.623	−0.068	0.465
年龄	0.305	0.080	0.303	0.200

续表

变量	模型 9		模型 10	
	标准化系数	p	标准化系数	p
受教育程度	0.018	0.872	0.057	0.538
专业	−0.015	0.893	−0.068	0.462
R^2	0.327		0.626	
F 值	2.417		10.313	
Sig.	0.055		0.000	

注：因变量为广告态度

***$p<0.01$

表 3-8　听觉关联对品牌态度的分析

变量	模型 11		模型 12	
	标准化系数	p	标准化系数	p
听觉关联	—	—	0.377***	0.000
性别	−0.074	0.498	−0.083	0.409
年龄	0.327**	0.040	0.326*	0.020
受教育程度	0.076	0.489	0.103	0.307
专业	−0.133	0.223	−0.170	0.093
R^2	0.371		0.527	
F 值	3.231		6.163	
Sig.	0.016		0.000	

注：因变量为品牌态度

*$p<0.1$

**$p<0.05$

***$p<0.01$

　　其次，加工流畅性和临场感在听觉关联对广告态度影响中的中介作用的假设验证如表 3-9 所示。广告语与剧情的听觉关联对广告态度的直接影响正向显著（$\beta = 0.537$，$p<0.01$）；由模型 13 可知，广告语与剧情的听觉关联对加工流畅性的影响正向显著（$\beta = 0.851$，$p<0.01$）；由模型 14 可知，广告语与剧情的听觉关联对临场感的影响正向显著（$\beta = 0.649$，$p<0.01$）；由模型 15 可知，加工流畅性对广告态度的影响正向显著（$\beta = 0.576$，$p<0.01$），临场感对广告态度的影响正向显著（$\beta = 0.030$，$p<0.1$），此时，听觉关联对广告态度的直接影响依然正向显著（$\beta = 0.282$，$p<0.01$）。因此，加工流畅性起到部分中介作用，中介效应为 $0.851 \times 0.576/0.537 = 0.696$；临场感起到部分中介作用，中介效应为 $0.649 \times 0.030/0.537 = 0.048$。

表 3-9　加工流畅性和临场感的中介作用结果（三）

变量	模型 10	模型 13	模型 14	模型 15
自变量	听觉关联	听觉关联	听觉关联	听觉关联、加工流畅性、临场感
因变量	广告态度	加工流畅性	临场感	广告态度
	标准化系数			
听觉关联	0.537***	0.851***	0.649***	0.282***
加工流畅性	—	—	—	0.576***
临场感	—	—	—	0.030*
性别	−0.068	0.142	−0.076	−0.009
年龄	0.303	−0.305	−0.310	0.062
受教育程度	0.057	−0.116	0.066	0.006
专业	−0.068	0.107	0.007	−0.074
R^2	0.626	0.546	0.481	0.925
F 值	10.313	6.792	4.803	66.019
Sig.	0.000	0.000	0.001	0.000

*$p<0.1$

***$p<0.01$

最后，加工流畅性和临场感在听觉关联对品牌态度影响中的中介作用的假设验证如表 3-10 所示。广告语与剧情的听觉关联对品牌态度的直接影响正向显著（$\beta=0.377$，$p<0.01$）；由模型 13 可知，广告语与剧情的听觉关联对加工流畅性的影响正向显著（$\beta=0.851$，$p<0.01$）；由模型 14 可知，广告语与剧情的听觉关联对临场感的影响正向显著（$\beta=0.649$，$p<0.01$）；由模型 16 可知，加工流畅性对品牌态度的影响正向显著（$\beta=0.174$，$p<0.01$），临场感对品牌态度的影响正向显著（$\beta=0.175$，$p<0.01$），此时，听觉关联对品牌态度的直接影响不显著。因此，加工流畅性和临场感起到完全中介作用，其中加工流畅性的中介效应为 $0.851\times0.174/0.377=0.393$，临场感的中介效应为 $0.649\times0.175/0.377=0.301$。

表 3-10　加工流畅性和临场感的中介作用结果（四）

变量	模型 12	模型 13	模型 14	模型 16
自变量	听觉关联	听觉关联	听觉关联	听觉关联、加工流畅性、临场感
因变量	品牌态度	加工流畅性	临场感	品牌态度
	标准化系数			
听觉关联	0.377***	0.851***	0.649***	0.049

续表

变量	模型 12	模型 13	模型 14	模型 16
加工流畅性	—	—	—	0.174***
临场感	—	—	—	0.175***
性别	−0.083	0.142	−0.076	−0.049
年龄	0.326*	−0.305	−0.310	0.032
受教育程度	0.103	−0.116	0.066	0.073
专业	−0.170	0.107	0.007	−0.194
R^2	0.527	0.546	0.481	0.886
F 值	6.163	6.792	4.803	40.635
Sig.	0.000	0.000	0.001	0.000

*$p<0.1$

***$p<0.01$

（3）情节关联对受众态度的回归分析。

首先，广告语与剧情的情节关联对受众态度的影响分析如表 3-11 和表 3-12 所示。模型 17 将所有控制变量纳入模型中，测量其是否对因变量广告态度产生影响。结果显示控制变量不会显著影响广告态度。模型 18 加入了自变量——情节关联，同时控制其他变量，研究自变量广告语与剧情的情节关联对广告态度的影响。结果显示广告语与剧情的情节关联对广告态度有积极影响，且在 0.01 的水平上显著（$\beta = 0.406$，$p = 0.000$）。同理，模型 19 只将控制变量加入模型，测量其对品牌态度的回归结果。结果显示控制变量对品牌态度均无显著影响。模型 20 加入了自变量——情节关联，同时控制其他变量，研究广告语与剧情的情节关联对品牌态度的影响。结果显示广告语与剧情的情节关联对品牌态度存在显著的正向影响（$\beta = 0.341$，$p = 0.000$）。

表 3-11　情节关联对广告态度的分析

变量	模型 17		模型 18	
	标准化系数	p	标准化系数	p
情节关联	—	—	0.406***	0.000
性别	0.003	0.977	0.017	0.851
年龄	0.227	0.025	0.185	0.047
受教育程度	−0.055	0.582	−0.087	0.345

续表

变量	模型 17		模型 18	
	标准化系数	p	标准化系数	p
专业	−0.067	0.500	−0.085	0.356
R^2	0.247		0.472	
F 值	1.540		5.385	
Sig.	0.197		0.000	

注：因变量为广告态度

***$p<0.01$

表 3-12　情节关联对品牌态度的分析

变量	模型 19		模型 20	
	标准化系数	p	标准化系数	p
情节关联	—	—	0.341***	0.000
性别	0.059	0.549	0.071	0.444
年龄	0.260	0.100	0.224*	0.019
受教育程度	−0.079	0.424	−0.106	0.258
专业	−0.083	0.403	−0.097	0.297
R^2	0.290		0.445	
F 值	2.173		4.638	
Sig.	0.078		0.001	

注：因变量为品牌态度

*$p<0.1$

***$p<0.01$

　　其次，加工流畅性和临场感在情节关联对广告态度影响中的中介作用的假设验证如表 3-13 所示。由模型 18 可知，广告语与剧情的情节关联对广告态度的直接影响正向显著（$\beta = 0.406$，$p<0.01$）；由模型 21 可知，广告语与剧情的情节关联对加工流畅性的影响正向显著（$\beta = 0.550$，$p<0.01$）；由模型 22 可知，广告语与剧情的情节关联对临场感的影响正向显著（$\beta = 0.593$，$p<0.01$）；由模型 23 可知，加工流畅性对广告态度的影响正向显著（$\beta = 0.014$，$p<0.1$），临场感对广告态度的影响正向显著（$\beta = 0.322$，$p<0.01$），此时，情节关联对广告态度的直接影响依然正向显著（$\beta = 0.318$，$p<0.01$）。因此，加工流畅性起到部分中介作用，中介效应为 $0.550 \times 0.014 / 0.406 = 0.019$；临场感起到部分中介作用，中介效应为 $0.593 \times 0.322 / 0.406 = 0.470$。

表 3-13　加工流畅性和临场感的中介作用结果（五）

变量	模型 18	模型 21	模型 22	模型 23
自变量	情节关联	情节关联	情节关联	情节关联、加工流畅性、临场感
因变量	广告态度	加工流畅性	临场感	广告态度
	标准化系数			
情节关联	0.406***	0.550***	0.593***	0.318***
加工流畅性	—	—	—	0.014*
临场感	—	—	—	0.322***
性别	0.017	0.066	−0.130	0.058
年龄	0.185	−0.012	0.167	0.131
受教育程度	−0.087	−0.137	0.214	−0.158
专业	−0.085	0.005	0.120	−0.123
R^2	0.472	0.558	0.457	0.551
F 值	5.385	8.494	4.950	5.732
Sig.	0.000	0.000	0.005	0.000

*$p < 0.1$

***$p < 0.01$

最后，加工流畅性和临场感在情节关联对品牌态度影响中的中介作用的假设验证如表 3-14 所示。广告语与剧情的情节关联对品牌态度的直接影响正向显著（$\beta = 0.341$，$p < 0.01$）；由模型 21 可知，广告语与剧情的情节关联对加工流畅性的影响正向显著（$\beta = 0.550$，$p < 0.01$）；由模型 22 可知，广告语与剧情的情节关联对临场感的影响正向显著（$\beta = 0.593$，$p < 0.01$）；由模型 24 可知，加工流畅性对品牌态度的影响正向显著（$\beta = 0.054$，$p < 0.1$），临场感对品牌态度的影响正向显著（$\beta = 0.375$，$p < 0.01$），此时，情节关联对品牌态度的直接影响依然正向显著（$\beta = 0.199$，$p < 0.01$）。因此，加工流畅性起到部分中介作用，中介效应为 $0.550 \times 0.054/0.341 = 0.087$；临场感起到部分中介作用，中介效应为 $0.593 \times 0.375/0.341 = 0.652$。

表 3-14　加工流畅性和临场感的中介作用结果（六）

变量	模型 20	模型 21	模型 22	模型 24
自变量	情节关联	情节关联	情节关联	情节关联、加工流畅性、临场感
因变量	品牌态度	加工流畅性	临场感	品牌态度

续表

变量	模型 20	模型 21	模型 22	模型 24
	标准化系数			
情节关联	0.341***	0.550***	0.593***	0.199***
加工流畅性	—	—	—	0.054*
临场感	—	—	—	0.375***
性别	0.071	0.066	−0.130	0.114
年龄	0.224*	−0.012	0.167	0.162
受教育程度	−0.106	−0.137	0.214	−0.179
专业	−0.097	0.005	0.120	−0.142
R^2	0.445	0.558	0.457	0.563
F 值	4.638	8.494	4.950	6.088
Sig.	0.001	0.000	0.005	0.000

*$p < 0.1$

***$p < 0.01$

3.4　研究发现及营销管理建议

1. 研究结论

通过实验数据分析，本章得出以下结论：①贴入式广告的广告语与剧情关联对受众态度有显著的正向影响。贴入式广告的广告语与剧情的紧密关联是在刺激受众拥有更好的观剧体验的同时，对该广告依然有积极评价的关键，同时其内容是树立良好品牌形象的有效措施。②贴入式广告的广告语与剧情关联的三种类型对受众态度的影响不同。在广告态度方面，情节关联的得分最高，其次是听觉关联，最后是视觉关联；在品牌态度方面，依然是情节关联的得分最高，视觉关联和听觉关联没有显著差异。③加工流畅性在贴入式广告的广告语与剧情关联对受众态度的影响中产生了中介作用。当受众在看剧过程中受到贴入式广告的广告语与剧情关联外部环境的刺激后，这种外部刺激会使得个体对看剧过程产生心理变化——加工流畅性的升高或者降低，加工流畅性的变化又会相应地引导个体的广告态度和品牌态度。④临场感在贴入式广告的广告语与剧情关联对受众态度的影响中产生了中介作用。当受众在看剧过程中受到贴入式广告的广告语与剧情关联外部环境的刺激后，这种外部刺激会使得个体对看剧过程产生心理变化——临场感的升高或者降低，临场感的变化又会相应地引导个体的广告态度和品牌态度。

2. 营销管理建议

对广告商的建议如下：①设计广告语时要做到"论据有力、合情合理"，尽量与剧中的某一特定内容产生联系，使得观影过程流畅愉快，增加受众的沉浸感；②贴入式广告最好以超链接的形式存在，此时点击链接即可进入购买平台，形成了解和购买的闭环。

对品牌方的建议如下：①关注贴入式广告的演变和发展，根据自身产品选择合适题材的影视剧；②注意选择与本品牌的享乐或者使用功能有一定关系的剧本植入，树立长期发展的品牌形象。

对视频平台的建议如下：①加大科技投入，通过 AI 技术，提升广告精准程度；②构建更丰富的用户标签系统，使用户定向更精准；③通过动态算法技术提升贴入式广告的合理性，把技术应用到实践中，推动影视行业和广告行业的繁荣。

参 考 文 献

[1] 何蕾，王军. 创可贴广告的优化策略——基于 AISAS 模型的分析[J]. 出版广角，2018（5）：70-72.

[2] RUSSELL C A. Investigating the effectiveness of product placements in television shows：The role of modality and plot connection congruence on brand memory and attitude[J]. Journal of consumer research，2002，29（3）：306-318.

[3] RUSSELL C A，RUSSELL D，MORALES A，et al. Hedonic contamination of entertainment：How exposure to advertising in movies and television taints subsequent entertainment experiences[J]. Journal of advertising research，2017，57（1）：38-52.

[4] BABIN B J，HERRMANN J L，KACHA M，et al. The effectiveness of brand placements：A meta-analytic synthesis[J]. International journal of research in marketing，2021，38（4）：1017-1033.

[5] GRASSL W. Strategic brand management：Building，measuring，and managing brand equity[J]. Journal of consumer marketing，2000，17（3）：263-272.

[6] KELLER K L，SWAMINATHAN V. Strategic brand management：Building，measuring，and managing brand equity[M]. Harlow：Pearson，2000.

[7] 孙娟，李艳军. 植入广告传播效果及影响因素：品牌资产的视角[J]. 广东财经大学学报，2015，30（3）：64-73.

[8] HE A Z，CAI Y，CAI L，et al. Conversation，storytelling，or consumer interaction and participation？The impact of brand-owned social media content marketing on consumers' brand perceptions and attitudes[J]. Journal of research in interactive marketing，2021，15（3）：419-440.

[9] 岑颖倩. 内容关联度对创意中插广告效果的影响研究[D]. 广州：暨南大学，2020.

[10] VAN DEN BROECK E，POELS K，WALRAVE M. A factorial survey study on the influence of advertising place and the use of personal data on user acceptance of Facebook ads[J]. American behavioral scientist，2017，61（7）：653-671.

[11] ITOO M H，NAGAR K. An experimental investigation of effects of media type and plot connection on brand placement effectiveness[J]. International journal of applied marketing and management，2018，3（1）：20-32.

[12] WANG Y, CHEN H. The influence of dialogic engagement and prominence on visual product placement in virtual reality videos[J]. Journal of business research, 2019, 100: 493-502.

[13] CHEN H A, WANG Y. Product placement in virtual reality videos from the perspective of dialogic engagement[J]. Journal of interactive advertising, 2019, 19 (2): 133-147.

[14] RUSSELL C A. Toward a framework of product placement: Theoretical propositions[J]. ACR North American advances, 1998, 25: 357-362.

[15] YOON S, CHOI Y K, SONG S J. When intrusive can be likable[J]. Journal of advertising, 2011, 40 (2): 63-76.

[16] FONG YEE CHAN F, LOWE B. Product placement practices in prime-time television programmes in Hong Kong[J]. International journal of advertising, 2018, 37 (6): 984-1009.

[17] CAO S, ZHAO X Y, XU Z Y. The effect of verbal anchoring on the processing of advertising pictorial metaphors[J]. Chinese journal of applied linguistics, 2021, 44 (1): 68-89.

[18] SEO W J, SUNG Y, PARK S H. Cultural preferences for visual and verbal communication styles in sport advertisements[J]. South African journal for research in sport, physical education and recreation, 2017, 39 (2): 199-215.

[19] KURAHASHI C, MISAWA T, YAMASHITA K. Evaluation of online advertisement design using near-infrared spectroscopy[J]. Sensors and materials, 2018, 30 (7): 1487-1497.

[20] WALSH P, ZIMMERMAN M H, CLAVIO G, et al. Comparing brand awareness levels of in-game advertising in sport video games featuring visual and verbal communication cues[J]. Communication and sport, 2014, 2 (4): 386-404.

[21] DUFF B R L, SAR S. Seeing the big picture: Multitasking and perceptual processing influences on ad recognition[J]. Journal of advertising, 2015, 44 (3): 173-184.

[22] SMITH M W, SUN W, MACKIE B. In-game advertising influencing factors: A systematic literature review and meta-analysis[J]. The computer games journal, 2014, 3 (2): 1-30.

[23] SONG S G, CHAN F F Y, WU Y L. The interaction effect of placement characteristics and emotional experiences on consumers' brand recognition[J]. Asia Pacific journal of marketing and logistics, 2019, 32 (6): 1269-1285.

[24] LEHU J M, BRESSOUD É. Recall of brand placement in movies: Interactions between prominence and plot connection in real conditions of exposure[J]. Recherche et applications en marketing (English edition), 2009, 24 (1): 7-26.

[25] YANG L, YIN C Y. Influence of product plot connection of product placement on purchase intention[C]. Xiamen: Proceedings of the 2018 2nd International Conference on Education Science and Economic Management, 2018: 107-111.

[26] KÜHN S, BOSHOFF C. The role of plot in brand story construction: A neurophysiological perspective[J]. Journal of strategic marketing, 2021, 31 (2): 471-497.

[27] LI K. Exploring the role of regulatory focus and processing fluency in the effectiveness of narrative versus non-narrative advertising: A study about sugar intake in the USA[J]. Health communication, 2021, 36 (7): 837-846.

[28] LEE A Y, AAKER J L. Bringing the frame into focus: The influence of regulatory fit on processing fluency and persuasion[J]. Journal of personality and social psychology, 2004, 86 (2): 205-218.

[29] SAEZ J M, ESTEBAN J M A, CLAVEROL R V. Presence of social networks in the most awarded transmedia advertising campaigns/Presencia de las redes sociales en las campanas publicitarias transmedia mas premiadas[J]. Historia y comunicación social, 2014, 19: 301-314.

[30] 汪旭晖，郭一凡. 商品-卖家在线声誉不一致如何影响消费者购买意愿？[J]. 经济管理，2020，42（11）：125-140.

[31] TOK D，CHEN X，CHU X Y. "I Want It！Can I Get It？" How product-model spatial distance and ad appeal affect product evaluations[J]. Journal of business research，2021，135：454-463.

[32] OU C X，PAVLOU P A，DAVISON R M. Swift Guanxi in online marketplaces：The role of computer-mediated communication technologies[J]. MIS quarterly，2014，38（1）：209-230.

[33] 李淼，华迎. 2021. 直播电商中临场感对购买意愿的影响——替代学习视角[J]. 中国流通经济，35（8）：81-92.

[34] TORRES I M，SIERRA J J，HEISER R S. The effects of warning-label placement in print ads：A social contract perspective[J]. Journal of advertising，2007，36（2）：49-62.

[35] ZHANG K，ZHANG M H，LI C. Effects of celebrity characteristics，perceived homophily，and reverence on consumer-celebrity para-social interaction and brand attitude[J]. Frontiers in psychology，2021，12：711454.

[36] PAVLIČ J，TOMAŽIČ T，KOŽUH I. The impact of emerging technology influences product placement effectiveness：A scoping study from interactive marketing perspective[J]. Journal of research in interactive marketing，2022，16（4）：551-568.

第 4 章 信息流广告的信息披露对广告效果影响研究

4.1 信息流广告

2006 年，美国互联网公司 Facebook（现称 Meta）率先推出了信息流广告，随后这一广告模式在国内外蓬勃发展。随着社交媒体用户规模日益庞大，基于流量中心化的产品不断增加。信息生产越来越呈现出社会化趋势，任何个体都可以参与信息生产环节，信息消费也呈现出相应的变化；随着信息生产的社会化和大众化，信息消费以动态的信息流为主，信息流广告应运而生[1]。

依托社交媒体平台的原生内容和社群属性，信息流广告实际上是一种参照用户喜好与消费需求进行个性化推送的广告[2]。这类广告穿插于媒体内容流或社交媒体用户的好友动态信息流中[3]，以实现有效触及用户的目标。在内容上，原生性是信息流广告的显著特点[2]。信息流广告本质上也是一种原生广告，即根据平台特点，把产品信息与用户使用体验相结合，从而提供用户价值，与用户建立联系[4, 5]。信息流广告隐藏于用户日常浏览的信息流中[6]，其形式和所处位置最大限度地降低了对用户的干扰性，因此可以通过一种潜移默化的方式培养受众对品牌的认知程度，最终提高产品的销量[7]。

目前信息流广告模式主要有五种：基于社交网络的关系模式（如微信）、基于阅读偏好的兴趣模式（如今日头条）、基于用户搜索的推荐模式（如百度）、基于地理位置的导流模式（如陌陌）及基于社交＋兴趣的混合模式（如新浪微博）[1]。新浪微博是国内率先引进并运用信息流广告的平台，随后其他社交媒体也纷纷效仿微博进行信息流广告的投放和推广[8]。信息流广告的出现与社交媒体密不可分，社交媒体是其发展的媒体基础，数据和算法则为其提供技术支持。

4.2 信息流广告与信息披露

信息流广告通过模仿非广告内容的特点在一定程度上降低了内容的广告侵扰性，但是也出现了影响用户体验、精确度不够，甚至有悖道德伦理等相关的问题与隐患[9]。这些问题与隐患很大程度上与信息流广告的信息披露相关。信息流广告的信息披露是指针对用户难以判断是不是广告的内容，给出一定的信息，降低用户的不确定感，从而一定程度上降低用户被该内容欺骗的可能性[10]。为了更好地维护消费者权益，相关机构明确规定信息流广告必须通过一定的方式进行信息披露，以便消费者明确其广告属性[11]。

目前已有很多学者对信息流广告的信息披露与广告效果之间的关系进行了深入研究[12]。研究证明，明确的信息披露确实有助于用户识别社会化媒体内容的商业属性，即刺激广告认知能力，从而能够采取有效措施应对广告内容[13]。Boerman 和 van Reijmersdal[14]研究发现，赞助信息的披露通过有效激发广告认知提高了用户的品牌记忆，但同时降低了其购买欲望。在此基础上，Binford 等[15]在 2021 年通过眼动实验进一步验证了信息披露与用户注意和广告认知之间的关系；Evans 等[16]对社交媒体平台 Instagram 上发布的帖子进行研究，发现信息披露可以影响用户的广告认知，同时使用户对该内容的感知信任度降低。

虽然现有研究证明了信息披露对信息流广告效果的重要影响，但是信息披露的方式有多种，需要进一步理解信息披露的最优方式。在社交媒体平台上，与社交媒体用户（尤其是有影响力的用户）合作，让其发布品牌或产品内容是品牌方赞助营销的重要手段。据相关规定，社交媒体中的赞助内容应明确披露其与品牌的实质性联系[17]，这意味着需要明确告知该内容与品牌方之间存在联系，即要对二者的合作信息进行有效披露。但是我们尚不清楚，社交媒体平台上的信息流广告对品牌合作信息和博主身份信息进行披露是否会使用户产生一定的广告认知，进而影响该信息流广告的广告点击意愿。

本章致力于探讨信息流广告中的信息披露（包括品牌合作信息披露和博主身份信息披露）是否会影响用户的广告认知，在此基础上是否进一步影响用户的广告信任度和广告点击意愿，同时将探究品牌熟悉度对广告认知与广告点击意愿影响过程中的调节作用。

4.3　研究模型构建与分析

1. 研究模型构建

1）信息披露对广告效果的影响研究

现有研究已经证明信息披露对用户的广告认知及对广告效果（如广告信任度和广告点击意愿）均具有重要影响。信息披露方式多种多样，没有研究明确表明最优信息披露方式。现有研究大多通过有无赞助标签（或文字）的方式进行分组实验[10,11]，探索信息披露的影响。为了对信息披露方式进行更加系统的分析，An 等[18]将分析角度总结为三类：①位置；②突出度；③意思清晰度。因此，关于信息披露方式的研究已经涉及位置、大小、突出度、语言等方面。此外，学者还通过设计新的虚拟标签进一步研究信息披露对用户行为的影响[19]。

本章的合作信息披露是指通过给出一定的合作信息使用户明确某一内容与品牌方之间存在合作关系。当某一信息流内容披露出与品牌方存在一定的合作关系时，用户就会认识到这一内容可能具有广告属性，从而降低对该内容的感知信任度[16]，进而影响其点击意愿。在此基础上，本章提出如下假设。

H4-1a：合作信息披露对广告认知具有显著影响。当对合作信息进行披露时，用户的广告认知将会显著提高。

H4-1b：合作信息披露对广告信任度具有显著影响。当对合作信息进行披露时，用户的广告信任度将会显著降低。

H4-1c：合作信息披露对广告点击意愿具有显著影响。当对合作信息进行披露时，用户的广告点击意愿将会显著降低。

社交媒体平台是根据用户特点形成的有关用户生成内容（user generated content，UGC）的个性化推荐界面，且呈现出UGC和专业生产内容（professionally generated content，PGC）相结合的趋势。PGC的生产者大多是具有专业学识或者相关资质的用户，生产的内容在质量上普遍较高[20]，且PGC和资本量的关联更为紧密[21]，而UGC可能不利于商业发展[22]。研究表明，UGC确实能够影响用户反应[23]，如一定程度上提高内容的可信度、提高用户对相关内容的信任程度[24]。尽管UGC和PGC的重点都在于内容的生产，但是二者的生产者及其对应的影响有所不同。虽然网络推荐和电子口碑（electronic word of mouth，eWOM）领域的文献已经较为丰富，却鲜有文献关注内容创作者身份的披露对广告效果的影响[25]。

本章的博主身份披露是指告知用户该内容是UGC还是PGC。相对于普通用户，如果博主是专家用户，则更可能被其他用户认为其与特定的品牌和商家合作[21]，尤其认为其发布的内容（PGC）更可能是一则广告。专家用户更多地会让用户联想到其与品牌方的合作关系，以及资本等内容，从而降低用户的广告信任度和广告点击意愿。由此，本章提出如下假设。

H4-2a：博主身份披露对广告认知有显著影响。相对于普通用户，专家用户会提高用户的广告认知。

H4-2b：博主身份披露对广告信任度有显著影响。相对于普通用户，专家用户会降低用户的广告信任度。

H4-2c：博主身份披露对广告点击意愿有显著影响。相对于普通用户，专家用户会降低用户的广告点击意愿。

合作信息披露是指告知用户该内容与品牌方存在合作关系，而博主身份披露旨在说明该内容是UGC还是PGC。一方面，合作信息披露可以直接向用户揭示内容的赞助属性，可以视为判断是不是广告的直接标志；另一方面，PGC可能更多地让人联想到品牌赞助活动，也可以作为判断某一内容是否带有商业属性的重要标志。因此，合作信息披露和博主身份披露在对广告认知、广告信任度及广告点击意愿的影响过程中可能存在一定的交互关系。在此基础上，本章提出如下假设。

H4-3a：合作信息披露和博主身份披露对广告认知的影响存在显著的交互作用。

H4-3b：合作信息披露和博主身份披露对广告信任度的影响存在显著的交互作用。

H4-3c：合作信息披露和博主身份披露对广告点击意愿的影响存在显著的交互作用。

2）广告认知和广告信任度的中介效应

根据知识说服模型，用户说服知识的激活过程可以被抽象为用户广告认知的形成过程[26]。在研究信息流广告的信息披露时，主要利用知识说服模型对信息披露和用户反应之间的关系进行解释[27, 28]。说服知识变量可以理解为广告认知变量，可以作为信息披露和用户反应之间的一个重要的中介变量[29]。在信息流广告研究领域，主要依靠信息披露来刺激用户的广告认知，且广告认知可以进一步影响用户的其他反应变量中的信息披露行为[9]。当接收广告刺激时，用户的说服知识即广告认知被激活，在此基础上，他们对内容的信任度将会降低并形成消极态度[30, 31]。由此，本章提出如下假设。

H4-4：广告认知对信息披露与广告信任度的关系起到中介作用。

在预测和解释特定环境下人类的可能性行为时，计划行为理论（theory of planned behavior，TPB）具有重要意义。该理论可以用于解释认知对行为预测的重要作用[32]。Ajzen[32]认为用户的态度、主观规范及感知行为控制可以较为准确地预测行为的执行意图；但是只有当用户认为其行为受到自身意志控制时，行为意图才能体现在行为中。该研究结果强调用户在对自身意志进行控制的基础上，可以通过其认知、态度等进行行为预测。这意味着当用户形成一定的广告认知后，能够根据自身判断形成一定的感知，进而影响最终行为的发生。在本章中，当用户接收信息披露刺激时，根据说服知识模型的理论支持，会形成一定的广告认知，广告认知进而会对用户的感知信任产生影响，综合两个过程可以对用户的相关反应和行为做出预测。由此，本章提出如下假设。

H4-5：广告信任度对广告认知与广告点击意愿的关系起到中介作用。

3）品牌熟悉度的调节效应

当接收广告刺激时，用户会根据自身认知过程和背景对该刺激进行解读。该解读过程受到多种复杂因素的影响[33]，其中包括用户对品牌（或对应产品）的熟悉度[34]。具体来说，品牌熟悉度能让用户更快地对品牌进行感知和识别，形成一定的品牌态度，进而影响自身的购买意愿[35]。研究表明，相较于比较陌生的品牌，对熟悉品牌进行识别和信息处理时所需的认知能力更低[36]。没有产生品牌印象甚至品牌认知的广告实际上是无效的[37]。广告投入会对品牌熟悉度和品牌竞争力产生影响，在此基础上，品牌熟悉度和品牌竞争力对购买意愿产生影响[38]。如果企业和用户之间能够建立一定的品牌联系，这种联系将有利于企业的后续发展[39]。

目前，很多学者着重研究了品牌熟悉度的调节作用。在研究暴力行为与信息加工间的关系时，Shen[40]发现品牌熟悉度可以对二者关系进行调节，而且对于用户越熟悉的品牌，二者的影响关系越大。后来，Campbell 和 Keller[41]发现品牌熟悉度对广告重复的效果具有重要作用。Rhee 和 Jung[42]发现品牌熟悉度可以调节广告态度与品牌态度间的关系。综合现有研究成果，品牌熟悉度不仅对品牌认知和品牌延伸具有重要意义[43]，而且会影响用户的相关认知和决策过程。在此基础上，本章提出如下假设。

H4-6a：品牌熟悉度对广告认知与广告信任度的关系起正向调节作用。

H4-6b：品牌熟悉度对广告信任度与广告点击意愿的关系起正向调节作用。

4）研究模型

通过对文献的梳理，在说服知识模型和 TPB 两大理论的指导下，本章提出13 个假设，对信息流广告的信息披露和广告点击意愿间的关系进行研究，探究广告认知和广告信任度在模型中的中介作用，并进一步验证品牌熟悉度的调节作用，据此构建了本章的研究模型，见图 4-1。

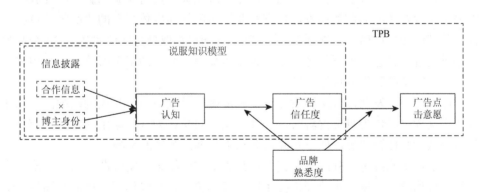

图 4-1　研究模型

2. 研究数据测量

1）实验设计

（1）实验分组。

本章主要根据信息披露情况进行实验分组，信息披露方式是为内容设置四种赞助标签：一方面是合作信息披露，即带有合作标签和没有合作标签；另一方面是博主身份披露，即普通用户和专家用户，分别对应 UGC 和 PGC。4 组实验对应的信息披露情况见表 4-1。

表 4-1　实验对应的信息披露情况

实验组	是否带有合作标签	博主身份
A	是	普通用户
B	是	专家用户
C	否	普通用户
D	否	专家用户

在进行带有合作标签的实验时，对合作标签进行解释，以便实验对象理解该标签的实际意义。

（2）合作信息披露前测实验。

在进行正式的实验设计之前，进行合作信息披露的前测实验。该前测实验的目的在于观测实验对象在同时看到两个一样的内容时，合作信息披露是否会影响他们的选择。结果表明，合作信息披露会影响用户的广告点击意愿，与预期一致。

（3）目标品牌选择前测实验。

在进行目标品牌的选择时，为了避免品牌相关因素对实验的影响，发放并收集关于品牌熟悉度的前测问卷。根据实验针对的社交媒体平台的"品牌种草榜"和"品牌商业投放榜"，选择 20 个品牌，并随机抽取部分实验对象对 20 个品牌的熟悉度进行打分。根据打分结果，为了避免熟悉品牌的复杂影响，选择用户相对不熟悉的某品牌作为目标品牌。

此外，访谈发现部分实验对象对目标品牌的某款面膜产品较为熟悉。这意味着使用这款产品作为目标内容时，一部分实验对象认为其是陌生的，另一部分实验对象认为其比较熟悉，便于实验后期探索品牌熟悉度的影响。

为了避免除身份之外的博主其他信息影响实验结果，实验图中出现的博主头像和名称均统一设置。实验图模拟了用手机浏览某社交媒体平台页面的场景，最大限度地还原了平台的推荐界面，在相关内容中增加了本章的实验刺激，即合作标签和博主身份。

2）变量和量表设计

（1）变量设计。

本章的广告点击意愿为因变量，合作信息披露和博主身份披露为自变量，广告认知和广告信任度均为中介变量，品牌熟悉度为调节变量；实验对象的某社交媒体平台使用经历、年龄、受教育程度和专业等为控制变量。

　　其中，合作信息披露和博主身份披露是哑变量，当合作信息披露为 0 时，实验图中没有合作标签；同样地，当博主身份披露为 0 时，实验图中的博主身份为普通用户。

　　研究模型中对应变量的符号见表 4-2。

表 4-2　变量符号

变量名称	符号
合作信息披露	Label1
博主身份披露	Label2
广告认知	Ad
广告信任度	Trust
广告点击意愿	Click
品牌熟悉度	Familiar
某社交媒体平台使用经历	Use
年龄	Age
专业	Major
受教育程度	Education

（2）量表设计。

　　根据前面对广告认知、广告信任度和品牌熟悉度的定义和解释，这些变量的测量均沿用文献中对应的成熟量表，各个变量的具体题项和来源见表 4-3。实验过程中，对广告认知、广告信任度、广告点击意愿和品牌熟悉度的测量均采用 Likert 七级量表的方法。

表 4-3　题项和来源

变量	符号	题项	量表来源
广告认知	Ad1	该内容带有商业属性	de Veirman 和 Hudders[17]
	Ad2	该内容包含广告内容	
	Ad3	该内容是一则广告	
广告信任度	Trust1	该内容是值得信任的	Seo 等[28]
	Trust2	该内容贴近现实	
	Trust3	该内容是真实的	
品牌熟悉度	Familiar1	对该品牌的熟悉程度	Shen[40] Kim 等[33]
	Familiar2	对该品牌产品的使用情况	
	Familiar3	对该品牌的了解程度	

3）实验过程

本章采用分组实验方法对所构建的研究模型进行深入探究，并完成2×2（带有合作标签或没有合作标签×普通用户或专家用户）的组间实验。

实验过程中，要求实验对象想象自己正在浏览某社交媒体平台App的个性化推荐界面，并且看到了实验图所示内容（带有合作标签或没有合作标签×普通用户或专家用户的4幅实验图随机展示1幅），该实验图模拟了某社交媒体平台App的推荐界面。由于合作标签是实验设计的虚拟标签，为了确保实验对象理解该标签的含义，当实验对象看到标签时，会有相关解释。在被要求仔细看图的基础上，实验对象需完成问卷内容。

4）实验对象与数据分析

本章的实验对象为女性群体，主要有两方面原因：一方面，当前该社交媒体平台App的大多数用户为女性；另一方面，在进行目标品牌选择的前测实验中，相关榜单上的品牌主要集中在美妆产品。此外，90后是App平台上最活跃的用户群，因此实验对象的年龄主要集中在 25～34 岁。各组实验的问卷回收情况见表4-4。

表 4-4 　问卷回收情况

实验组	实验说明	回收总数/份	未看到合作标签/份	未看到××用户/份	男性/位	有效数/份	有效率
A	带有合作标签&普通用户	82	15	38	5	40	48.78%
B	带有合作标签&专家用户	73	10	19	9	46	63.01%
C	没有合作标签&普通用户	74	——	24	13	45	60.81%
D	没有合作标签&专家用户	77	——	31	4	45	58.44%
	总计	306	25	112	31	176	57.52%

通过微信和QQ两大社交媒体平台进行4组实验问卷的发放和收集（每位实验对象仅能随机填写一份实验问卷），并选择10位实验对象以滚雪球的方式扩大样本量。共计回收问卷306份，删除无效问卷后，最终获得有效问卷176份。

3. 研究结果分析

1）描述性统计分析

4组实验回收的有效问卷数量共计176份，实验对象的基本信息见表4-5。

表 4-5　实验对象的基本信息

特征项	具体类型	频数/个	频率
是否有过某社交媒体平台 App 的使用经历？	是	156	88.64%
	否	20	11.36%
年龄	≤18 岁	1	0.57%
	19～25 岁	155	88.07%
	26～30 岁	15	8.52%
	31～35 岁	4	2.27%
	≥36 岁	1	0.57%
受教育程度	本科	74	42.05%
	硕士	89	50.57%
	博士	9	5.11%
	其他	4	2.27%
专业	管理学	103	58.52%
	经济学	29	16.48%
	理工科	18	10.23%
	医学	11	6.25%
	其他	15	8.52%

此外，在进行回归分析之前，本章借助 SPSS 软件对重要变量进行描述性统计分析，结果见表 4-6。

表 4-6　描述性统计分析

变量	题项	样本量/份	最小值	最大值	均值	方差
广告点击意愿	Click	176	1	7	3.102	1.394
广告认知	Ad1	176	1	7	5.920	1.400
	Ad2	176	1	7	5.920	1.375
	Ad3	176	1	7	5.688	1.574
广告信任度	Trust1	176	1	7	3.256	1.343
	Trust2	176	1	7	3.324	1.332
	Trust3	176	1	7	3.136	1.395
品牌熟悉度	Familiar1	176	1	7	3.295	1.940
	Familiar2	176	1	7	2.330	1.738
	Familiar3	176	1	7	2.563	1.631

由表 4-6 可知，广告认知、广告信任度及品牌熟悉度对应题项的均值都较相近。广告认知 3 个题项的均值均接近 6，Ad3 对应的方差略高，说明该题项相比另外两个题项有一定区分度。总体而言，这体现出实验对象对目标内容有较高的广告认知。广告信任度 3 个题项的均值为 3.2 左右，整体的信任度相对较低；品牌熟悉度 3 个题项的均值为 2.3～3.3，一定程度上说明较多人对所选择的品牌并不熟悉。

2）独立样本 t 检验

通过独立样本 t 检验分别探究 4 组实验数据在广告认知、广告信任度及广告点击意愿之间是否存在显著差异，结果见图 4-2。结果发现，在广告信任度和广告点击意愿两个变量上，4 组数据间不存在显著区别；在广告认知这个变量上，A 组和 C 组、A 组和 D 组及 B 组和 C 组之间存在显著区别。

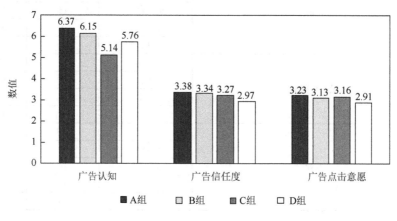

图 4-2　独立样本 t 检验

由图 4-2 可以看出，对比 3 组实验广告认知的数据，A 组用户的广告认知最高，B 组用户次之，C 组用户最低。独立样本 t 检验的结果如下：当博主身份为普通用户时，增加合作标签会使用户的广告认知显著增加，与研究假设一致；当把普通用户转换为专家用户时，用户的广告认知的均值虽然有差异，但是未通过显著性检验。此外，独立样本 t 检验的结果表明，A 组用户与 D 组用户的广告认知存在显著差异，且前者明显高于后者。

3）信效度检验

（1）信度分析。

选择克龙巴赫（Cronbach）信度系数法进行信度检测。一般来说，当克龙巴赫系数小于 0.6 时，研究所采用的问卷的一致信度不足。本章通过 SPSS 软件进行信度分析。各变量对应的克龙巴赫系数见表 4-7。由表 4-7 可知，该系数均超过0.9，因此实验所用问卷通过了信度检验。

表 4-7　信度分析结果

变量	克龙巴赫系数	标准化的克龙巴赫系数	题项数量
广告认知	0.947	0.951	3
广告信任度	0.915	0.916	3
品牌熟悉度	0.923	0.927	3

（2）效度分析。

①内容效度。

内容效度（逻辑效度）主要用于检验实验问卷中所使用的各题项是否能准确表达被测量指标。本章在实验设计时直接沿用文献中的成熟量表，仅对个别措辞进行调整，使其能够与实验场景更加契合。因此，实验问卷可以通过内容效度的检验。

②结构效度。

本章通过因子分析法对问卷整体的结构效度进行检验，检验结果见表 4-8。由表 4-8 可以看出，实验问卷的凯泽-迈耶-奥尔金（Kaiser-Meyer-Olkin，KMO）值为 0.728（大于 0.7），同时巴特利特（Bartlett）球状检验在 0.01 的水平上显著。

表 4-8　问卷总体的 KMO 值和巴特利特球状检验

项目		数值
KMO 值		0.728
巴特利特球状检验	卡方	2331.419
	自由度	66
	p	0.000

在此基础上，本章对各变量（广告认知、广告信任度、品牌熟悉度）分别进行因子分析，结果发现其 KMO 值均大于（或等于）0.7，且巴特利特球状检验均在 0.01 的水平上显著。因此，不管是从实验问卷的整体结构还是各变量检验结果来看，问卷均通过结构效度检验。

4）因子分析

根据实验问卷的设计，本章拟分别通过 3 个题项对 3 个主要变量进行测量。因此对题项数据分别进行因子分析，分析结果见表 4-9。

表 4-9　各变量单因子分析结果

题项	KMO 值	巴特利特球状检验显著性	单因子累计贡献率	公共度	变量
Ad1				0.906	
Ad2	0.700	0.000	90.833%	0.956	广告认知
Ad3				0.863	
Trust1				0.872	
Trust2	0.756	0.000	85.428%	0.857	广告信任度
Trust3				0.833	

题项	KMO 值	巴特利特球状 检验显著性	单因子累计 贡献率	公共度	变量
Familiar1				0.847	
Familiar2	0.744	0.000	87.171%	0.859	品牌熟悉度
Familiar3				0.908	

由表 4-9 可以看出，对广告认知、广告信任度及品牌熟悉度分别进行因子分析，首先，对应的 KMO 值均大于（或等于）0.7，且巴特利特球状检验都在 0.01 的水平上显著；其次，当特征值大于 1 时，提取 1 个因子，对应单因子累计贡献率均超过 85%，同时各题项的公共度均大于 0.7，因此对 3 个变量对应的题项提取 1 个因子可以接受。

5）相关性分析

为了保证本章实验结果的准确性，在对数据进行回归检验之前，本章依次对实验数据进行相关性分析、多重共线性检验。首先，本章对模型涉及的相关变量进行相关性分析，结果见表 4-10。

表 4-10　相关系数

变量	Click	Label1	Label2	Ad	Trust	Familiar	Use	Age	Education	Major
Click	1									
Label1	0.051	1								
Label2	−0.060	0.035	1							
Ad	−0.254***	−0.291***	0.087	1						
Trust	0.557***	0.094	−0.068	−0.356***	1					
Familiar	0.247***	−0.035	−0.076	0.005	0.178**	1				
Use	−0.026	0.044	0.024	−0.015	−0.035	−0.185**	1			
Age	0.039	−0.104	−0.121	−0.223***	0.024	0.092	0.161**	1		
Education	0.096	−0.171**	−0.160**	−0.229***	0.110	0.031	0.066	0.421***	1	
Major	−0.136*	−0.089	0.099	−0.055	−0.145*	−0.104	0.179**	0.024	−0.063	1

*$p<0.1$

**$p<0.05$

***$p<0.01$

由表 4-10 可以看出，研究模型中的自变量合作信息披露与广告认知存在相关关系，且在 0.01 的水平上显著。广告认知与广告信任度、广告点击意愿间的相关关系也在 0.01 的水平上显著，且均为负相关关系。广告信任度和广告点击意愿之间也存在相关关系，可以暂时理解为广告信任度提高，广告点击意愿随之提高。以上发现与研究模型在一定程度上相契合。表 4-10 还反映出实验对象的年龄和受教育程度与广告认知之间存在相关关系，这说明将其纳为控制变量是合理的。

　　然而，由表 4-10 可知，本章实验对象的年龄、专业、某社交媒体平台使用经历等变量之间也存在显著的相关关系。因此，为了提高后期回归检验结果的准确性及可信度，本章进一步对实验有效数据进行多重共线性检验，结果见表 4-11。

表 4-11　多重共线性检验

变量	VIF	容忍度
Label1	1.183	0.845
Label2	1.046	0.956
Ad	1.403	0.713
Trust	1.300	0.769
Familiar	1.107	0.903
Use	1.107	0.903
Age	1.305	0.918
Education	1.292	0.845
Major	1.090	0.956

　　当 VIF 小于 10 且对应容忍度（1/VIF）大于 0.1 时，变量之间没有共线性问题。由表 4-11 可以发现，VIF 集中在 1～2，全部小于 10；对应容忍度集中在 0.71～0.96，远远超过 0.1。这说明变量之间不存在明显的多重共线性现象。

　　6）回归检验

　　（1）信息披露对广告点击意愿的回归分析。

　　本章依次探究信息披露对广告认知、广告信任度和广告点击意愿的影响。首先将所有控制变量纳入模型中，然后分别引入自变量 Label1 和 Label2，回归结果如表 4-12 和表 4-13 所示。

表 4-12　信息披露与广告认知的回归结果

变量	模型 1		模型 2		模型 3	
	标准化系数	p	标准化系数	p	标准化系数	p
Label1	—	—	0.250[***]	0.001	—	—
Label2	—	—	—	—	0.048	0.521
Use	0.033	0.662	0.013	0.865	0.032	0.676

变量	模型 1		模型 2		模型 3	
	标准化系数	p	标准化系数	p	标准化系数	p
Age	-0.155^*	0.059	-0.144^*	0.072	-0.152^*	0.067
Education	-0.170^{**}	0.038	-0.129	0.108	-0.164^{**}	0.047
Major	-0.068	0.367	-0.039	0.590	-0.072	0.341
R^2	0.077		0.136		0.079	
F 值	3.550		5.369		2.913	

注：因变量为广告认知

$*p<0.1$

$**p<0.05$

$***p<0.01$

表 4-13　信息披露与广告信任度和广告点击意愿的回归结果

变量	模型 4		模型 5		模型 6		模型 7	
	标准化系数	p	标准化系数	p	标准化系数	p	标准化系数	p
Label1	0.105	0.175	—	—	0.058	0.457	—	—
Label2	—	—	-0.040	0.604	—	—	-0.034	0.664
Use	-0.024	0.762	-0.014	0.859	-0.015	0.848	-0.009	0.906
Age	-0.012	0.887	-0.020	0.815	0.011	0.895	0.006	0.943
Education	0.127	0.132	0.105	0.213	0.094	0.268	0.080	0.341
Major	-0.123	0.113	-0.131^*	0.091	-0.122	0.118	-0.126	0.107
R^2	0.042		0.033		0.029		0.027	
F 值	1.499		1.172		1.026		0.950	

注：模型 4、5 因变量为广告信任度，模型 6、7 因变量为广告点击意愿

$*p<0.1$

　　模型 1 是将控制变量加入模型的回归结果，结果显示用户的年龄和受教育程度会影响广告认知，且为负相关关系。这说明将年龄和受教育程度设置为控制变量是合理且必要的。模型 2 是将合作信息披露加入模型的结果，结果显示该变量与广告认知之间存在显著的正相关关系（$\beta=0.250$，$p<0.01$）。这说明合作信息是否披露对用户的广告认知影响显著，没有合作标签时用户的广告认知水平明显低于带有合作标签时的情况。模型 3 是将博主身份披露加入模型的结果，结果显示该变量并没有通过显著性检验。信息披露与广告信任度和广告点击意愿的回归结果均未通过显著性检验。

　　（2）合作信息披露与博主身份披露的交互作用。

　　在实验设计过程中，博主身份会以普通用户（Label2 = 0）或专家用户

（Label2 = 1）的标签进行披露。在分别完成两种信息披露对广告认知、广告信任度和广告点击意愿的回归分析后，本章对二者的交互作用进行回归分析，结果见表 4-14。

表 4-14　合作信息披露与博主身份披露的交互作用

变量	模型 8		模型 9		模型 10	
	标准化系数	p	标准化系数	p	标准化系数	p
Label1	0.390***	0.000	0.026	0.817	0.009	0.934
Label2	0.173*	0.087	−0.114	0.288	−0.079	0.466
Label1×Label2	−0.233*	0.069	0.132	0.331	0.081	0.554
Use	0.013	0.860	−0.023	0.764	−0.015	0.853
Age	−0.128	0.110	−0.022	0.792	0.004	0.961
Education	−0.123	0.124	0.122	0.151	0.090	0.294
Major	−0.022	0.768	−0.131	0.096	−0.126	0.112
R^2	0.155		0.049		0.032	
F 值	4.407		1.244		0.805	

注：模型 8～10 因变量依次为广告认知、广告信任度、广告点击意愿

*$p<0.1$

***$p<0.01$

由表 4-14 可以看出，当因变量为广告认知时，合作信息披露和博主身份披露对广告认知的影响均通过了显著性检验，并且二者的交互项在 0.1 的水平上是显著的（$\beta = -0.233$，$p<0.1$）。该结果证明合作信息披露和博主身份披露存在交互作用，且交互项的系数为负。这意味着相较于博主身份是普通用户的情况，博主身份为专家用户时，合作信息披露对广告认知的正向影响有所减弱。换言之，相较于没有合作标签，在带有合作标签的情况下，当用户看到专家用户标签时，相较于看到普通用户标签，用户的广告认知一定程度上有所降低。

（3）广告认知的中介效应。

本章使用 SPSS 软件，通过依次回归法检验广告认知的中介效应，检验依据主要参考两种方法。一种是由 Baron 和 Kenny[44]在 1986 年提出的使用较为广泛的方法，该方法对中介效应的判断原理可通过 3 个模型进行表示（以因变量为广告信任度为例）：

$$\text{Trust}_i = \beta_0 + c\text{Label1}_i + \text{Controls} + \varepsilon_i, \quad i = 1, 2, \cdots, 176 \tag{4-1}$$

$$\text{Ad}_i = \beta_1 + a\text{Label1}_i + \text{Controls} + \varepsilon_i, \quad i = 1, 2, \cdots, 176 \tag{4-2}$$

$$\text{Trust}_i = \beta_2 + c'\text{Label1}_i + b\text{Ad}_i + \text{Controls} + \varepsilon_i, \quad i = 1, 2, \cdots, 176 \tag{4-3}$$

其中，Trust 为广告信任度，是模型的因变量；Ad 为广告认知，是模型的中介变量；Label1 为合作信息披露，是模型的自变量。在 3 个模型中，只有回归系数 a、b、c 同时显著才能表明中介作用存在。如果自变量对因变量的回归系数 c' 不显著，则广告认知是合作信息披露到广告信任度的完全中介效应，即合作信息披露只能通过广告认知作用于广告信任度。如果自变量对因变量的回归系数 c' 显著，则广告认知是合作信息披露到广告信任度的部分中介效应，即自变量不仅可以直接对因变量产生影响，而且可以通过中介变量产生影响，中介变量发挥作用的大小是 $c-c'$。

另一种是 Sobel[45]在 1982 年提出的方法，其判断依据同样可以通过 3 个模型进行表示（以因变量为广告点击意愿为例）：

$$\text{Click}_i = \beta_0 + c\text{Label1}_i + \text{Controls} + \varepsilon_i, \quad i = 1, 2, \cdots, 176 \qquad (4\text{-}4)$$

$$\text{Ad}_i = \beta_1 + a\text{Label1}_i + \text{Controls} + \varepsilon_i, \quad i = 1, 2, \cdots, 176 \qquad (4\text{-}5)$$

$$\text{Click}_i = \beta_2 + c'\text{Label1}_i + b\text{Ad}_i + \text{Controls} + \varepsilon_i, \quad i = 1, 2, \cdots, 176 \qquad (4\text{-}6)$$

其中，Click 为广告点击意愿；Label1 为合作信息披露；Ad 为广告认知。如果合作信息披露对广告点击意愿的效应 c 不显著，但是合作信息披露对广告认知的效应 a 及广告认知对广告点击意愿的效应 b 显著，则该模型是完全中介效应。

广告认知对合作信息披露和广告信任度之间关系的中介效应回归结果见表 4-15。由表 4-12 中的模型 2 和表 4-14 中的模型 8 均可以看出，合作信息披露对广告认知存在显著的正相关关系，且这一关系受到博主身份披露的负向交互。由表 4-14 中的模型 9 可知，合作信息披露对广告信任度的作用没有通过显著性检验，且模型拟合情况不理想。另外，由表 4-15 中的模型 11 可以看出，广告认知与广告信任度之间存在负相关关系（$\beta_1 = -0.421$，$p_1 < 0.01$），即随着用户广告认知的增加，用户对广告信任度显著降低；合作信息披露与广告信任度之间则存在正相关关系（$\beta_2 = 0.190$，$p_2 < 0.1$），即用户看到带有合作标签对广告信任度存在正向影响，但是广告认知的负向调节效果更为显著（$|\beta_1| > |\beta_2|$，$p_1 < p_2$）。综上所述，虽然合作信息披露对广告信任度的影响不显著，但合作信息披露对广告认知及广告认知对广告信任度的影响均是显著的。以上证明广告认知是合作信息披露与广告信任度之间的中介变量。

表 4-15　广告认知的中介效应

变量	模型 11	
	标准化系数	p
Ad	-0.421^{***}	0.000
Label1	0.190^{*}	0.078
Label2	-0.041	0.681

续表

变量	模型 11	
	标准化系数	p
Label1×Label2	0.034	0.789
Use	−0.018	0.803
Age	−0.076	0.332
Education	0.070	0.372
Major	−0.141	0.053
R^2	0.199	
F 值	5.196	

注：因变量为广告信任度

*$p<0.1$

***$p<0.01$

（4）广告信任度的中介效应。

本章探究广告信任度对广告点击意愿的影响。在 TPB 模型的指导下，对广告信任度的中介效应进行回归分析，结果见表 4-16。模型 12 结果显示广告认知与广告点击意愿之间存在负相关关系，且在 0.01 的水平上显著（$\beta=-0.260$，$p<0.01$）。模型 13 结果显示广告认知与广告信任度之间存在显著的负相关关系（$\beta=-0.371$，$p<0.01$）。当把广告认知和广告信任度同时引入模型时（模型 14），结果显示广告认知对广告点击意愿的影响不显著（$\beta=-0.066$，$p>0.1$），广告信任度则对广告点击意愿存在显著的正向影响（$\beta=0.523$，$p<0.01$）。这意味着当广告认知与广告信任度同时出现在一个模型中时，广告认知的作用并不显著，而广告信任度对广告点击意愿有显著的正向影响，即用户的广告信任度越高，更愿意点击相关内容。综上，可以证明广告信任度是广告认知与广告点击意愿之间的完全中介变量。

表 4-16　广告信任度的中介效应

变量	模型 12		模型 13		模型 14	
	标准化系数	p	标准化系数	p	标准化系数	p
Ad	−0.260***	0.001	−0.371***	0.000	−0.066	0.350
Trust	—	—	—	—	0.523***	0.000
Use	−0.002	0.983	−0.003	0.971	0.000	0.998
Age	−0.032	0.700	−0.074	0.350	0.007	0.923
Education	0.040	0.623	0.047	0.551	0.016	0.825

续表

变量	模型 12		模型 13		模型 14	
	标准化系数	p	标准化系数	p	标准化系数	p
Major	-0.146^{*}	0.052	-0.160^{**}	0.028	-0.063	0.343
R^2	0.189		0.159		0.319	
F 值	5.598		6.414		13.172	

注：模型 12、14 因变量为广告点击意愿，模型 13 因变量为广告信任度

*$p<0.1$

**$p<0.05$

***$p<0.01$

（5）品牌熟悉度的调节效应。

在完成对广告认知和广告信任度的中介效应检验的基础上，本章进一步探究品牌熟悉度在模型中的调节效应，探究该变量对广告认知、广告信任度与广告点击意愿关系的调节作用。品牌熟悉度调节效应的回归检验结果见表 4-17。

表 4-17　品牌熟悉度的调节效应

变量	模型 15		模型 16		模型 17	
	标准化系数	p	标准化系数	p	标准化系数	p
Ad	-0.386^{***}	0.000	—	—	—	—
Trust	—	—	0.546^{***}	0.000	0.526^{***}	0.000
Familiar	0.182^{**}	0.013	—	—	0.152^{**}	0.021
Ad×Familiar	-0.026	0.730	—	—	—	—
Trust×Familiar	—	—	—	—	0.044	0.492
Use	0.033	0.655	-0.002	0.975	0.023	0.726
Age	-0.100	0.207	0.018	0.803	-0.008	0.910
Education	0.048	0.535	0.024	0.729	0.028	0.686
Major	-0.147^{**}	0.040	-0.055	0.402	-0.043	0.505
R^2	0.189		0.315		0.339	
F 值	5.598		15.642		12.293	

注：模型 15 因变量为广告信任度，模型 16、17 因变量为广告点击意愿

**$p<0.05$

***$p<0.01$

由表 4-16 中的模型 13 可知，广告认知与广告信任度之间存在负相关关系（$\beta=-0.371$，$p<0.01$），这与表 4-15 中的模型 11 的结论相符。引入调节变量后，广告认知与品牌熟悉度的交互项（Ad×Familiar）却没有通过显著性检验

（$\beta = -0.026$，$p > 0.1$）。这说明品牌熟悉度不能作为调节变量调节广告认知与广告信任度之间的关系。

另外，表 4-17 中的模型 16 的因变量是广告点击意愿，该模型的回归结果显示用户的广告信任度对广告点击意愿具有显著的正向影响（$\beta = 0.546$，$p < 0.01$）。当把用户的品牌熟悉度视为调节变量纳入模型时（模型 17），虽然品牌熟悉度对用户的广告点击意愿存在正向显著影响，但是广告信任度与品牌熟悉度的交互项并没有通过显著性检验（$p > 0.1$）。综合表 4-17 中的模型回归结果发现，品牌熟悉度在广告认知对广告信任度的影响中不能起到调节作用，在广告信任度对广告点击意愿的作用过程中也无法起到调节作用。这意味着当把品牌熟悉度作为调节变量引入研究模型时，该变量不能对广告认知与广告信任度、广告信任度与广告点击意愿的关系起到调节作用，与研究假设相悖。

4.4 研究发现及营销管理建议

1. 研究结论

通过实验数据分析得出以下结论：①当信息流广告对博主与品牌方的合作关系（即合作信息）进行披露时，用户的广告认知显著提高。但合作信息披露对用户的广告信任度和广告点击意愿的影响并没通过显著性检验，即合作信息披露不会直接影响广告效果。②博主身份披露对广告认知及广告效果的影响都没通过显著性检验。但合作信息披露和博主身份披露在对广告认知发挥作用的过程中存在交互作用，二者的交互作用对广告认知的作用是负向的，即当对某一内容的合作信息进行披露时，品牌方选择与专家用户合作，会一定程度上降低用户的广告认知，即降低用户将该内容视为广告的可能性。③广告认知在合作信息披露对广告效果作用的过程中发挥了遮掩效应。合作信息披露本身对广告效果的直接影响是相对有限的，广告认知是用户连接合作信息披露这一刺激与广告效果的重要桥梁；广告认知对广告点击意愿影响的过程中，广告信任度确实是一个重要的中介变量，即当用户在合作信息披露的刺激下形成广告认知时，会先对广告信任度产生影响，在此基础上实现对用户行为意向的影响；品牌熟悉度的调节作用没有通过显著性水平检验，证明其难以改变用户的广告认知对广告信任度的影响，只能直接对用户的广告信任度产生影响。

2. 营销管理建议

对博主的建议如下：①博主身份是社交媒体平台信息流广告中的重要刺激之一。博主可以努力成为某个方面甚至某个领域的专家，或许能通过体现自身专长或者专业性的标签信息披露获得用户的信任。②当博主没有与品牌方建立合作关系时，用户对博主身份披露并不会有太大的反应，也不会将其与广告认知联系起来，此时身份对于用户并不重要。在这种情况下，博主应该更注重内容的质量。③品牌熟悉度对广告效果有一定影响。博主与品牌方进行合作时，可以挑选一些用户相对比较熟悉的品牌方建立合作关系，一定程度上能提高广告信任度。

对品牌方的建议如下：当品牌方与博主存在合作关系时，品牌方更应关注如何降低合作信息披露带来的负面影响。①品牌方可以从合作标签本身的设计方面入手探究其他新的标签是否会降低这种影响。②博主身份披露与合作信息披露具有显著的负向交互关系。这可能是由于博主具有专业性和权威性，用户会更加倾向相信该内容，从而能够提高广告点击意愿。品牌方在选择合作博主时，不仅要多与专家博主合作，而且应明确告知用户博主的专家身份。③虽然品牌熟悉度的调节作用并不显著，但品牌熟悉度可以直接对用户的广告信任度产生影响。对于品牌方，如果推广用户较为熟悉的产品，可以一定程度上提高广告信任度。

对平台的建议如下：①合作信息披露与打广告标签功能类似，能够提高用户的广告认知；博主身份披露与合作信息披露的交互作用显著，二者可以相互影响从而对广告效果产生作用。社交媒体平台可以考虑在其信息流广告的规则设置中增设这两种标签。②社交媒体平台可以选用虚拟标签对博主和品牌方之间的合作关系进行划分，赋予其不同于现有标签的含义。

参 考 文 献

[1]　李彪. 信息流广告：发展缘起、基本模式及未来趋势[J]. 新闻与写作，2019（10）：54-58.

[2]　周美霞. 抖音短视频平台信息流广告问题分析[J]. 视听，2020（7）：237-238.

[3]　熊昊. 信息流广告的特征与发展趋势[J]. 青年记者，2020（18）：86-87.

[4]　康瑾. 原生广告的概念、属性与问题[J]. 现代传播（中国传媒大学学报），2015，37（3）：112-118.

[5]　PIETERS R，WEDEL M. Attention capture and transfer in advertising: Brand, pictorial, and text-size effects[J]. Journal of Marketing，2004，68（2）：36-50.

[6]　袁颢月. 我国短视频平台的内容生产与传播创新研究——以抖音、快手和梨视频为例[J]. 新闻研究导刊，2018，9（7）：60-61.

[7]　赵俊丽，王辰. 基于"培养理论"的信息流广告研究[J]. 传播力研究，2019，3（31）：163.

[8]　张驰，安瑀. 信息流广告的缘起、发展及其存在的问题[J]. 品牌研究，2017（6）：37-42.

[9]　孙晓兰. 浅析信息流广告面临的问题以及发展策略[J]. 新闻研究导刊，2020，11（4）：3-4，31.

[10]　CAMPBELL C，EVANS N J. The role of a companion banner and sponsorship transparency in recognizing and evaluating article-style native advertising[J]. Journal of interactive marketing，2018，43：17-32.

[11]　WOJDYNSKI B W，EVANS N J. Going native: Effects of disclosure position and language on the recognition and evaluation of online native advertising[J]. Journal of advertising，2016，45（2）：157-168.

[12]　HARMS B，BIJMOLT T H，HOEKSTRA J C. Digital native advertising: Practitioner perspectives and a research

agenda[J]. Journal of interactive advertising, 2017, 17（2）: 80-91.

[13] BOERMAN S C, WILLEMSEN L M, VAN DER AA E P. "This Post Is Sponsored". Effects of sponsorship disclosure on persuasion knowledge and electronic word of mouth in the context of Facebook[J]. Journal of interactive marketing, 2017, 38: 82-92.

[14] BOERMAN S C, VAN REIJMERSDAL E A. Disclosing influencer marketing on YouTube to children: The moderating role of para-social relationship[J]. Frontiers in psychology, 2020, 10: 3042.

[15] BINFORD M T, WOJDYNSKI B W, LEE Y, et al. Invisible transparency: Visual attention to disclosures and source recognition in Facebook political advertising[J]. Journal of information technology and politics, 2021, 18（1）: 70-83.

[16] EVANS N J, PHUA J, LIM J, et al. Disclosing Instagram influencer advertising: The effects of disclosure language on advertising recognition, attitudes, and behavioral intent[J]. Journal of interactive advertising, 2017, 17（2）: 138-149.

[17] DE VEIRMAN M, HUDDERS L. Disclosing sponsored Instagram posts: The role of material connection with the brand and message-sidedness when disclosing covert advertising[J]. International journal of advertising, 2020, 39（1）: 94-130.

[18] AN S, KANG H, KOO S. Sponsorship disclosures of native advertising: Clarity and prominence[J]. Journal of consumer affairs, 2018, 53（3）: 998-1024.

[19] ZAROUALI B, POELS K, PONNET K, et al. The influence of a descriptive norm label on adolescents' persuasion knowledge and privacy-protective behavior on social networking sites[J]. Communication monographs, 2021, 88（1）: 5-25.

[20] 廖佩伊. UGC、PGC 的社交媒体内容生产方式比较[J]. 新闻研究导刊, 2018, 9（16）: 98.

[21] 徐帆. 从 UGC 到 PGC: 中国视频网站内容生产的走势分析[J]. 中国广告, 2012（2）: 55-57.

[22] KIM J. The institutionalization of YouTube: From user-generated content to professionally generated content[J]. Media, culture and society, 2012, 34（1）: 53-67.

[23] DUNN K, HARNESS D. Whose voice is heard? The influence of user-generated versus company-generated content on consumer scepticism towards CSR[J]. Journal of marketing management, 2019, 35（9-10）: 886-915.

[24] BAHTAR A Z, MUDA M, ABD RAZAK N. The influence of customer engagement on emotion, purchase intention, and positive user-generated content（UGC）spread on Instagram[J]. Journal of entrepreneurship and business, 2020, 8（1）: 120-130.

[25] CHEONG H J, MORRISON M A. Consumers' reliance on product information and recommendations found in UGC[J]. Journal of interactive advertising, 2008, 8（2）: 38-49.

[26] FRIESTAD M, WRIGHT P. The persuasion knowledge model: How people cope with persuasion attempts[J]. The Journal of consumer research, 1994, 21（1）: 1-31.

[27] SWEETSER K D, AHN S J G, GOLAN G J, et al. Native advertising as a new public relations tactic[J]. American behavioral scientist, 2016, 60（12）: 1442-1457.

[28] SEO Y, KIM J, CHOI Y K, et al. In "likes" we trust: Likes, disclosures and firm-serving motives on social media[J]. European journal of marketing, 2019, 53（10）: 2173-2192.

[29] VAN REIJMERSDAL E A, FRANSEN M L, VAN NOORT G, et al. Effects of disclosing sponsored content in blogs[J]. American behavioral scientist, 2016, 60（12）: 1458-1474.

[30] COTTE J, COULTER R A, MOORE M. Enhancing or disrupting guilt: The role of ad credibility and perceived manipulative intent[J]. Journal of business research, 2005, 58（3）: 361-368.

[31] CAMPBELL M C, KIRMANI A. Consumers' use of persuasion knowledge: The effects of accessibility and

cognitive capacity on perceptions of an influence agent[J]. Journal of consumer research，2000，27（1）：69-83.

[32]　AJZEN I. The theory of planned behavior[J]. Organizational behavior and human decision processes，1991，50（2）：179-211.

[33]　KIM S，KIM J，KIM E. Metaphor as visual thinking in advertising and its effects：Focus on brand familiarity and product involvement[J]. Journal of promotion management，2017，23（5）：654-672.

[34]　SOPORY P，DILLARD J P. The persuasive effects of metaphor：A meta-analysis[J]. Human communication research，2002，28（3）：382-419.

[35]　MACDONALD E，SHARP B. Management perceptions of the importance of brand awareness as an indication of advertising effectiveness[J]. Marketing bulletin，2003，14（2）：1-15.

[36]　VAN BERLO Z M C，VAN REIJMERSDAL E A，ROZENDAAL E. Adolescents and handheld advertising：The roles of brand familiarity and smartphone attachment in the processing of mobile advergames[J]. Journal of consumer behaviour，2020，19（5）：438-449.

[37]　DE PELSMACKER P，GEUENS M，VERMEIR I. Ad and brand recognition in radio spots[J]. International journal of marketing research，2004，46（4）：465-477.

[38]　CHAN T H，CHEN R P，TSE C H. How consumers in China perceive brands in online and offline encounters[J]. Journal of advertising research，2018，58（1）：90-110.

[39]　VÁSQUEZ F，VERA-MARTÍNEZ J. From E-quality and brand perceptions to repurchase：A model to explain purchase behaviour in a web-store[J]. Journal of theoretical and applied electronic commerce research，2020，15（3）：26-36.

[40]　SHEN F Y. Effects of violence and brand familiarity on responses to television commercials[J]. International journal of advertising，2001，20（3）：381-397.

[41]　CAMPBELL M C，KELLER K L. Brand familiarity and advertising repetition effects[J]. Journal of consumer research，2003，30（2）：292-304.

[42]　RHEE E S，JUNG W S. Brand familiarity as a moderating factor in the ad and brand attitude relationship and advertising appeals[J]. Journal of marketing communications，2019，25（6）：571-585.

[43]　MA Q G，WANG M L，DA Q. The effects of brand familiarity and product category in brand extension：An ERP study[J]. Neuroscience research，2020，169：48-56.

[44]　BARON R M，KENNY D A. The moderator-mediator variable distinction in social psychological research：Conceptual，strategic，and statistical considerations[J]. Journal of personality and social psychology，1986，51（6）：1173-1182.

[45]　SOBEL M E. Asymptotic confidence intervals for indirect effects in structural equation models[J]. Sociological methodology，1982，13：290-312.

第二篇　在线广告的移动化篇

第 5 章 时空关框架下位置因素对移动 O2O 优惠券兑现影响研究

5.1 移动 O2O 优惠券及推广广告

随着移动设备及移动位置服务（location based service，LBS）的完善和发展，"移动互联网 + "进入了高速发展阶段，其中以线上到线下（online to offline，O2O）最有吸引力。O2O 行业牵动亿万个用户，吸引了行业实践者和学者的关注。以优惠券吸引新客户或者增强已有用户活力更是 O2O 的一种重要营销方式。优惠券是营销领域的热点话题，现有研究已经从传统的线下优惠券[1]转向线上优惠券[2]，其中优惠券兑现是一个重要的研究领域。

现有文献关于优惠券兑现的研究仍有不足之处。例如，①文献多研究单一线下场景或线上的电子优惠券的兑现[3]，较少基于 O2O 数据和场景；②因为数据获取困难，大多文献使用问卷或实验方法研究兑现倾向、兑现态度，获取真实的兑现行为的研究价值大但研究较少，也有例外。例如，Jung 和 Lee[4]对比了线上与线下两种情景的兑现行为；③移动 O2O 优惠券是一个很特别的复杂场景，研究很少涉及。移动 O2O 优惠券一般线上领取、线下消费。线上领取虽然打破了空间上的限制，但由于用户在消费活动中具有活动本地化的特点，移动 O2O 优惠券的使用/投放仍然受地理位置的影响。因此，移动 O2O 优惠券的独特之处值得研究。

本章针对移动 O2O 优惠券进行研究，这是一个特定的时空关的场景，此场景对商户洞察用户提出更高的要求：在合适的时间、合适的地点、找到与产品/服务关联的合适用户。时空关框架是贾建民教授在当前大数据商业环境中提出的价值构建理论，为移动 O2O 优惠券研究奠定了理论基础。在此场景中，时间因素（如优惠券领取、兑现时间）、空间因素（如商户位置、商户与用户位置和距离）、关联因素（用户与商户、用户与优惠券、优惠券与商户的关联）都是商户重要的考量因素，且彼此紧密关联。研究这些时间、空间和关联因素如何交互并相互影响，对移动 O2O 优惠券在其场景发挥作用，实现线上线下数据融合，建立关联，实现精准营销大有裨益。

本章尝试建立移动 O2O 优惠券的时间、空间、关联的影响关系模型。三者有很多关系，最终选取优惠券的兑现时间长度（简称兑现时长）作为结果变量，研究用户-商户关联度和地理位置如何影响优惠券的兑现时长，并且这种时空关的关系如何交互。基于线上线下融合的数据，本章还尝试分析线上线下的互动关系如何影响这种时空关的互动。

5.2　时空关框架

在众多情境因素中，贾建民教授选取时间（time）、空间（space）、关联（connection）三个维度，提出了一个大数据分析框架，以探讨商业创新与市场竞争的时空演变规律及网络关联特征，洞察商业机会，该分析框架简称时空关。

通过时空关，研究者可以研究用户数据所呈现的时间、地点及社会关联等信息，更好地洞察用户的行为。研究者能够通过这组复合信息，结合与之相关的其他信息，借助数据科学和智能技术来推知个人的收入水平、信用评估等信息，并以此为基础创造更好的商业价值和社会利益。因此，通过时空关寻找大数据价值创造的突破点、开拓商业新机会，是当今任何企业都需要考虑的创新战略。

现有时空关文献比较稀少，时间、空间、关联三者交互的文献更少。表 5-1 总结了现有时空关文献。由此可知，时间、空间、关联确实是大数据时代决策的重要因素，也是研究者的研究重点。已有对于三者的关系进行研究的文献并不多，结合当前 O2O 的现实数据研究的文献更少，因此本章开展的研究具有一定的价值。

表 5-1　时空关文献总结

研究	时间定向	空间定向	关联定向	研究结论
Heilman 等[5]	√			具有时间定向的优惠券显著提升购买数量
Banerjee 和 Dholakia[6]		√		用户更愿意去邻近的促销活动地点进行消费
Spiekermann 等[7]		√		促销商户距离越近，用户兑现优惠券的概率越大
Andrews 等[8]		√		拥挤度影响广告效果，越拥挤用户对移动广告的点击率越高
Ghose 等[9]	√	√		优惠券促销的时空定向因素相互影响，较远距离的用户的优惠券兑现存在倒 U 形曲线
Zubcsek 等[10]	√	√		通过用户共同位置预测用户对移动广告的反应，即那些几乎在同一时间出现在同一地点的人有着相同的购买偏好
Ho 和 Lim[11]		√	√	在不完美情境中（即需求-品味-位置不完全匹配情景），用户的心情调节需求、品味、位置距离对移动优惠券的点击的影响

本章以移动 O2O 优惠券为研究对象，这是一个重要场景的重要营销方式。学

者过去研究优惠券时，以研究优惠券兑现行为和意愿为主，但是在设计 O2O 广告时，兑现时长也是一个重要因素。Fang 等[12]发现基于位置的移动优惠券兑现时长可持续到促销第 12 天；Ghose 等[9]指出移动营销是否会激发即时销售（而不是延后销售）是现实企业广泛思考的一个问题。另外，从移动优惠券曝光时算起，兑现时长越短，此移动广告的效果越好。因此，本章研究影响移动 O2O 优惠券兑现时长（简称优惠券兑现时长）的因素。

关联是时空关分析框架中一个重要的维度。在零售场景中，用户、品牌、产品、商户等之间的交互关系都可以视作关联。关联会影响用户的购买行为。用户和广告的关联会对用户的购买产生影响。Khasawneh 和 Shuhaiber[13]发现短信的相关性等对用户的态度和其对短信广告的接受程度有显著的正向影响。Hussain 和 Lasage[14]指出广告内容无关性、缺乏交互性是用户回避线上视频广告的主要原因。用户和品牌（或商户）的关联也会影响其购买行为。王海忠和闫怡[15]发现用户参与新产品构思强化了用户-品牌联结，从而提高了用户-品牌关联度，这对成功开发新产品至关重要。熟悉度高的品牌在众多广告中能够更加轻易地被识别出来[16]；且熟悉度高的品牌对竞争者的攻击有更好的抵御能力，对用户有更强的说服能力[17]。本章的关联是指用户-商户关联度，通过用户在商户发生的购买行为的次数来测量，购买次数越多，则关联度越高。当用户-商户关联度较高时，用户对该商户的熟悉度和信任度较高。因此，当收到用户认可度高的商户的优惠券时，用户更可能不需要多做考虑，在短时间内就使用该优惠券。由此，本章提出如下假设。

H5-1：用户-商户关联度负向影响优惠券兑现时长。

空间是时空关分析框架中的另一个重要维度。Ghose 等[9]指出空间地理因素可以分为地理位置、地理围栏和地理征地。在移动 O2O 优惠券的线下情境中，用户与线下商户之间的地理距离作为空间维度的一个重要变量，能够影响用户的购买行为及优惠券兑现行为[8]。空间维度是影响用户线下购买的重要因素。赵学锋等[18]指出基于位置的服务是最有前景的应用之一，用户更趋向选择在自己周围的商店、餐厅进行购物；李东进等[19]指出品牌知名度低和品牌知名度高的产品都存在地区效应，并指出地区形象能够影响用户对产品的评价；Banerjee 和 Dholakia[6]指出用户更愿意去邻近的促销活动地点进行消费；Spiekermann 等[7]指出促销商户距离越近，用户兑现优惠券的概率越大。在 O2O 场景中，地理距离是影响用户线下购买的重要因素，如果用户与商户距离较远，则其需要付出较高的时间或交通成本才能到达商户进行消费，这给移动 O2O 优惠券的使用造成了极大的障碍。已有研究表明线下距离会对用户的优惠券兑现行为产生负面影响[3, 20]；Farag 等[21, 22]发现城镇居民受商户可达到性的负向影响，更倾向线上购买。由于用户需要在线下商户进行移动 O2O 优惠券兑现，用户与商户之间的地理距离较大时，用户面临较大的交通、时间等成本，造成优惠券兑现时长延长，甚至可能选择放弃兑现。因此，本章提出如下假设。

H5-2：用户与商户之间的地理距离正向影响优惠券兑现时长。

对应 O2O 场景的时空关关系，除了直接关联，它们之间应该具有更复杂的交互效应。例如，地理位置和地理距离对用户购物的关系是比较简单、明确的，即促销活动、商户离用户越远，用户购物的可能性越小[6]。但是，地理距离上的劣势（商户离用户较远）可以通过折扣等促销手段弥补。本章认为关联和空间因素对时间的影响是存在交互作用的。一方面，地理位置和优惠券兑现时长的关系是正向的，即距离越远，兑现时长越长，兑现概率越小。但是，这个劣势可能受关联因素影响。当用户-商户关联度高时，他对这家商户很信任，即使距离远一点，也愿意付出代价去这家商户消费。除了文献已经发现的价格折扣，更紧密的关联也可以弥补地理距离对结果的负面影响。另一方面，关联和时间的关系也是简单、明确的，即用户-商户关联度高，用户的优惠券兑现时长就短。但是，这个关系也受位置影响。在某些情境中，位置可以弥补关联的劣势。用户本来对某商户不熟悉，很少在那里购物和使用优惠券，但是因为它离用户很近，在某些情境下用户也会舍远求近，选择该商户。因此，本章提出如下假设。

H5-3：地理距离和用户-商户关联度对优惠券兑现时长具有负向交互效应。高的用户-商户关联度降低地理距离对优惠券兑现时长的正向影响；大的地理距离降低用户-商户关联度对优惠券兑现时长的负向影响。

O2O 的特点是线下线上交互性强。用户不再采用单一的线上或线下购买方式，而是根据自己的需求，选择最适合他们的方式。用户线上线下的不同选择也会影响其线下的时空关购买决策。例如，用户可能知道离他很近（几十米）的地方就能买到他想要的产品，但仍然因倾向线上购买而足不出户选择线上购买。线下线上购买偏好是相对的，即如果用户的线下购买偏好高，他的线上购买偏好就低，因此仅选取线下购买偏好作为代表。本章关注用户线上线下购买偏好对时空关关系的影响。已知用户对事件的解释会随着对事件距离（时间距离、地理距离、社会距离）的知觉而发生系统改变，从而影响用户的决策[23]。如果收到的促销信息距离活动地点近，用户会以更具体的特征对事件进行解释，考虑问题的范围更狭窄，从而处理信息或者制定决策更短期化，购买意愿更高[5]。若 O2O 优惠活动的空间位置较近，则用户处于低解释水平，更倾向于快速做出决策。因此，当用户线下购买偏好较低时，若商户距离用户更近，则用户更容易在脑海中具象和解释促销活动，相对于距离更远的广告优惠活动，能够引发更强的参与感和更快的购买行动。当用户线下购买偏好高时，这些用户更容易想象自己线下享受优惠的场景，如果地理距离较大，用户预期到自己赶到商户的困难性较大，享受该优惠的可能性较低，用户的"眼不见，心不烦"心理表现得更为明显，用户会延迟对优惠产品的购买意愿和参与度。Mishra A 和 Mishra H[24]指出激发即时消费的两个条件：第一，商户需要造成突然的无计划的消费冲动；第二，商户需要立刻满足这个消费渴望。在这个层面上，当用户线下购买偏好相对高时，具有线下消费渴望，如果商户只能造成无计划的消费冲动，而因地理距离无法使得用户的消费渴望得到即刻满足，反而更不会引发用户的即时消费，使得即时的购买意愿下降。因此，本章提出如下假设。

H5-4：用户线下购买偏好负向调节地理位置与用户-商户关联度对优惠券兑现时长的负向交互关系。

H5-4a：当用户线下购买偏好低时，地理距离与用户-商户关联度对优惠券兑现时长存在负向交互关系。

H5-4b：当用户线下购买偏好高时，地理距离与用户-商户关联度对优惠券兑现时长的负向交互关系不再显著。

本章的研究模型如图 5-1 所示。

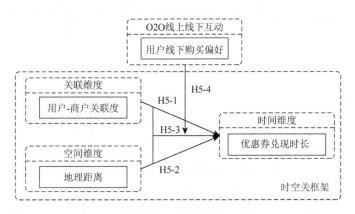

图 5-1　研究模型

5.3　研究模型构建与分析

1. 样本和数据

本章采用口碑网的移动 O2O 优惠券公开数据集，数据集包含用户的 1754884 条真实线上消费行为（线上领券、线上消费）记录与 11429826 条线下消费行为（线上领券、线下消费）记录，共计 539438 位用户、8415 个商户。本章的数据时间跨度为 2016 年 1~6 月，数据集的数据量和数据时间跨度能够满足对移动 O2O 广告时空关的研究需要，较为稳健地呈现数据分析结果。用户线下消费原始数据如下：User_id 为用户 ID；Merchant_id 为商户 ID；Coupon_id 为优惠券 ID；

Discount_rate 为优惠率；Distance 为用户经常活动的地点与该商户的距离；Date_received 为优惠券领取日期；Date 为优惠券兑现日期。用户线上消费原始数据与线下消费原始数据结构相似，只是不含 Distance 字段。

2. 变量构建

基于原始数据集，本章构建研究所需的自变量、因变量和控制变量，如表 5-2 所示。

表 5-2　变量计算说明

变量类型	变量名称	变量计算
自变量	用户-商户关联度	用户 u 与商户 m 建立的关系强度
	地理距离	用户 u 经常活动的地点与该商户 m 的距离是 500x 米，地理距离 x 取[0, 10]，0 表示小于 500 米，10 表示大于 5000 米
	用户线下购买偏好	用户 u 线下消费次数占用户线上线下总消费次数的比例
因变量	优惠券兑现时长	从线上领取优惠券到线下使用此优惠券的时间间隔，计算方式为优惠券兑现时间-优惠券领取时间
控制变量	优惠券使用率	用户 u 使用优惠券的比率，计算方式为用户用券购物次数/用户领券总次数
	用户互动广度	用户 u 互动的商户数量

1）自变量

用户-商户关联度是指在移动 O2O 情境下用户与线下商户之间的关系强度，通常包含以购买行为等为代表的显示偏好特征，以及以点击、浏览、领券等为代表的隐示偏好特征。本章选择显示偏好特征，即用户 u 与商户 m 的关联度，将用户 u 在商户 m 的历史购买次数作为其关联度。

地理距离作为空间维度的代表，是指用户与商户的物理距离。用户与商户的物理距离越大，则地理距离越大；反之，则地理距离越小。参照 Spiekermann 等[7] 和 Ghose 等[9]对用户与商户距离的定义，即用户在移动互联网搜索时经常活动的地点与商户的距离，本章将物理距离分为 10 段来表示地理距离：地理距离 = 物理距离/500，地理距离的最小值为 0，表示物理距离小于 500 米；地理距离的最大值为 10，表示物理距离大于 5000 米。

用户的购买行为揭示了其内在偏好，本章通过用户的购买行为来推测其偏好，具体用用户 u 线下消费次数占用户线上线下总消费次数的比例来进行计算。用户线下消费比例大表示用户线下购买偏好较高，用户线下消费比例小表示用户线上购买偏好较高。该变量将用户的线上线下数据融合进行计算。

2）因变量

优惠券兑现时长是指从线上领取优惠券到线下兑现此优惠券的时间间隔，计算方式为优惠券兑现时间–优惠券领取时间。

3）控制变量

由于数据隐私保护，我们无法获得用户的性别、年龄、城市等人口统计信息，但我们可以通过用户的移动 O2O 平台行为来描述用户。为了控制其他可能影响优惠券兑现时长的因素，本章使用以下两个控制变量。

（1）用户互动广度是指用户 u 在 2016 年 1~6 月互动的商户数量，此互动包含用户在某商户领取优惠券、使用优惠券购物、不使用优惠券购物等。

（2）优惠券使用率是指用户 u 线下使用线上领取 O2O 优惠券的比率，为用户使用 O2O 优惠券购物次数/用户领券总次数。

3. 实证分析

1）描述分析

本章对数据进行描述性统计与相关性分析，结果如表 5-3 所示。用户-商户关联度和用户线下购买偏好与优惠券兑现时长负相关。

表 5-3 描述性统计与相关性分析

变量	均值	标准差	优惠券兑现时长	用户-商户关联度	地理距离	用户线下购买偏好	优惠券使用率	用户互动广度
优惠券兑现时长	7.81	7.82	1.00					
用户-商户关联度	4.87	10.35	−0.14	1.00				
地理距离	2.36	3.48	0.03	−0.12	1.00			
用户线下购买偏好	0.64	0.24	−0.08	0.41	−0.12	1.00		
优惠券使用率	0.44	0.29	−0.10	0.19	−0.02	0.00	1.00	
用户互动广度	1.73	1.08	0.02	0.01	0.00	0.29	−0.33	1.00

在正式统计模型分析之前，本章借助大数据工具将模型设计的时空关变量可视化，助力理解数据，同时找出包含在海量数据中的规律或者信息。

由图 5-2 可以看到，超过一半的具有领券或购买行为的用户和线下商户的物理距离在 500 米以内。大部分用户倾向选择地理距离小的商户进行互动。依据可视化分布结果，我们预测地理距离和优惠券兑现时长呈负相关关系。

由图 5-3 可以看出，优惠券兑现时长在 0~10 天内最多，较少的用户会选择超过两个月进行消费，优惠券兑现时长的均值为 7.81 天。此外，随着优惠券兑现时间延长，兑现的可能性和比率都在下降。

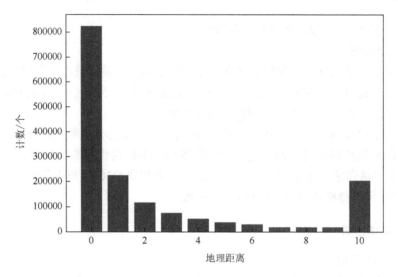

图 5-2　地理距离分布图

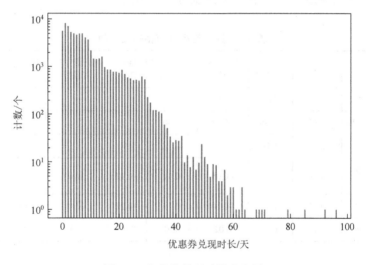

图 5-3　优惠券兑现时长分布图

2）实证结果

通过描述性统计、相关性分析及数据可视化，我们已经大致得出时空关中用户-商户关联度和地理距离对优惠券兑现时长的影响方向，本节将加入控制变量，通过建立计量模型计算影响关系及变量间的调节作用。

针对 H5-1 和 H5-2，建立如下模型：

$$CouponRedemptionDuration = \beta_0 + \beta_1 \cdot Connection$$
$$+ \beta_2 \cdot GeoDistance + \beta_3 \cdot X + \varepsilon$$

其中，CouponRedemptionDuration 为优惠券兑现时长；Connection 为用户-商户关联度；GeoDistance 为地理距离；X 为控制变量（包含优惠券使用率和用户互动广度）；ε 为随机扰动项。

回归分析主要采用分层回归法，首先将控制变量纳入回归模型，然后将主要自变量加入回归模型，回归结果如表 5-4 所示。用户-商户关联度对优惠券兑现时长有显著的负向影响（$\beta = -0.05$，$p < 0.01$），用户-商户关联度越高，优惠券兑现时长越短，与 H5-1 的预测相一致。地理距离对优惠券兑现时长有显著的正向影响（$\beta = 0.05$，$p < 0.01$），地理距离越大，优惠券兑现时长越长，与 H5-2 的预测相一致。

表 5-4　主效应回归结果

变量类型	变量名称	模型 1		模型 2	
		系数	标准误	系数	标准误
自变量	用户-商户关联度	—	—	-0.05^{***}	0.00
	地理距离	—	—	0.05^{***}	0.01
控制变量	优惠券使用率	-2.69^{***}	0.10	-2.20^{***}	0.10
	用户互动广度	-0.02	0.02	-0.01	0.02
R^2		0.0104		0.0237	

$***p < 0.01$

针对 H5-3，为了探究地理距离和用户-商户关联度对优惠券兑现时长的交互作用，在主模型的基础上加入地理距离与用户-商户关联度的交互项（GeoDistance×Connection），模型如下：

$$\text{CouponRedemptionDuration} = \beta_0 + \beta_1 \cdot \text{Connection} + \beta_2 \cdot \text{GeoDistance}$$
$$+ \beta_3 \cdot X + \beta_4 \cdot \text{GeoDistance} \times \text{Connection} + \varepsilon$$

表 5-5 的回归结果显示，地理距离与用户-商户关联度的交互项显著，模型的拟合优度提高，R^2 从 0.0237 提升到 0.0242。与 H5-3 的预测相一致，地理距离对用户-商户关联度和优惠券兑现时长之间的关系起负向交互作用（$\beta = -0.01$，$p < 0.01$）。图 5-4 进行了 H5-3 交互作用展示。如图 5-4（a）所示，地理距离越大，用户-商户关联度与优惠券兑现时长的负向关系越强。如图 5-4（b）所示，当用户-商户关联度高时，地理距离和优惠券兑现时长的关系并不明显；当用户-商户关联度低时，地理距离和优惠券兑现时长的正向关系非常明显，在这种情况下，用户只有在商户离他很近时，才会选择短时间兑现优惠券。

表 5-5 地理距离的调节作用

变量类型	变量名称	模型 1		模型 2	
		系数	标准误	系数	标准误
自变量	用户-商户关联度	−0.05***	0.00	−0.05***	0.00
	地理距离	0.05***	0.01	0.11***	0.01
	地理距离×用户-商户关联度	—	—	−0.01***	0.01
控制变量	优惠券使用率	−2.20***	0.10	−2.18***	0.10
	用户互动广度	−0.01	0.02	−0.01	0.00
R^2		0.0237		0.0242	

***$p<0.01$

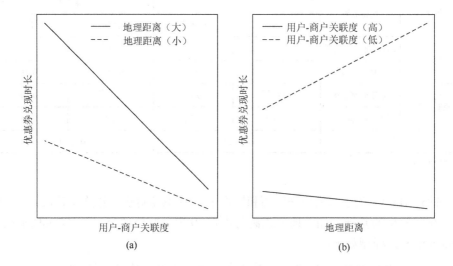

图 5-4 交互作用效果图

H5-4 探究了用户线下购买偏好对用户-商户关联度、地理距离的交互作用和优惠券兑现时长之间的关系的调节作用，本质上为二阶调节关系。模型如下：

$$
\begin{aligned}
&CouponRedemptionDuration\\
&= \beta_0 + \beta_1 \cdot Connection\\
&\quad + \beta_2 \cdot GeoDistance + \beta_3 \cdot X + \beta_4 \cdot GeoDistance \times Connection\\
&\quad + \beta_5 \cdot OfflineBuyPreference \times Connection\\
&\quad + \beta_6 \cdot GeoDistance \times OfflineBuyPreference\\
&\quad + \beta_7 \cdot GeoDistance \times Connection \times OfflineBuyPreference + \varepsilon
\end{aligned}
$$

其中，GeoDistance×Connection×OfflineBuyPreference 为二阶调节项，结果如表 5-6 所示。结果显示，模型的拟合优度进一步提高，R^2 从 0.0274 提升到 0.0276，调节作用在 0.05 的水平上显著（$\beta = -0.05$，$p < 0.05$），H5-4 得到验证。这说明用户线下购买偏好增强时，用户-商户关联度与地理距离对优惠券兑现时长的负向交互作用减弱。

表 5-6　交互的调节作用

变量类型	变量名称	模型 1		模型 2		模型 3	
		系数	标准误	系数	标准误	系数	标准误
自变量	用户-商户关联度	−0.05***	0.00	−0.08**	0.04	−0.10***	0.04
	地理距离	0.05***	0.01	0.21***	0.06	0.11	0.08
	地理距离×用户-商户关联度	—	—	−0.01*	0.00	0.04*	0.02
	用户线下购买偏好×用户-商户关联度	—	—	−0.19**	0.10	−0.10	0.11
	地理距离×用户线下购买偏好	—	—	0.03	0.04	0.05	0.04
	地理距离×用户-商户关联度×用户线下购买偏好	—	—	—	—	−0.05**	0.02
控制变量	优惠券使用率	−2.20***	0.10	−2.10***	0.18	−2.10	0.18
	用户互动广度	−0.01	0.02	−0.01	0.05	−0.01	0.05
R^2		0.0237		0.0274		0.0276	

*$p < 0.1$

**$p < 0.05$

***$p < 0.01$

为了进一步探究用户线下购买偏好对地理距离与用户-商户关联度交互作用和优惠券兑现时长的调节作用，图 5-5 进行了 H5-4 交互的调节作用展示。

如图 5-5（b）所示，当用户线下购买偏好较低时，地理距离和用户-商户关联度对优惠券兑现时长有负向的交互作用，即小的地理距离可以弥补用户-商户关联度低对优惠券兑现时长的影响，而地理距离大时，用户-商户关联度高才会在短时间内兑现优惠券。这种负向交互关系在用户线下购买偏好高时反而不成立。如图 5-5（a）所示，当用户线下购买偏好高时，用户对地理距离似乎更加敏感，当地理距离大时，用户-商户关联度对优惠券兑现时长的影响从负向变成正向。这说明若用户线下购买偏好相对较高，当地理距离较大时，用户更能够预期到自己赶到商户的困难性，最终会延迟对优惠商户的购买意愿和参与度，且用户-商户关联度越高，这种延迟越大。综上，H5-1～H5-4 均得到证实与支持。

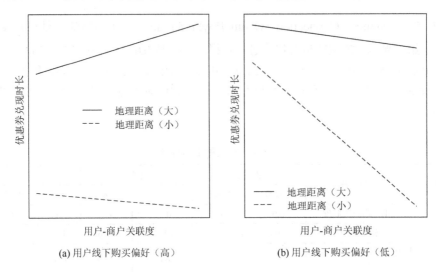

(a) 用户线下购买偏好（高）　　　　　　　　(b) 用户线下购买偏好（低）

图 5-5　交互的调节作用效果图

4. 稳健性检验

1）变量测度

对于用户-商户关联度，本章选取用户和商户的显示偏好交互特征与隐示偏好交互特征进行稳健性测试，将用户和商户所有的购买交互次数作为用户-商户关联度的变量测度，重复回归过程，回归结果如表 5-7 所示。结果表明，用户-商户关联度依然对优惠券兑现时长产生显著影响，地理距离和用户线下购买偏好对用户-商户关联度和优惠券兑现时长的关系调节作用依然显著，且影响方向没有变化。

表 5-7　用户-商户关联度的变量稳健性检验结果

变量类型	变量名称	模型 1		模型 2		模型 3	
		系数	标准误	系数	标准误	系数	标准误
自变量	用户-商户关联度	—	—	-0.05^{***}	0.00	-0.05^{***}	0.00
	地理距离	—	—	0.05^{***}	0.01	0.11^{***}	0.02
	地理距离×用户-商户关联度	—	—	—	—	-0.01^{***}	0.01
控制变量	优惠券使用率	-2.69^{***}	0.10	-2.38^{***}	0.10	-2.37^{***}	0.10
	用户互动广度	-0.02	0.02	0.05	0.03	-0.01	0.03
	R^2	0.0104		0.0234		0.0239	

$***p<0.01$

2）内生性检验

本章利用工具变量法解决内生性问题。将商户销量（Sales）作为用户-商户关联度的工具变量。商户销量越多，用户和商户之间的交易互动越多，用户-商户关联度强的可能性越大，但是它不直接影响优惠券兑现时长，因此满足工具变量相关性和外生性的要求。表 5-8 是工具变量法的基准回归结果。本章的工具变量通过了偏 R^2 检验和过度识别检验，表明其具有相关性和外生性。第一阶段的回归（S_1）结果显示，工具变量显著影响用户-商户关联度。第二阶段的回归（S_2）结果表明，用户-商户关联度仍然负向影响优惠券兑现时长。

表 5-8　工具变量法回归结果

变量类型	变量名称	S_1		S_2	
		系数	标准误	系数	标准误
自变量	用户-商户关联度	—	—	-0.74^{***}	0.08
	地理距离	0.13^{***}	0.01	0.53^{***}	0.07
	商户销量（工具变量）	0.00^{***}	0.00	—	—
控制变量	优惠券使用率	-2.81^{***}	0.10	5.66^{***}	1.02
	用户互动广度	-0.05^{*}	0.02	-0.63^{***}	0.09
R^2		0.015		0.001	

$*p<0.1$

$***p<0.01$

5.4　研究发现及营销管理建议

本章研究了优惠券兑现时长的影响因素。基于时空关理论，本章研究了关联和位置因素对时间（优惠券兑现时长）的影响。具体而言，本章探讨了用户-商户关联度、用户线下购买偏好、地理距离对优惠券兑现时长的影响，通过大量的真实数据得出了以下结论。

（1）用户-商户关联度负向影响优惠券兑现时长。用户和商户的关系越紧密，信任度越高，因此优惠券兑现时长越短。这与前人关于用户与商户/品牌关系的紧密度会正向影响其购物和对广告的关注等研究一致，是对关联重要性的一个证明。

（2）营销学者早就指出了位置对于零售的重要性。H5-2 验证了地理距离越大，优惠券兑现时长越长。这与前人的观察也是一致的。虽然互联网在一定程度上消除了线上购买在空间距离上的限制，但是对于线下购买，（商户）位置仍然很重要。本章使用的地理距离就是用户与商户的距离，当地理距离变大时，用户兑现该优惠券的难度比那些离自己很近的商户的优惠券要大，兑现时长自然变长，甚至不会兑现。

（3）时空关的关系不仅是简单的直接关系，而且有着较强的交互关系。本章发现地理距离和用户-商户关联度对优惠券兑现时长的影响存在负向交互关系。这种作用影响也验证并补充了前人在此领域的观察。在折扣和距离之间存在一种权衡，即用户和商户位置越远，用户越不可能选择那些优惠券。但是这种位置的短板可以由金钱或者折扣来弥补。本章说明了地理距离的劣势可以通过用户-商户关联度来平衡。当商户离用户比较远时，一般情况下，优惠券兑现时长会长，甚至不会兑现；当用户-商户关联度较高时，他不在乎地理距离。反之，当用户-商户关联度较低时，地理距离也可以弥补其劣势，如果商户离用户足够近，他也可能短时间兑现优惠券。

（4）H5-1～H5-3 的验证表明在 O2O 情境中时空关是紧紧相连的，它们之间的关系不仅是简单的直接关系，而且具有复杂的交互关系。H5-4 的验证说明 O2O 的交互关系也能够影响时空关。用户线下购买偏好可以改变原有的时空关的交互关系。相对于线下购买偏好低的用户，线下购买偏好高的用户似乎对地理距离的变动更加敏感（更难以接受距离远的商户）。当用户线下购买偏好低时，地理距离的劣势还可以用用户-商户关联度来弥补。但是当用户线下购买偏好高时，用户-商户关联度再高也无法弥补地理距离大的劣势，甚至会加剧地理距离大的劣势。线下购买偏好高的用户习惯享受方便邻近的商户服务，无法接受距离较远的推送；线下购买偏好较低的用户反而对距离远的推送较为理性，有些推送虽然较远，但是因为有更多的联系，所以也能接受。

本章的理论及实践贡献如下。

第一，对时空关理论的贡献。前人基于营销情境文献研究时间、空间、关联时，多基于单方面维度或两维度进行研究，例如，研究时间与空间的关系，研究时间与关联的关系。结合时间、空间和关联三者所进行的研究少之又少。本章基于时空关框架，研究了特定场景下的时间、空间和关联三者的关系，发现并验证了三者的直接和交互关系，丰富了时空关框架。

第二，对优惠券营销理论的贡献。本章使用线上线下结合的大量数据，在 O2O 场景中进行分析，丰富了优惠券研究领域的理论。例如，前人发现了位置与折扣之间的权衡关系，本章发现在关联度与位置之间也存在权衡关系，在某些情境下，高的关联度可以弥补位置的劣势。

第三，对 O2O 情境和精准营销的贡献。原本的时空关在加入线下线上的互动后更加复杂。因为包含线下线上数据特别是线下位置数据的分析非常稀缺，所以本章的 O2O 数据具有一定的价值。本章的研究对移动 O2O 广告和用户广告行为的理解具有实际价值和意义；对在 O2O 情境中分析用户行为，从而实现更精准的推送也提供了支持，具有借鉴价值。

本章的管理实践启示如下。

第一，增强用户-商户关联度，有助于促使用户使用优惠券消费。增强用户-商户关联度，加强用户-商户关系管理，可以减少用户使用优惠券的障碍，缩短消费周期。

第二，地理距离对优惠券兑现和兑现时长都是非常重要的因素。将移动 O2O 优惠券精准推送给与商户线下距离较近的用户，也会缩短优惠券兑现时长。这是因为线下距离近的用户交通成本更低，他们更容易在较短的周期内到达线下商户进行消费，促销效果更好。

第三，对于远距离的用户，优惠券的投放更应该考虑用户-商户关联度。高的用户-商户关联度对较大的地理距离的劣势具有一定的弥补作用。因此，当商户实在找不到近距离的用户进行推送，要向较远距离的用户推送优惠券时，要重点对已经建立关系的老客户进行推送。

第四，第三条建议在 O2O 情境，即得知某些用户具有线下购买偏好时是不合适的。综合来讲，地理距离确实具有重要作用，在可能的情况下，尽量向与商户距离近的用户推送优惠券。要向距离较远的用户推送优惠券，该用户必须同时具备两个特征：线下购买偏好低；与商户关联度高。

参 考 文 献

[1]　RAMASWAMY V，SRINIVASAN S S. Coupon characteristics and redemption intentions：A segment-level analysis[J]. Psychology and marketing，1998，15（1）：59-80.

[2]　王崇，陈大峰. O2O 模式下消费者购买决策影响因素社群关系研究[J]. 中国管理科学，2019，27（1）：110-119.

[3]　LI H，SHEN Q W，BART Y. Local market characteristics and online-to-offline commerce：An empirical analysis of Groupon[J]. Management science，2017，（4）：1860-1878.

[4]　JUNG K，LEE B Y. Online vs. offline coupon redemption behaviors[J]. International business and economics research journal，2010，9（12）：23-36.

[5]　HEILMAN C M，NAKAMOTO K，RAO A G. Pleasant surprises：Consumer response to unexpected in-store coupons[J]. Journal of marketing research，2002，39（2）：242-252.

[6]　BANERJEE S，DHOLAKIA R R. Mobile advertising：Does location based advertising work？[J]. International journal of mobile marketing，2008，3（2）：68-74.

[7]　SPIEKERMANN S，KLAFFT M，ROTHENSEE M. Street marketing：How proximity and context drive coupon redemption[J]. Journal of consumer marketing，2012，28（4）：280-289.

[8]　ANDREWS M，LUO X M，FANG Z，et al. Cause marketing effectiveness and the moderating role of price discounts[J]. Journal of marketing，2014，78（6）：120-142.

[9]　GHOSE A，GOLDFARB A，HAN S P. How is the mobile internet different？Search costs and local activities[J]. Information systems research，2013，24（3）：613-631.

[10]　ZUBCSEK P P，KATONA Z，SARVARY M，et al. Predicting mobile advertising response using consumer

colocation networks[J]. Journal of marketing, 2017, 81 (4): 109-126.

[11] HO S Y, LIM K H. Nudging moods to induce unplanned purchases in imperfect mobile personalization contexts[J]. MIS quarterly, 2018, 42 (3): 757-778.

[12] FANG Z, GU B, LUO X M, et al. Contemporaneous and delayed sales impact of location-based mobile promotions[J]. Information systems research, 2015, 26 (3): 552-564.

[13] KHASAWNEH M A, SHUHAIBER A. A comprehensive model of factors influencing consumer attitude towards and acceptance of sms advertising: An empirical investigation in Jordan[J]. International journal of sales and marketing management research and development, 2013, 3 (2): 1-22.

[14] HUSSAIN D, LASAGE H. Online video advertisement avoidance: Can interactivity help? [J]. Journal of applied business research, 2013, 30 (1): 43-50.

[15] 王海忠, 闫怡. 顾客参与新产品构思对消费者自我-品牌联结的正面溢出效应: 心理模拟的中介作用[J]. 南开管理评论, 2018, 21 (1): 132-145.

[16] DAHLEN M. Banner ads through a new lens[J]. Journal of advertising research, 2001, 41: 21-30.

[17] KENT R J, ALLEN C T. Competitive interference effects in consumer memory for advertising: The role of brand familiarity[J]. Journal of marketing, 1994, 58 (3): 97-105.

[18] 赵学锋, 汤庆, 刘芬. 基于电子口碑营销的移动优惠券转发模式研究[J]. 管理学报, 2013, 10(11): 1657-1662.

[19] 李东进, 董俊青, 周荣海. 地区形象与消费者产品评价关系研究: 以上海和郑州为例[J]. 南开管理评论, 2007, 10 (2): 60-68.

[20] VAN U P, SENIOR M. The contribution of mixed land uses to sustainable travel in cities[M]//WILLIAMS K, BURTON E, JENKS M. Achieving sustainable urban form. New York: Spon Press, 2000: 139-148.

[21] FARAG S, SCHWANEN T, DIJST M, et al. Shopping online and/or in-store? A structural equation model of the relationships between e-shopping and in-store shopping[J]. Transportation research part a: Policy and practice, 2007, 41 (2): 125-141.

[22] FARAG S, WELTEVREDEN J, VAN RIETBERGEN T, et al. E-shopping in the Netherlands: Does geography matter? [J]. Environment and planning b: Planning and design, 2006, 33 (1): 59-74.

[23] STEPHAN E, LIBERMAN N, TROPE Y. Politeness and psychological distance: A construal level perspective[J]. Journal of personality and social psychology, 2010, 98 (2): 268-280.

[24] MISHRA A, MISHRA H. We are what we consume: The influence of food consumption on impulsive choice[J]. Journal of marketing research, 2010, 47 (6): 1129-1137.

第6章 天气及其交互对移动O2O广告效果影响研究

6.1 移动O2O广告

O2O是指将线下的实体商家与互联网线上的丰富信息进行融合，借助互联网实现线下交易的线上延伸。美国芝加哥的线上零售网站Groupon在2008年首次采用O2O模式来运营其电子商务网站，该平台在商家和消费者之间扮演交易中介的角色，先用高曝光量和低广告费吸引大量商家入驻平台，再用诱人的折扣优惠方案吸引消费者浏览和购买平台中的商家产品。Rampell在2010年将Groupon的这种销售模式总结为O2O，并将其定义为通过互联网将线上的信息和物理世界中的商机结合起来的一种新的商务模式[1]。此后，国外学者不断对O2O的概念进行界定和阐释。Staff[2]认为O2O模式的核心是提高线下交易概率，线上的一切功能模块和优惠促销都围绕这一核心展开，借助网络推广的精准性和及时性，消费者可以在合适的时间、合适的地点、准确地接收合适的产品推送。Fitzgerald[3]指出传统商家可以借助新兴的O2O模式进行线上宣传，从而达到促进线下店铺销量的目的。2010年O2O概念被引入国内，国内学者也对此进行了全面的、本土化的定义。苏涛[4]将O2O模式定义为买家和卖家的双向结合，即消费者可以通过团购平台选择与自己需求匹配的产品和服务，商家也可借助网站推广的价格优惠来增加曝光量，在提升销量的同时通过平台的用户评价功能引导消费者进行二次宣传。张波[5]对O2O模式与传统线下行业进行深度融合的发展现状进行了宏观总结，同时进一步扩展了O2O的定义，提出线下到线上（offline to online）、线下到线上到线下（offline to online to offline）、线上到线下到线上（online to offline to online）等新模式。

随着互联网更新和消费升级的加速，移动O2O平台迅速发展壮大，相关学者也进行了一些研究。有学者针对移动O2O广告效果进行了探讨。Danaher等[6]指出移动O2O平台具有掌握消费者所处的时间情境因素、地理位置情境因素和消费者行为偏好的独特优势，能为平台商家提供多维度的消费者信息以促进平台商家进行个性化的、即时的、精准的广告推送。Ghose[7]强调了时间情境因素、地理位置因素和天气情境因素及其相互结合对移动O2O广告影响的重要性。有学者针对移动O2O平台用户体验的影响因素进行了探究。梁晓燕和王少强[8]通过对120名在校大学生的实验研究发现,影响移动 O2O 平台用户体验的情境因素显著不同于传统网络用户对情境的感知。曹越等[9]通过对移动 O2O 平台消费者的访谈调查来探究影响消费者个体进行信息搜索的因素,指出在 O2O 或 offline to online 这种模式下的消费者对信息检索的路径呈现出渠道多元化、时间碎片化和情境丰富化等特征。张宇康和王辰洁[10]以某团购网站为实证研究对象探究 O2O 模式下消费者消费行为的影响因素。还有一些学者对移动 O2O 平台销量的影响因素进行了探讨。刘莹[11]通过收集某家外卖平台中的销售数据,并采集对应时段的日级天气状况数据进行分析,证实天气因素中的人体舒适度、降雨因素、降雪因素和空气质量因素对外卖平台的日销量产生了影响。然而,该研究只从宏观层面探究天气因素对整个外卖平台日销量的影响,未在天气与时间情境因素的交互等其他维度进行深入探讨。综上,现有研究多停留在对天气因素的浅层识别,鲜有文献研究微天气状况对消费者决策的影响。

6.2　天气及其交互影响

在诸多情境因素中,天气情境因素对消费者是一种特殊的外在因素,以往众多学者在探索不同的天气情境因素对研究对象的影响时选取的天气情境因素主要包括日照时长、降雨、温度、湿度、风速、风向、气压和空气质量指数等[12-19],其中,学者通常用人体舒适度指数这一综合性的天气指标来代表温度、湿度和风速这三个天气情境因素的组合[20]。本章参考先前学者的研究思路,将降雨和人体舒适度指数这两个天气指标作为自变量,将气压和空气质量指数这两个天气指标作为控制变量。天气的变化会对个体的情绪状态、情感认知等心理层面产生影响,进而影响人们的短期、中期甚至长期的消费决策。即时的天气会对消费者的即时决策(如消费者的餐饮决策、出行决策、娱乐决策)产生影响。在产业界,许多企业已经开始根据实时的天气变化动态调整其商品或服务的价格。例如,国内的打车软件滴滴出行根据实时的天气状况调整乘客打车的价格,下雨天路况不好,人们更倾向于改变自己原来的出行习惯,转向打车出行,此时滴滴出行根据乘客所在位置的天气状况调高打车费用或者增加乘客的等待时长。在国际上,谷歌和元宇宙(Meta)两大网络搜索引擎和在线社交科技巨头也与气象公司合作,开始探索将实时的天气纳入广告投放策略的影响因素中。

气候在相当长的一段时间内会呈现稳定的特征;然而天气往往具有即时性,天气可以在短时间内发生很大的变化。在生活中,我们也能常常感受到早上、中午和晚上的气温差别。在夏季多发阵雨的深圳,人们更能体会来时下雨走时晴的数小时内的天气差异。此外,在营销学领域,学者也确定了时间情境因素的重要性。有研究表明，在一天 24 小时的时间区间里，人们在上午更倾向于投入工作，人们在下午更倾向于放松，此时消费者对天气舒适度有更高的要求。根据以上研究，本章提出如下假设。

H6-1：微天气与时间的交互会影响移动 O2O 平台商家销量。

H6-1a：人体舒适度与时间存在交互效应，即早上、中午和晚上不同时间段的消费者对人体舒适度的反应不同，进而对移动 O2O 平台商家销量的影响存在差异。具体而言，早上不舒适对移动 O2O 平台商家销量的影响小于晚上，而中午不舒适对移动 O2O 平台商家销量的影响大于晚上。

H6-1b：降雨与时间存在交互效应，即早上、中午和晚上不同时间段的消费者对降雨的反应不同，进而对移动 O2O 平台商家销量的影响存在差异。具体而言，早上降雨对移动 O2O 平台商家销量的影响小于晚上，而中午降雨对移动 O2O 平台商家销量的影响大于晚上。

时间情境因素可以划分为不同的时间维度，例如，一天中的不同时间段，早上、中午、晚上和夜晚；一周中的不同日期，周一到周五的工作日和周末的休息日；一年中的不同季节，春季、夏季、秋季和冬季；特殊地，还有平时和节假日之分，如元旦、春节、清明节、劳动节、端午节、中秋节、国庆节。不同的时间情境因素会对消费者的消费决策产生影响。Sugie 等[21]通过研究消费者在不同时间段的商场购物支出记录，指出人们的消费行为受工作日和休息日的影响，即消费者在周末对大宗商品和实用型商品的购买偏好会增加，而且男女在周末的购物行为存在差异，与女性相比，男性更倾向在周末开展购物活动。马静和柴彦威[22]利用多项逻辑（logit）模型对北京市消费者工作日与休息日之间的购物行为的差异进行比较。结果表明，工作日期间人们会因受到工作等生存性活动的约束而减少购物行为；休息日期间人们受工作的约束大大减少，偏好从事一些购物或娱乐活动。在环境心理学范畴，消费者个体会对所面临的购物环境产生各种各样的情绪，如愉悦感、不适感。诸多研究者证实消费者的情绪状态会影响其消费决策。人们在休息日更倾向于心情放松，在此期间可能出现与工作日完全不同的消费行为。因此，本章提出如下假设。

H6-1c：人体舒适度与周末情境因素存在交互效应，即工作日和休息日时间段消费者对人体舒适度的反应不同，进而对移动 O2O 平台商家销量的影响存在差异。具体而言，休息日不舒适对移动 O2O 平台商家销量的影响小于工作日。

H6-1d：降雨与周末情境因素存在交互效应，即工作日和休息日时间段消费者对降雨的反应不同，进而对移动 O2O 平台商家销量的影响存在差异。具体而言，休息日降雨对移动 O2O 平台商家销量的影响大于工作日。

同一个城市不同街区的区域性天气也表现出不同的特征，不同地理位置的消费者呈现出不同的消费特征，即消费存在地理位置的异质性。AdTheorent 调查显示，同样的天气状况下，美国不同的城市对在线广告的反应明显不同，炎热的天气下，纽约市的消费者更倾向于点击推送的广告，而西海岸的消费者更倾向于关闭恼人的广告弹窗。在不同的地理区域，天气对消费者行为的影响也有明显差别。例如，我国北方地区四季分明，春夏秋冬有很明显的季节特征，消费者可以快速地根据外部天气的变化调整其消费决策；我国南方地区并没有明显的四季区别，整体空气相对湿度大于北方地区，人们对天气舒适程度的感受会异于北方地区。Badorf 和 Hoberg[23]通过选取德国 673 家实体零售店及不同商品品类的日销售数据来探究天气对零售点销售的影响，研究表明处在不同地理位置的零售店对天气的反应有显著差异，在异常恶劣的天气状况下，不同零售店对天气反应的最大差异为 23.0%，具体而言，一家零售店的销售额增长 23.1%，另一家零售店的销售额仅增长 0.1%。因此，本章提出如下假设。

H6-2：微天气与地理位置的交互会影响移动 O2O 平台商家销量。

H6-2a：人体舒适度与地理位置存在交互效应，即处在不同地理位置的消费者对人体舒适度的反应不同，进而对移动 O2O 平台商家销量的影响存在差异。

H6-2b：降雨与地理位置存在交互效应，即处在不同地理位置的消费者对降雨的反应不同，进而对移动 O2O 平台商家销量的影响存在差异。

消费者对商品品类的选择会随着时间和环境的变化而发生变化以满足其在特定情境的需求。在日常消费型商品方面，研究者对英国零售和分销行业中的食品和饮料的天气敏感性进行了研究，结果显示不同的商品品类对季节和天气状况的反应程度存在显著差异，例如，在炎热的夏天消费者对乳制品的需求会明显增加。在刚需型商品和娱乐型商品方面，诸多文献指出坏天气会促进消费者对娱乐型商品的购买。Badorf 和 Hoberg[23]对实体零售店中的不同销售主题进行比较分析发现，对好天气和坏天气的反应因商品品类的不同而产生很大的差异，对于坏天气，销售额最高的品类和销售额最低的品类之间的差异高达 40.7%，对于好天气，销售额最高的品类和销售额最低的品类之间的差异也达到 39.3%，即不同的商品品类对天气的敏感度不同。Tian 等[24]将消费行为与大数据结合，探究微小样本难以察觉出的天气的微妙影响，研究指出，阳光、温度和空气质量等能给消费者带来正面或负面情绪的天气指标会影响消费者的多样化购买行为。金旭[25]以某有机食品公司三年内的日门店销售记录为样本数据集，探究了天气情境因素中的雾霾程度对消费者对有机食品品类选择的影响，研究表明，雾霾程度会正向影响消费者对有机食品品类的选择及蔬果洗涤用品的偏好。因此，本章提出如下假设。

H6-3：微天气与品类的交互会影响移动 O2O 平台商家销量。

H6-3a：人体舒适度与品类存在交互效应，即人体舒适度会影响消费者对移动 O2O 平台上品类的选择，进而对移动 O2O 平台商家销量的影响存在差异。

H6-3b：降雨与品类存在交互效应，即降雨会影响消费者对移动 O2O 平台上品类的选择，进而对移动 O2O 平台商家销量的影响存在差异。

6.3　研究模型构建与分析

1. 研究数据

本章的数据集合并了两个数据源，即来自国内主要本地生活服务 O2O 平台的销售数据和来自公共气象网站的天气数据。

1）销售数据

本章选择起步相对较早、产业链相对成熟、市场份额较大、平台品类齐全和用户活跃数较多及数据量充裕的口碑商家平台作为研究对象。本章的销售数据来自口碑商家 2017 年的公开数据集。该数据集包含 122 个城市的商家产生的数亿条订单数据，其中包括商家的位置信息、商家等级、商家评论数量等，时间跨度为 2015 年 7 月 1 日～2016 年 10 月 31 日。具体的数据集描述如表 6-1 和表 6-2 所示。

表 6-1　口碑商家特征数据

字段名	样例	描述
Shop_id	000001	商家 ID，唯一识别商家
City_name	深圳	城市名称
Location_id	001	商家所在地理位置的编号，位置接近的商家具有相同的编号
Per_pay	5	人均消费（数值越大代表消费越多）
Score	1	商家评分（数值越大代表评分越高）
Comment_count	10	商家评论数量（数值越大代表评论数量越多）
Shop_level	1	商家等级（数值越大代表等级越高）
Cate_1_name	美食	一级品类名称
Cate_2_name	快餐	二级品类名称
Cate_3_name	中式快餐	三级品类名称

表 6-2　口碑用户支付行为

字段名	样例	描述
User_id	0000000001	用户 ID，唯一识别用户
Shop_id	000001	商家 ID，唯一识别商家
Time_stamp	2016-05-10 12:00:00	用户的支付时间（已做整时段处理）

122 个城市中部分城市的商家数量分布情况如图 6-1 所示。由图 6-1 可知，商家数量排名靠前的城市分别是上海、杭州、北京、广州、南京、武汉、深圳等，其中，上海为 285 家，杭州为 225 家，北京为 163 家，深圳为 88 家。这与一线城市的外卖商家聚集、外卖消费者群体基数大等外卖大数据特征相符合，选取北京、上海、深圳和杭州四个城市可获得丰富的消费数据和完整的天气数据。此外，中国位于东半球北半部，南北相差近 50 个纬度，东西相距 60 多个经度，以上四个城市可以比较全面地包含我国各个区域的各类气候特征。

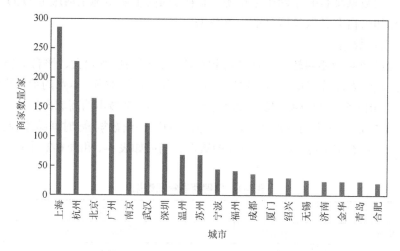

图 6-1　口碑商家平台部分城市的商家数量分布情况

通过对各个城市的商家数量分布情况及每个城市的地理环境特征的综合比较和分析，本章选取北京、上海、杭州和深圳四个城市的外卖订单量数据和天气数据作为探究消费者行为的样本数据集。

2）天气数据

本章的微天气情境数据来自国际上的公共气象数据网站（Copernicus Climate Data Store，CDS）。该网站上收录了全球各个地区的气象数据，包括年级数据、季度级数据、月级数据、日级数据和自 1981 年以来的小时级数据。本章根据所选择样本城市的经纬度，以接口调用方式采集四个城市的各个天气指标，详细的小时级天气数据描述如表 6-3 所示。根据研究目的和研究假设，本章选取小时级的温度、降水量、相对湿度、空气质量指数、气压和风速等气象指标作为天气自变量。

表 6-3　小时级天气数据描述

字段名	样例	描述
Lon	116.25	唯一识别地理位置的经度坐标

续表

字段名	样例	描述
Lat	40	唯一识别地理位置的纬度坐标
City_name	北京	城市名称
TimeStamp	2016-01-01 11:00:00	天气指标的观测时间（已做整时段处理）
Tmp	-3.3℃	温度
Precip	0.00mm	降水量
RH	70.84%	相对湿度
AQI	160	空气质量指数（数值越大表示污染程度越高）
Wind_u	1.7	经度方向上的风速
Wind_v	1.7	纬度方向上的风速
Pressure	993.48hPa	气压

2. 测量与模型

各个变量的详细定义如表 6-4 所示。

表 6-4　变量的详细定义

变量类型	变量名称	描述
因变量	Order	数值变量，表示小时级订单量
自变量	Discomfort	虚拟变量，当下时刻人体感觉不舒适时赋值为 1，否则为 0
	Rain	虚拟变量，当下时刻降水量大于 0 时赋值为 1，否则为 0
	Morning	虚拟变量，当下时刻处于早上时赋值为 1，否则为 0
	Noon	虚拟变量，当下时刻处于中午时赋值为 1，否则为 0
	Weekend	虚拟变量，当下时刻处于周末时赋值为 1，否则为 0
	Beijing	虚拟变量，当前城市处于北京时赋值为 1，否则为 0
	Shanghai	虚拟变量，当前城市处于上海时赋值为 1，否则为 0
	Shenzhen	虚拟变量，当前城市处于深圳时赋值为 1，否则为 0
	Category_1	虚拟变量，当品类属性为超市时赋值为 1，否则为 0
	Category_2	虚拟变量，当品类属性为其他时赋值为 1，否则为 0
控制变量	AQI	数值变量，表示空气质量指数，数值越大代表空气污染程度越高

变量类型	变量名称	描述
控制变量	Pressure	数值变量，表示气压，数值越大代表气压越高
	Per_pay	数值变量，表示人均消费，数值越大代表人均消费越多
	Shop_score	数值变量，表示商家评分，数值越大代表评分越高
	Comment_cnt	数值变量，商家评论数量，数值越大代表评论数量越多
	Shop_level	数值变量，商家等级，数值越大代表等级越高

本章采用引入交互项的多元线性回归模型。具体的模型构建如下。

对于 H6-1，建立如下模型：

$$\begin{aligned}
Order = {} & \beta_0 + \beta_1 Discomfort + \beta_2 Rain + \beta_3 Morning + \beta_4 Noon + \beta_5 Weekend \\
& + \beta_6 Discomfort \times Morning + \beta_7 Discomfort \times Noon + \beta_8 Rain \times Morning \\
& + \beta_9 Rain \times Noon + \beta_{10} Discomfort \times Weekend + \beta_{11} Rain \times Weekend \\
& + \beta_{12} AQI + \beta_{13} Pressure + \beta_{14} Per\_pay + \beta_{15} Shop\_score + \beta_{16} Comment\_cnt \\
& + \beta_{17} Shop\_level + \varepsilon
\end{aligned}$$

$$(6\text{-}1)$$

对于 H6-2，建立如下模型：

$$\begin{aligned}
Order = {} & \beta_0 + \beta_1 Discomfort + \beta_2 Rain + \beta_3 Beijing + \beta_4 Shanghai + \beta_5 Shenzhen \\
& + \beta_6 Discomfort \times Beijing + \beta_7 Discomfort \times Shanghai \\
& + \beta_8 Discomfort \times Shenzhen + \beta_9 Rain \times Beijing + \beta_{10} Rain \times Shanghai \\
& + \beta_{11} Rain \times Shenzhen + \beta_{12} AQI + \beta_{13} Pressure + \beta_{14} Per\_pay \\
& + \beta_{15} Shop\_score + \beta_{16} Comment\_cnt + \beta_{17} Shop\_level + \varepsilon
\end{aligned}$$

$$(6\text{-}2)$$

对于 H6-3，建立如下模型：

$$\begin{aligned}
Order = {} & \beta_0 + \beta_1 Discomfort + \beta_2 Rain + \beta_3 Category\_1 + \beta_4 Category\_2 \\
& + \beta_5 Discomfort \times Category\_1 + \beta_6 Discomfort \times Category\_2 \\
& + \beta_7 Rain \times Category\_1 + \beta_8 Rain \times Category\_2 + \beta_9 AQI \\
& + \beta_{10} Pressure + \beta_{11} Per\_pay + \beta_{12} Shop\_score + \beta_{13} Comment\_cnt \\
& + \beta_{14} Shop\_level + \varepsilon
\end{aligned}$$

$$(6\text{-}3)$$

3. 研究结果分析

对样本数据集中的小时级订单量及天气数据进行回归分析发现，时间情境因素与微天气情境因素都对小时级订单量有显著影响，回归分析结果如表 6-5 和表 6-6 所示。整体而言，人们感觉到炎热不舒适或者寒冷不舒适都对小时级订单量产生正向影响（$\beta = 0.034$，$p < 0.01$），天气状况为下雨对小时级订单量也有轻微的正向影响（$\beta = 0.037$，$p < 0.01$）。与晚上相比，早上的小时级订单量较少，中午的小时级订单量最多。与工作日相比，休息日人们对移动 O2O 平台的消费需求会明显降低（$\beta = -0.082$，$p < 0.01$）。由表 6-5（3）与表 6-6（3）中的结果可知，炎热不舒适或者寒冷不舒适与早上、中午和休息日的交互项均对小时级订单量有显著影响，天气状况为下雨与早上、中午的交互项均对小时级订单量有显著影响，说明微天气情境因素与时间情境因素存在交互作用，H6-1 基本成立。

表 6-5　微天气情境因素与时间情境因素（daytime）的交互作用回归结果

变量	(1) Order	(2) Order	(3) Order
Discomfort	0.034^{***} (0.000)		0.032^{***} (0.000)
Rain	0.037^{***} (0.000)		0.045^{***} (0.000)
Morning		-0.077^{***} (0.000)	-0.074^{***} (0.000)
Noon		0.107^{***} (0.000)	0.103^{***} (0.000)
Discomfort×Morning			-0.053^{***} (0.000)
Discomfort×Noon			0.086^{***} (0.000)
Rain×Morning			-0.048^{***} (0.000)
Rain×Noon			0.044^{***} (0.000)
AQI	-0.009^{***} (0.000)	-0.012^{***} (0.000)	-0.012^{***} (0.000)
Pressure	0.002 (0.672)	0.021^{***} (0.000)	0.019^{***} (0.000)
Per_pay	-0.127^{***} (0.000)	-0.133^{***} (0.000)	-0.134^{***} (0.000)
Shop_score	0.132^{***} (0.000)	0.131^{***} (0.000)	0.130^{***} (0.000)
Comment_cnt	0.239^{***} (0.000)	0.241^{***} (0.000)	0.241^{***} (0.000)
Shop_level	-0.214^{***} (0.000)	-0.212^{***} (0.000)	-0.212^{***} (0.000)

续表

变量	（1） Order	（2） Order	（3） Order
常量	−0.126*** （0.000）	−0.168*** （0.000）	−0.672*** （0.000）
月固定效应	是	是	是
观测值	245560	245560	245560
R^2	0.107	0.112	0.113

***$p<0.01$

表 6-6　微天气情境因素与时间情境因素（weekend）的交互作用回归结果

变量	（1） Order	（2） Order	（3） Order
Discomfort	0.034*** （0.000）		0.033*** （0.000）
Rain	0.037*** （0.000）		0.037*** （0.000）
Weekend		−0.082*** （0.000）	−1.01*** （0.000）
Discomfort×Weekend			−0.001* （0.062）
Rain×Weekend			0.003 （0.132）
AQI	−0.009*** （0.000）	−0.008*** （0.000）	−0.009*** （0.000）
Pressure	0.002 （0.672）	0.008** （0.018）	0.001 （0.723）
Per_pay	−0.127*** （0.000）	−0.126*** （0.000）	−0.126*** （0.000）
Shop_score	0.132*** （0.000）	0.131*** （0.000）	0.132*** （0.000）
Comment_cnt	0.239*** （0.000）	0.238*** （0.000）	0.238*** （0.000）
Shop_level	−0.214*** （0.000）	−0.213*** （0.000）	−0.213*** （0.000）
常量	−0.126*** （0.000）	−0.106*** （0.000）	−0.095*** （0.000）
月固定效应	是	是	是
观测值	245560	245560	245560
R^2	0.107	0.108	0.109

*$p<0.1$

**$p<0.05$

***$p<0.01$

对于 H6-2，回归结果如表 6-7 所示。由表 6-7（1）中的结果可知，整体而言不舒适对小时级订单量产生了轻微的负向影响（$\beta = -0.028$，$p < 0.01$），天气状况为下雨对小时级订单量有轻微的正向影响（$\beta = 0.037$，$p < 0.01$），这从侧面证明了处于不同地理位置的消费者对相同天气状况的反应有所差异。由表 6-7（2）中的结果可知，与杭州相比，北京的小时级订单量最少（$\beta = -0.098$，$p < 0.01$），上海的小时级订单量最多（$\beta = 0.005$，$p < 0.01$），深圳的小时级订单量较少（$\beta = -0.062$，$p < 0.01$）。由表 6-7（3）中的结果可知，微天气情境因素与地理位置情境因素存在交互作用，H6-2 成立。

表 6-7　微天气情境因素与地理位置情境因素的交互作用回归结果

变量	（1）Order	（2）Order	（3）Order
Discomfort	-0.028*** (0.000)		-0.016** (0.001)
Rain	0.037*** (0.000)		0.028*** (0.000)
Beijing		-0.098*** (0.000)	-0.080** (0.001)
Shanghai		0.005*** (0.000)	0.003*** (0.000)
Shenzhen		-0.062*** (0.000)	-0.053** (0.001)
Discomfort×Beijing			-0.011* (0.064)
Discomfort×Shanghai			-0.019 (0.154)
Discomfort×Shenzhen			0.029* (0.062)
Rain×Beijing			-0.051*** (0.000)
Rain×Shanghai			-0.004 (0.554)
Rain×Shenzhen			0.032** (0.004)
AQI	-0.008*** (0.000)	-0.005*** (0.000)	-0.006*** (0.000)
Pressure	0.068*** (0.000)	0.063*** (0.000)	0.066*** (0.000)
Per_pay	-0.085*** (0.000)	-0.085*** (0.000)	-0.085*** (0.000)

续表

变量	（1） Order	（2） Order	（3） Order
Shop_score	0.137*** （0.000）	0.139*** （0.000）	0.138*** （0.000）
Comment_cnt	0.396*** （0.000）	0.397*** （0.000）	0.396*** （0.000）
Shop_level	−0.160*** （0.000）	−0.156*** （0.000）	−0.155*** （0.000）
常量	−0.215*** （0.000）	−0.200*** （0.000）	−0.196*** （0.000）
月固定效应	是	是	是
观测值	562345	562345	562345
R^2	0.147	0.148	0.149

*$p<0.1$
**$p<0.05$
***$p<0.01$

对于 H6-3，回归结果如表 6-8 所示。首先，控制变量中的空气质量指数和气压，以及与商家特征相关的人均消费、商家评分、商家评论数量和商家等级在四个城市中的系数符号都呈现出一致性，综合模型（6-1）～模型（6-3），进一步证明本章分析结果的稳健性。

表 6-8　微天气情境因素与品类的交互作用回归结果

变量	北京	上海	杭州	深圳
Discomfort	−0.031*** （0.000）	−0.004 （0.193）	0.022*** （0.000）	0.029*** （0.000）
Rain	−0.062*** （0.000）	−0.008** （0.007）	−0.023*** （0.000）	0.005*** （0.000）
Chaoshi	−0.049*** （0.000）	−0.077*** （0.000）	−0.095*** （0.000）	−0.048*** （0.000）
Meirong	−0.163*** （0.000）			
Yiliao		−0.248*** （0.001）		
Wangba			−0.135*** （0.000）	
Discomfort×Chaoshi	−0.079*** （0.000）	−0.097*** （0.000）	−0.130*** （0.000）	−0.014* （0.072）

续表

变量	北京	上海	杭州	深圳
Discomfort×Meirong	−0.008* (0.092)			
Rain×Chaoshi	0.008** (0.012)	−0.007 (0.273)	−0.002 (0.107)	0.040*** (0.000)
Rain×Meirong	0.012* (0.089)			
Discomfort×Yiliao		0.071** (0.039)		
Rain×Yiliao		0.011 (0.875)		
Discomfort×Wangba			0.012* (0.065)	
Rain×Wangba			0.016** (0.003)	
AQI	−0.012*** (0.000)	−0.011*** (0.000)	−0.026*** (0.000)	−0.009*** (0.000)
Pressure	0.019*** (0.000)	0.013*** (0.000)	0.022*** (0.000)	0.032*** (0.000)
Per_pay	−0.025*** (0.000)	−0.017*** (0.000)	−0.056*** (0.000)	−0.037*** (0.000)
Shop_score	0.025*** (0.000)	0.006*** (0.000)	0.005*** (0.000)	0.017*** (0.000)
Comment_cnt	0.253*** (0.000)	0.274*** (0.000)	0.417*** (0.000)	0.275*** (0.000)
Shop_level	−0.075*** (0.000)	−0.097*** (0.000)	−0.110*** (0.000)	−0.220*** (0.000)
常量	−0.242*** (0.000)	−0.184*** (0.000)	−0.153*** (0.000)	−0.257*** (0.000)
月固定效应	是	是	是	是
观测值	309098	663377	486854	208072
R^2	0.067	0.075	0.180	0.10

注：Chaoshi 指超市便利店；Meirong 指美容美发美甲；Yiliao 指医疗健康；Wangba 指网吧网咖

*$p < 0.1$

**$p < 0.05$

***$p < 0.01$

由北京的回归结果可知，不同品类之间的小时级订单量存在显著差异，与美食（美食作为基准组，不在回归结果中显示）相比，超市便利店和美容美发美甲的小时级订单量较少（$\beta = -0.049$，$p < 0.01$；$\beta = -0.163$，$p < 0.01$）。此外，微天气情境因素与品类存在交互效应。

由上海的回归结果可知，不同品类之间的小时级订单量存在显著差异，与美食相比，超市便利店和医疗健康的小时级订单量较少（$\beta = -0.077$，$p < 0.01$；$\beta = -0.248$，$p < 0.01$）。此外，微天气情境因素与品类存在交互效应。

由杭州的回归结果可知，不同品类之间的小时级订单量存在显著差异，与美食相比，超市便利店和网吧网咖的小时级订单量较少（$\beta = -0.095$，$p < 0.01$；$\beta = -0.135$，$p < 0.01$）。此外，微天气情境因素与品类存在交互效应。

由深圳的回归结果可知，人体舒适度对深圳的销量影响为正向，即人们感觉到不舒适会增加线上消费行为。这是因为深圳的气候特征主要表现为高温闷热，人们对舒适度的感知较其他城市敏感，这从侧面证明了天气与地理位置存在交互效应。同时，不同品类之间的小时级订单量存在显著差异，与美食相比，超市便利店的小时级订单量较少（$\beta = -0.014$，$p < 0.1$）。此外，微天气情境因素与品类存在交互效应。

通过对四个城市不同品类的回归结果分别进行分析可知，微天气情境因素与商品品类确实存在交互作用。就超市便利店与降雨情况的交互效应而言，北京和深圳的超市便利店与降雨情况的交互项系数为正，上海和杭州的超市便利店与降雨情况的交互项系数则不显著。这亦从侧面证明了在相同的天气条件下，不同地理位置的消费者对天气的反应不同。综上所述，H6-3 成立。

6.4　研究发现及营销管理建议

本章的主要研究结论如下。

（1）微天气与时间的交互会影响移动 O2O 平台商家销量。消费者在白天时间段里感受到人体不舒适或者当时的天气状况为下雨会更倾向于增加其在移动 O2O 平台上的购买意愿；与一天中不同时间段相反，消费者在周末感受到不舒适时会减少其在移动 O2O 平台上的购买意愿。

（2）微天气与地理位置的交互会影响移动 O2O 平台商家销量。当面对相同的天气状况时，处于北京、上海、杭州和深圳四个城市的消费者会呈现出不同的消费行为。与杭州相比，当消费者感到不舒适时，北京的小时级订单量会减少，而深圳的小时级订单量会增加。与杭州相比，当即时的天气状况为下雨时，北京的小时级订单量会减少，而深圳的小时级订单量会增加。无论是人体不舒适还是降雨情况，杭州和上海的小时级订单量对应的回归结果系数符号相同，其变化呈现出一致性，这也从数据上印证了杭州和上海的气候特征的一致性。

（3）微天气与品类的交互会影响移动 O2O 平台商家销量。美食这种时间情境特征明显的刚需型商品品类对天气变化的敏感性显著依赖于时间情境，超市便利店这种日常消费型商品品类对天气变化的反应遵循消费者日常应对天气的行为逻辑，即不同地理位置的消费者会呈现不同的消费行为。对于美容美发美甲、医疗健康和网吧网咖这类娱乐型商品品类，不好的天气状况会增加消费者对此商品品类的消费。

本章得出以下理论贡献及研究启示。

（1）在理论贡献方面，整合了单一情境因素并丰富了传统情境理论的应用范围。虽然营销领域早已确定了情境因素的重要性，但是受计算机技术的无形约束，一直无法在更细粒度上进行探索。本章受 AI 领域对多维情境感知模型应用的启发，运用了大量的销售数据及细粒度的天气数据探索情境因素之间的交互对移动 O2O 平台商家销量的影响，弥补了已有研究对移动 O2O 平台商家销量的实证探讨的不足。本章的研究数据集来自口碑商家平台的真实订单量数据，数据量大且数据真实，很好地避免了实验室数据或者二手数据带来的一系列问题。

（2）在实践启示方面，平台和商家的营销人员要积极发掘移动互联网时代下不同情境因素及情境因素之间相互影响的力量。例如，在更细粒度的微天气、更小范围的地理位置和更即时的时间情境下进行更细致的营销判断和计划。第五代移动通信技术（5th-generation mobile communication technology，5G）时代，利用无线保真（wireless fidelity，Wi-Fi）定位、射频识别等技术来实时识别消费者的类型和所在位置已经变得触手可及，平台和商家可将实时天气与消费者实时位置结合，判断消费者的即时状态，从而开展更符合消费者行为偏好的营销活动，也使得平台和商家的利益更大化，最终形成合作双赢的局面。

参 考 文 献

[1]　王琰，陈浩. 人以天地之气生：气象对人类心理与行为的影响[J]. 心理科学进展，2017，25（6）：1077-1092.

[2]　STAFF B. O2O commerce is the new hot methodology for local business[J]. Journal issue，2010.

[3]　FITZGERALD M. O2O：For local business？[EB/OL].（2012-09-28）[2021-03-30]. http://omnichannel.me/what-is-omnichannel/.

[4]　苏涛. O2O 电子商务商业新模式分析[J]. 全国商情（理论研究），2012（1）：34-35.

[5]　张波. O2O 移动互联网时代的商业革命[M]. 北京：机械工业出版社，2013.

[6]　DANAHER P J，SMITH M S，RANASINGHE K，et al. Where，when，and how long：Factors that influence the redemption of mobile phone coupons[J]. Journal of marketing research，2015，52（5）：710-725.

[7]　GHOSE A. Tap：Unlocking the mobile economy[M]. Cambridge：MIT Press，2017.

[8]　梁晓燕，王少强. 情境对大学生移动 O2O 用户体验的影响[J]. 心理技术与应用，2015，3（2）：14-18.

[9]　曹越，毕新华，苏婉. 移动互联网 O2O 模式下消费者信息搜寻行为研究[J]. 情报理论与实践，2018，41（3）：111-116.

[10] 张宇康，王辰洁. O2O 模式下电子商务消费者消费行为影响因素研究[J]. 中小企业管理与科技，2015（7）：132-133.

[11] 刘莹. 情境效应对外卖 O2O 平台销量的影响研究[D]. 哈尔滨：哈尔滨工业大学，2017.

[12] LEE W K，SOHN S Y. A large-scale data-based investigation on the relationship between bad weather and taxi tipping[J]. Journal of environmental psychology，2020，70：101458.

[13] HIRSHLEIFER D，SHUMWAY T. Good day sunshine：Stock returns and the weather[J]. The journal of finance，2003，58（3）：1009-1032.

[14] KELLER M C，FREDRICKSON B L，YBARRA O，et al. A warm heart and a clear head：The contingent effects of weather on mood and cognition[J]. Psychological science，2005，16（9）：724-731.

[15] HONG J W，SUN Y C. Warm it up with love：The effect of physical coldness on liking of romance movies[J]. Journal of consumer research，2012，39（2）：293-306.

[16] 辛自强，徐啸尘. 温暖环境的人更信任吗？温度与人际信任的关系[J]. 心理与行为研究，2013，11（5）：685-689.

[17] ANDERSON C A，ANDERSON K B，DEUSER W E. Examining an affective aggression framework weapon and temperature effects on aggressive thoughts，affect，and attitudes[J]. Personality and social psychology bulletin，1996，22（4）：366-376.

[18] LEPORI G M. Air pollution and stock returns：Evidence from a natural experiment[J]. Journal of empirical finance，2016，35：25-42.

[19] ZHANG X，CHEN X，ZHANG X B. The impact of exposure to air pollution on cognitive performance[J]. Proceedings of the national academy of sciences of the United States of America，2018，115（37）：9193-9197.

[20] 刘梅，于波，姚克敏. 人体舒适度研究现状及其开发应用前景[J]. 气象科技，2002，30（1）：11-14，18.

[21] SUGIE Y，ZHANG J Y，FUJIWARA A. A weekend shopping activity participation model dependent on weekday shopping behavior[J]. Journal of retailing and consumer services，2003，10（6）：335-343.

[22] 马静，柴彦威. 休息日与工作日居民购物时空间决策因素及差异比较[J]. 地理科学，2011，31（1）：29-35.

[23] BADORF F，HOBERG K. The impact of daily weather on retail sales：An empirical study in brick-and-mortar stores[J]. Journal of retailing and consumer services，2020，52：101921.

[24] TIAN J，ZHANG Y C，ZHANG C. Predicting consumer variety-seeking through weather data analytics[J]. Electronic commerce research and applications，2018，28：194-207.

[25] 金旭. 雾霾程度对消费者的有机食品购买渠道及品类选择行为影响的实证研究[D]. 成都：西南财经大学，2019.

第 7 章　基于非计划购买行为的移动
App 推送广告影响研究

7.1　移动 App 推送广告

移动广告通常分成两种类型：请求广告和推送广告。前者是指根据消费者的请求传递给消费者的广告，后者是指广告商在没有消费者明确请求的情况下发送的广告。换句话说，请求广告和推送广告之间的区别在于谁发起了广告过程[1, 2]。移动 App 推送广告就是广告商发起的以移动 App 为载体的推送广告。

鉴于请求广告和推送广告分别由消费者和广告商发起，前者的隐私性可能不如后者，但是通过推送广告，营销人员可以触发消费者的冲动购买并且可以避免消费者不激活或不寻求广告的风险，因此推送广告是一种重要的移动广告[3]。然而，消费者也可能认为推送广告具有侵入性，因为消费者对广告流程的控制较少，感知到的控制感较弱，这可能影响消费者购买广告中的商品[2]。移动 App 推送广告是广告商最常使用的广告形式之一，但移动 App 推送广告对于消费者购买行为的影响可能是正向的或负向的，因此对移动 App 推送广告效果的研究具有重要意义。

7.2　非计划购买和购买冲动

移动 App 推送广告是广告商发起的而非消费者自主请求的，因此消费者通过该类型广告发生的购买行为属于非计划购买行为。非计划购买是一种突然的、自发的购买，在购买之前没有购买特定产品或特定产品类别的意图[3]。本章旨在探究移动 App 推送广告对非计划购买的影响，因此将购买冲动和非计划购买行为视为广告效果的衡量因素。

在移动 App 推送广告中，该 App 的品牌及广告中所推广的产品/服务的品牌都会影响广告效果。就品牌而言，品牌态度和品牌知名度是消费者的品牌知识中两个重要的组成部分，能够影响消费者对品牌的评价及认可程度[4]。当广告所涉及的品牌知名度高时，消费者对该品牌的态度好，对广告的评价积极，这可能和消费者更容易对广告信息进行处理有关[5]。就移动 App 推送广告而言，如果该移动 App 或广告中商品/服务的品牌知名度较高，消费者对该品牌及广告的态度可能更好。同时，当消费者对某一品牌的态度好时，消费者对该品牌的商品/服务的情感积极，即该广告的评价积极，在众多选择中也会倾向于购买该品牌的商品或服务[6]。品牌知名度会直接影响消费者对广告的态度，同时会通过影响品牌态度来影响其对广告的态度。因此，本章就品牌知名度、品牌态度与广告态度之间的关系提出如下假设。

　　H7-1：就移动 App 推送广告而言，品牌知名度对广告态度有正向显著影响。

　　H7-2：就移动 App 推送广告而言，品牌态度在品牌知名度与广告态度的关系之间起中介作用。

　　广告重复是指一种可用于实现多个目标的基本广告投放策略。因为这种广告投放策略能够加深消费者的记忆，所以常被广告商使用[7]。在移动 App 推送广告中，广告重复也是常用的广告投放策略之一。重复会对广告效果产生影响这一点已经在学术界达成共识，但是广告重复次数与广告效果的关系存在不同观点。本章认为就移动 App 推送广告而言，广告重复次数越多，消费者对该广告及广告中商品的记忆越深刻[8, 9]，因此广告重复次数对购买冲动产生正向影响。此外，由于分布式展示比集中式展示效果更好[10]，本章认为就移动 App 推送广告而言，广告重复持续时间（即消费者第一次收到该重复广告到最后一次收到该重复广告的持续时间）越久，消费者受到影响的持续时间越长，对该广告及广告中商品的记忆越深刻、持久，消费者越有可能产生购买冲动。因此，本章针对广告重复次数、广告重复持续时间与购买冲动之间的关系提出如下假设。

　　H7-3：就移动 App 推送广告而言，广告重复次数对购买冲动有正向显著影响。

　　H7-4：就移动 App 推送广告而言，广告重复持续时间对购买冲动有正向显著影响。

　　功利动机是指消费者对信息和功能的期望，它与社交媒体研究中发现的信息寻求动机有所重叠[11]。就移动 App 推送广告而言，消费者的功利动机是指消费者在该广告中获得信息以为购买决策提供支持的动机。就广告重复与其广告效果而言，当消费者具有较高的功利动机时，消费者更可能追求该广告的信息或功能效用[11]，但是重复的广告给消费者带来的信息或功能效用并不会增加，因此广告重复并不能达到消费者追求效用的目的，反而会使消费者获得信息或功能效用的效率降低，使消费者对重复的广告产生消极态度；同时，当广告重复持续时间长时，重复的广告对消费者在信息或功能效用上获取的需求产生负向影响，不能满足消费者的功利动机，反而会增加消费者的乏味感，影响消费者对广告的态度，降低消费者的购买冲动。因此，本章就功利动机、广告重复、购买冲动之间的关系提出如下假设。

　　H7-5：就移动 App 推送广告而言，相对于高功利动机的消费者，广告重复次数对低功利动机的消费者的购买冲动的正向影响更强烈。

　　H7-6：就移动 App 推送广告而言，相对于高功利动机的消费者，广告重复持续时间对低功利动机的消费者的购买冲动的正向影响更强烈。

广告态度是指消费者对广告所持有的态度。广告态度是影响消费者对广告的接受度、消费者购买行为的重要因素。Parreño 等[12]通过实证研究，提出提高青少年对移动广告的态度是青少年移动广告接受度的关键因素；Bauer 等[13]通过测试线性结构方程，验证了消费者对广告的态度等是消费者接受手机作为广告内容传播的创新媒介的最大推动力；Rabiei 等[14]通过对伊朗手机用户进行实证研究，认为感知有用性、感知控制和使用手机广告的态度会影响伊朗用户对手机广告的接受度；Limpf 和 Voorveld[15]研究发现消费者对移动定位广告的态度对其广告接受度有直接的积极影响。消费者对移动 App 推送广告的态度越积极，其购买该广告中的商品或服务的可能性就越大。因此，本章就广告态度和非计划购买行为之间的关系给出如下假设。

H7-7：就移动 App 推送广告而言，广告态度对非计划购买行为有显著正向影响。

根据 Ho 和 Lim[16]提出的简化的非计划购买模型，广告态度作为影响非计划购买行为的一个刺激，在直接影响非计划购买行为的同时，也可能通过影响购买冲动来影响非计划购买行为，购买冲动可能在广告态度和非计划购买行为的关系之间起中介作用。因此，本章就购买冲动、广告态度和非计划购买行为之间的关系提出如下假设。

H7-8：就移动 App 推送广告而言，购买冲动对非计划购买行为有显著正向影响。

H7-9：就移动 App 推送广告而言，购买冲动在广告态度与非计划购买行为的关系之间起中介作用。

本章的研究模型如图 7-1 所示。

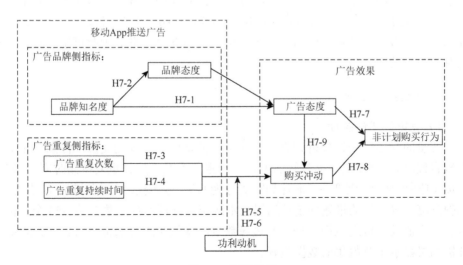

图 7-1　研究模型

7.3　研究模型构建与分析

1. 问卷设计

本章设计一个调查问卷来收集检验研究模型所需要的数据。为了保证调查问卷中测量量表的有效性，针对各个变量，本章通过文献综述法查阅了前人所使用的量表，并在这些已检验信度、效度的量表的基础上，根据我国国情对量表进行了修改。非计划购买行为主要参照 Ho 和 Lim[16]所使用的测量非计划购买行为的方法。购买冲动参照 Cole 和 Sherrell[17]提出的量表。广告态度参照 Parreño 等[12]提出的量表。品牌态度参照 Berger 和 Mitchell[18]采用的量表。品牌知名度参照 Percy 和 Rossiter[19]使用的量表。功利动机参照 Wu[11]的研究。广告重复次数及广告重复持续时间参照 Janiszewski 等[8]使用的方法，通过让调查问卷填写者回忆最近一次收到的重复的移动 App 推送广告，并通过回答"该重复广告给您推送的次数"这个问题来确定广告重复次数，通过"该重复广告持续的天数（即该重复广告从第一次到最后一次推送的持续时间）"来确定广告重复持续时间。

2. 数据收集

本章选取 Likert 七级量表来测量购买冲动、广告态度、品牌态度、品牌知名度和功利动机等 5 个变量，通过客观问题来收集非计划购买行为、广告重复次数和广告重复持续时间等 3 个变量的数据。本章于 2019 年通过"问卷星"这一问卷调查协助平台随机发放网络问卷，经过 3 天，共收到 410 份调查问卷，其中，有 15 个调查问卷填写者没有收到过网络购物类移动 App 推送广告，有 39 个调查问卷填写者没有收到过重复的网络购物类移动 App 推送广告，因此可用于数据分析的有效问卷共 356 份。

3. 数据结果分析

1）变量描述性统计

变量的描述性统计分析如表 7-1 所示，分别展示了控制变量（性别、年龄、受教育程度）、自变量（品牌知名度、广告重复次数、广告重复持续时间）、调节变量（功利动机）、因变量（非计划购买行为）及中介变量（购买冲动、广告态度、品牌态度）等变量的描述性统计结果。本次统计分析的样本数 N 为 356 个，极大值、极小值处于可选范围（1～7）边缘数值，均值接近可选范围（1～7）均值，分析结果显示本章收集的数据良好。

表 7-1　变量的描述性统计分析

变量	N	极小值	极大值	均值	标准差
性别	356	1.00	2.00	1.59	0.49
年龄	356	1.00	5.00	2.06	0.47
受教育程度	356	1.00	4.00	2.61	0.61
非计划购买行为	356	0.00	1.00	0.26	0.44
广告重复次数	356	1.00	7.00	2.19	1.50
广告重复持续时间	356	1.00	6.00	2.55	1.54
购买冲动	356	1.00	7.00	4.39	1.50
广告态度	356	1.00	6.50	2.56	1.48
品牌态度	356	1.00	7.00	3.68	1.61
品牌知名度	356	1.00	7.00	3.65	1.58
功利动机	356	1.00	7.00	3.35	1.53
有效 N	356			—	

2）信度分析

表 7-2 列举了本章量表的内部一致性信度检验结果。本章购买冲动、功利动机、广告态度、品牌知名度、品牌态度等变量的克龙巴赫系数均大于 0.8，因此本章所采用量表的信度良好。

表 7-2　内部一致性信度检验结果

潜在变量	观察变量	CITC 值	克龙巴赫系数
购买冲动	购买冲动 1	0.631	0.877
	购买冲动 2	0.812	
	购买冲动 3	0.756	
	购买冲动 4	0.744	
功利动机	功利动机 1	0.770	0.880
	功利动机 2	0.807	
	功利动机 3	0.725	
广告态度	广告态度 1	0.876	0.947
	广告态度 2	0.891	
	广告态度 3	0.829	
	广告态度 4	0.895	

续表

潜在变量	观察变量	CITC 值	克龙巴赫系数
品牌知名度	品牌知名度 1	0.867	0.947
	品牌知名度 2	0.883	
	品牌知名度 3	0.902	
	品牌知名度 4	0.834	
品牌态度	品牌态度 1	0.901	0.971
	品牌态度 2	0.897	
	品牌态度 3	0.930	
	品牌态度 4	0.896	
	品牌态度 5	0.917	
	品牌态度 6	0.895	

注：CITC 指单个题项与其他题项的相关性（corrected item-total correlation），如果 CITC 值偏小（如 CITC 值小于 0.4），那么该题项与其他题项相关性较弱，同质性较差

3）量表效度分析

本章各个变量的单维度检验结果如表 7-3 所示。由表 7-3 可知，所有显变量都汇聚成对应的一个因子，各个因子的累计解释百分比都大于 60%，说明其有较好的解释能力；所有变量的 KMO 值均满足大于 0.5 的最低要求，因此本章的变量都具有较好的单维度性。

表 7-3　单维度检验结果

变量	因子数	累计解释百分比	KMO 值
购买冲动	1	73.182%	0.789
功利动机	1	80.629%	0.731
广告态度	1	86.392%	0.860
品牌知名度	1	87.514%	0.931
品牌态度	1	86.253%	0.865

本章采用主成分分析法进行探索性因子分析的结果如表 7-4 所示。由表 7-4 可知，探索性因子分析共提取了 5 个因子，每个变量的量表的题项通过探索性因子分析后都负载在了该变量所对应的因子上，负载范围为 0.666～0.895，满足负载量大于 0.5 的最低要求。每个变量的量表的题项在非相关因子上的负载都小于 0.5，因此没有在表 7-4 中显示出来。综上所述，本章各个变量之间有较为显著的区别效度，满足了效度检验的要求。

表 7-4　探索性因子分析结果

变量	因子 1	因子 2	因子 3	因子 4	因子 5
购买冲动 1				0.728	
购买冲动 2				0.895	
购买冲动 3				0.868	
购买冲动 4				0.840	
功利动机 1					0.784
功利动机 2					0.805
功利动机 3					0.666
广告态度 1		0.870			
广告态度 2		0.849			
广告态度 3		0.796			
广告态度 4		0.863			
品牌态度 1	0.825				
品牌态度 2	0.838				
品牌态度 3	0.859				
品牌态度 4	0.804				
品牌态度 5	0.843				
品牌态度 6	0.815				
品牌知名度 1			0.800		
品牌知名度 2			0.830		
品牌知名度 3			0.846		
品牌知名度 4			0.801		

4）结构方程模型检验

本章根据提出的理论模型构建结构方程模型，如图 7-2 所示。

本章使用 AMOS 软件对结构方程模型进行分析，并对假设进行验证。该结构方程模型的卡方自由度比为 2.44（<3），近似误差均方根（root mean square error of approximation，RMSEA）为 0.064（<0.08），比较拟合指数（comparative fit index，CFI）为 0.967（>0.9），因此结构方程模型总体拟合度较好，符合要求。本章采用 AMOS 软件的假设路径验证结果如表 7-5 所示。由表 7-5 可知，H7-1、H7-4、H7-7 成立，H7-3、H7-8 拒绝。

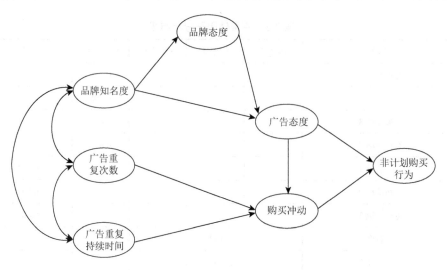

图 7-2　结构方程模型

表 7-5　假设路径验证结果

假设	假设路径	路径系数	p	检验结果
H7-1	品牌知名度→广告态度	0.160	0.020*	成立
H7-3	广告重复次数→购买冲动	0.012	0.799	拒绝
H7-4	广告重复持续时间→购买冲动	0.283	0.000***	成立
H7-7	广告态度→非计划购买行为	0.130	0.000***	成立
H7-8	购买冲动→非计划购买行为	0.056	0.052	拒绝

$*p<0.05$

$***p<0.001$

　　本章的非计划购买行为为虚拟变量，结构方程模型不能很好地处理虚拟变量相关假设，因此本章通过 SPSS 软件进行二分类逻辑（logistic）回归，再次检验了 H7-8，回归结果如表 7-6 所示。由表 7-6 可知，购买冲动能够对非计划购买行为产生显著影响，因此本章接受 H7-8。

表 7-6　二分类 logistic 回归结果

模型		β	标准误	Wals	自由度	p	$\exp(\beta)$
步骤 1	性别	0.090	0.129	0.487	1	0.485	1.094
	年龄	0.104	0.121	0.736	1	0.391	1.109
	受教育程度	0.112	0.125	0.801	1	0.371	1.119

续表

模型		β	标准误	Wals	自由度	p	$\exp(\beta)$
步骤 1	购买冲动	0.493	0.159	9.576	1	0.002**	1.638
	常量	−1.089	0.126	74.701	1	0.000***	0.336

注：Wals 指卡方值；在步骤 1 中输入的变量为性别、年龄、受教育程度、购买冲动；因变量为非计划购买行为

**$p<0.01$

***$p<0.001$

5）调节作用验证

本章运用 SPSS 软件检验功利动机是否对广告重复次数和广告重复持续时间与购买冲动之间的关系存在调节作用，分层回归验证结果见表 7-7 和表 7-8。

表 7-7　功利动机调节广告重复次数与购买冲动的验证

模型		非标准化系数		标准化系数	t 值	p
		β	标准误			
步骤 1	常量	−1.674E−015	0.044		0.000	1.000
	性别	0.192	0.044	0.225	4.347	0.000***
	年龄	−0.076	0.044	−0.089	−1.710	0.088
	受教育程度	−0.042	0.045	−0.049	−0.949	0.343
步骤 2	常量	−1.826E−015	0.040		0.000	1.000
	性别	0.142	0.041	0.167	3.464	0.001***
	年龄	−0.062	0.041	−0.072	−1.517	0.130
	受教育程度	−0.030	0.041	−0.035	−0.741	0.459
	广告重复次数	0.026	0.043	0.031	0.614	0.540
	广告重复持续时间	0.205	0.043	0.240	4.752	0.000***
	功利动机	0.296	0.046	0.311	6.487	0.000***
步骤 3	常量	−0.014	0.040		−0.352	0.725
	性别	0.137	0.041	0.160	3.359	0.001***
	年龄	−0.066	0.040	−0.077	−1.624	0.105
	受教育程度	−0.032	0.040	−0.038	−0.800	0.424
	广告重复次数	−0.003	0.043	−0.003	−0.060	0.952
	广告重复持续时间	0.208	0.043	0.243	4.864	0.000***
	功利动机	0.309	0.045	0.324	6.821	0.000***
	功利动机×广告重复次数	−0.134	0.043	−0.149	−3.087	0.002**

注：因变量为购买冲动

**$p<0.01$

***$p<0.001$

表 7-8　功利动机调节广告重复持续时间与购买冲动的验证

模型		非标准化系数		标准化系数	t 值	p
		β	标准误			
步骤 1	常量	−1.674E-015	0.044		0.000	1.000
	性别	0.192	0.044	0.225	4.347	0.000***
	年龄	−0.076	0.044	−0.089	−1.710	0.088
	受教育程度	−0.042	0.045	−0.049	−0.949	0.343
步骤 2	常量	−1.826E-015	0.040		0.000	1.000
	性别	0.142	0.041	0.167	3.464	0.001***
	年龄	−0.062	0.041	−0.072	−1.517	0.130
	受教育程度	−0.030	0.041	−0.035	−0.741	0.459
	广告重复次数	0.026	0.043	0.031	0.614	0.540
	广告重复持续时间	0.205	0.043	0.240	4.752	0.000***
	功利动机	0.296	0.046	0.311	6.487	0.000***
步骤 3	常量	0.005	0.040		0.133	0.894
	性别	0.148	0.041	0.173	3.634	0.000***
	年龄	−0.064	0.040	−0.075	−1.591	0.113
	受教育程度	−0.026	0.040	−0.030	−0.633	0.527
	广告重复次数	0.016	0.043	0.019	0.371	0.711
	广告重复持续时间	0.215	0.043	0.251	4.996	0.000***
	功利动机	0.286	0.045	0.300	6.308	0.000***
	功利动机×广告重复持续时间	−0.118	0.043	−0.130	−2.759	0.006**

注：因变量为购买冲动

$**p < 0.01$

$***p < 0.001$

由表 7-7 可知，对于步骤 2 的回归，当自变量放入广告重复次数、广告重复持续时间、功利动机时，广告重复次数的 p 为 0.540，大于 0.05，因此广告重复次数与因变量购买冲动之间的关系并不显著；对于步骤 3 的回归，当自变量放入功利动机与广告重复次数交互项时，虽然广告重复次数与因变量购买冲动之间的关系仍不显著（$p = 0.952$，大于 0.05），但是功利动机与广告重复次数交互项的 p 为 0.002，小于 0.01，且功利动机与广告重复次数交互项的系数为负数，说明功利动机与广告重复次数交互项对购买冲动有显著影响。因此，H7-5 成立，即就移动 App 推送广告而言，相对于高功利动机的消费者，广告重复次数对低功利动机的消费者的购买冲动的正向影响更强烈。

由表 7-8 可知，对于步骤 2 的回归，当自变量放入广告重复次数、广告重复持续时间、功利动机时，广告重复持续时间的 p 为 0.000，小于 0.001，因此广告重复持续时间与因变量购买冲动之间的关系显著；对于步骤 3 的回归，当自变量放入功利动机与广告重复持续时间交互项时，广告重复持续时间与因变量购买冲动之间的关系仍然显著（$p = 0.000$，小于 0.001），功利动机与广告重复持续时间交互项的 p 为 0.006，小于 0.01，且该交互项的系数为负数，说明功利动机与广告重复持续时间交互项对购买冲动有显著影响。因此，H7-6 成立，即就移动 App 推送广告而言，相对于高功利动机的消费者，广告重复持续时间对低功利动机的消费者的购买冲动的正向影响更强烈。

本章绘制了功利动机对广告重复次数与购买冲动之间及对广告重复持续时间与购买冲动之间的调节效应图，如图 7-3 所示。由图 7-3（a）可知，功利动机对广告重复次数与购买冲动之间的关系具有交涉调节作用，即改变了广告重复次数对购买冲动的影响方向。由图 7-3（b）可知，功利动机对广告重复持续时间与购买冲动之间的关系具有增强调节效应，即仅改变了广告重复持续时间对购买冲动的影响大小，没有改变广告重复持续时间对购买冲动的影响方向。

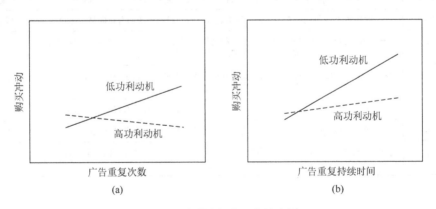

图 7-3　功利动机的调节效应图

6）中介作用验证

由表 7-9 可知，品牌态度在品牌知名度和广告态度之间起部分中介作用，H7-2 得到验证。对购买冲动的中介作用进行索贝尔（Sobel）检验。由表 7-10 可知，Sobel 检验结果不显著，即购买冲动在广告态度与非计划购买行为的关系之间没有中介作用，H7-9 被拒绝。表 7-11 汇总了本章所提出假设的验证情况。

表 7-9　中介效应验证结果

检验步骤	系数	品牌态度		购买冲动	
		β	t 值	β	t 值
1	c	0.500	0.000***	0.139	0.000***
2	a	0.701	0.000***	0.239	0.000***
	b	0.452	0.000***	0.051	0.071
3	c'	0.183	0.020*	—	—

*$p<0.05$

***$p<0.001$

表 7-10　Sobel 检验结果

检验步骤	系数	检验统计量	标准误	p
4	c	1.738	0.004	0.082

表 7-11　假设检验结果汇总

	假设	成立与否
H7-1	就移动 App 推送广告而言，品牌知名度对广告态度有正向显著影响	成立
H7-2	就移动 App 推送广告而言，品牌态度在品牌知名度与广告态度的关系之间起中介作用	成立
H7-3	就移动 App 推送广告而言，广告重复次数对购买冲动有正向显著影响	不成立
H7-4	就移动 App 推送广告而言，广告重复持续时间对购买冲动有正向显著影响	成立
H7-5	就移动 App 推送广告而言，相对于高功利动机的消费者，广告重复次数对低功利动机的消费者的购买冲动的正向影响更强烈	成立
H7-6	就移动 App 推送广告而言，相对于高功利动机的消费者，广告重复持续时间对低功利动机的消费者的购买冲动的正向影响更强烈	成立
H7-7	就移动 App 推送广告而言，广告态度对非计划购买行为有显著正向影响	成立
H7-8	就移动 App 推送广告而言，购买冲动对非计划购买行为有显著正向影响	成立
H7-9	就移动 App 推送广告而言，购买冲动在广告态度与非计划购买行为的关系之间起中介作用	不成立

7.4　研究发现及营销管理建议

由于网络购物已经成为人们生活中最重要的购物方式，在线广告越发受到重视。在在线广告的众多形式中，移动 App 推送广告是最常被网络商家用来推广其商品/服务的移动广告形式之一，它是由广告商自发、主动推送给消费者的，因此这种广告形式与消费者非计划购买行为之间的关系密切。本章以移动 App 推送广告为研究对象，发现广告重复投放策略是移动 App 推送广告中常用的投放策略之一，会对消费者的购买冲动及是否发生购买行为产生影响，同时移动 App 推送广告所涉及的品牌是影响消费者对广告态度、消费者决定是否购买该广告中商品/服务的重要因素。此外，本章发现消费者的功利动机也可能影响广告重复与购买冲动之间的关系。

本章的理论贡献主要如下。①本章补充了非计划购买领域的研究，探究了移动 App 推送广告与非计划购买之间的紧密联系。本章立足非计划购买模型，并以简化后的非计划购买模型为基础发展了本章的研究模型，移动 App 推送广告是本章的重要研究对象。②本章对广告重复进行了较为深入的研究，为广告重复领域相关争议提供了新的观点，对广告重复领域的研究进行了补充。本章的实证研究结果表明，对于移动 App 推送广告而言，广告重复次数与购买冲动之间没有显著的相关关系，这说明单纯的广告重复次数的增加对商品推广并没有好处，考虑广告重复这一投放策略可能对消费者造成的困扰，广告重复次数的增加甚至可能带来负面的广告效果；广告重复持续时间对消费者的购买冲动产生了正向影响，这说明当移动 App 推送广告重复次数相差不多时，广告重复持续时间长（即采用低重复投放频率）可能产生更好的效果。③已有文献对移动广告的研究大多数集中在研究手机等移动设备的视频广告、社交广告、移动 App 开屏广告、移动 App 弹窗广告、App 内信息流广告等，针对移动 App 推送广告的研究非常少。

本章的实践贡献主要如下：①本章对广告重复的研究表明，广告商应该使用广告重复投放策略，并且对广告商如何使用这一策略给出了一些建议。例如，广告商可以适当延长广告重复持续时间，使广告能够不断加深消费者对其商品的记忆，但是又不会对消费者造成太大干扰。对于高功利动机的消费者，一定不能采取一成不变的广告重复投放策略，可以在广告中增加有效信息、有趣信息来满足这种消费者对信息获取的需求。②本章的研究结果发现，品牌对网络商家或移动 App 非常重要，这为网络商家及移动 App 打造品牌提供了理论支撑。如果网络商家的知名度较高，那么消费者对其投放的广告的态度会更积极，也更有可能购买广告中的商品；如果网络商家在一个知名度较高的移动 App 上投放广告，那么消费者同样会更有可能购买该广告中的商品，这就是品牌的重要性。③本章指出移动 App 推送广告对网络商家的重要性，在理论及实证层面论证了移动 App 推送广告的有效性。本章发现移动 App 推送广告与消费者的非计划购买行为紧密结合，如果合理使用广告重复投放策略、重视品牌打造，移动 App 推送广告有很好的推广效果，就能够促进消费者的非计划购买行为。④本章的研究结果表明，移动 App 或网络商家与消费者之间是共赢关系。当移动 App 或网络商家想通过广告投放来促进消费者购买其商品时，消费者是否发生购买行为的直接原因都是消费者侧的主观变量，这就要求其在投放广告时必须考虑、重视消费者。

参 考 文 献

[1]　　OKAZAKI S, MOLINA F J, HIROSE M. Mobile advertising avoidance: Exploring the role of ubiquity[J]. Electronic markets, 2012, 22 (3): 169-183.

[2]　　XU Z N, FRANKWICK G L, RAMIREZ E. Effects of big data analytics and traditional marketing analytics on new product success: A knowledge fusion perspective[J]. Journal of business research, 2016, 69 (5): 1562-1566.

[3]　　UNNI R, HARMON R. Perceived effectiveness of push vs. pull mobile location based advertising[J]. Journal of interactive advertising, 2007, 7 (2): 28-40.

[4]　　PECHMANN C, STEWART D W. The effects of comparative advertising on attention, memory, and purchase intentions[J]. Journal of consumer research, 1990, 17 (2): 180-191.

[5]　　KENT R J, ALLEN C T. Competitive interference effects in consumer memory for advertising: The role of brand familiarity[J]. Journal of marketing, 1994, 58 (3): 97-105.

[6]　　BETTMAN J R. An information processing theory of consumer choice[M]. Reading: Addison-Wesley Pub. Co., 1979.

[7]　　UNNAVA H R, BURNKRANT R E. Effects of repeating varied ad executions on brand name memory[J]. Journal of marketing research, 1991, 28 (4): 406-416.

[8]　　JANISZEWSKI C, NOEL H, SAWYER A G. A meta-analysis of the spacing effect in verbal learning: Implications for research on advertising repetition and consumer memory[J]. Journal of consumer research, 2003, 30 (1): 138-149.

[9]　　KAFAI Y B, FIELDS D, BURKE W Q. Entering the Clubhouse: Case studies of young programmers joining the online scratch communities[J]. Journal of organizational and end user computing, 2010, 22 (2): 21-35.

[10]　MALAVIYA P, STERNTHAL B. The persuasive impact of message spacing[J]. Journal of consumer psychology, 1997, 6 (3): 233-255.

[11]　WU L W. Understanding the impact of media engagement on the perceived value and acceptance of advertising within mobile social networks[J]. Journal of interactive advertising, 2016, 16 (1): 59-73.

[12]　PARREÑO J M, SANZ-BLAS S, RUIZ-MAFÉ C, et al. Key factors of teenagers' mobile advertising acceptance[J]. Industrial management and data systems, 2013, 113 (5): 732-749.

[13]　BAUER H H, REICHARDT T, BARNES S J, et al. Driving consumer acceptance of mobile marketing: A theoretical framework and empirical study[J]. Journal of electronic commerce research, 2005, 6 (3): 181-192.

[14]　RABIEI M, GANJI A, SHAMSI M. Mobile advertising acceptance model: Evaluation of key effective factors in Iran[J]. Middle-east journal of scientific research, 2012, 11 (6): 740-747.

[15]　LIMPF N, VOORVELD H A M. Mobile location-based Advertising: How information privacy concerns influence consumers' attitude and acceptance[J]. Journal of interactive advertising, 2015, 15 (2): 111-123.

[16]　HO S Y, LIM K H. Nudging moods to induce unplanned purchases in imperfect mobile personalization contexts[J]. MIS quarterly, 2018, 42 (3): 757-778.

[17]　COLE L, SHERRELL D. Comparing scales to measure compulsive buying: An exploration of their dimensionality[J]. Advances in consumer research, 1995, 22: 419-427.

[18]　BERGER I E, MITCHELL A A. The effect of advertising on attitude accessibility, attitude confidence, and the attitude-behavior relationship[J]. Journal of consumer research, 1989, 16 (3): 269-279.

[19]　PERCY L, ROSSITER J R. A model of brand awareness and brand attitude advertising strategies[J]. Psychology and marketing, 1992, 9 (4): 263-274.

第8章　手机 App 开屏广告隐喻性
对广告受众态度影响研究

8.1　App 开屏广告

在如今移动互联网如此发达和智能手机如此普及的情况下，人们一打开手机 App，映入眼帘的就是各式各样的开屏广告。App 人均使用数量的上升意味着用户在每日有更多的点击不同 App 的行为，而开屏广告是 App 普遍使用的一种广告形式。

App 开屏广告是在 App 启动时展示的、时间短暂的全屏化广告形式，一般可以手动跳过。App 开屏广告展示是在 App 刚刚启动时，用户注意力集中，非常适合广告主进行品牌曝光宣传。App 平台方在自身利益和用户体验之间进行权衡，设置一定长度的开屏广告时间，多数平台方也设置了"跳过"按钮让用户可以控制广告的播放和决定是否跳过广告。在 App 开屏广告情景下，开屏广告的广告时长和用户对于开屏广告的跳过控制权是否及多大程度上影响他们对于广告和广告中所展示的品牌的态度是在新兴互联网时代背景下值得关注的研究内容。

8.2　开屏广告隐喻性

按照广告表达方式是否使用隐喻修辞，广告可分为隐喻广告和非隐喻广告，其中，非隐喻广告包括直述广告和除隐喻修辞以外的其他修辞广告[1]。从 20 世纪开始，许多学者针对隐喻广告进行了研究，他们的研究主要包括以下三个方向：隐喻广告的类型、隐喻广告的作用原理和隐喻广告的效果。

第一个研究方向是隐喻广告的类型。隐喻广告目前最常见的分类方法是按照隐喻附着的载体，分为文字隐喻广告和图片隐喻广告[2]。文字隐喻广告是指出现在广告标题或者广告文案中的文字采用隐喻的修辞手法表现，因此文字隐喻广告又可细化分为标题隐喻广告和文案隐喻广告。图片隐喻广告又称为视觉隐喻广告[3]，是指利用广告背景图片的轮廓、颜色等与广告中的产品相类似的特性隐喻商品的特点或作用。图片隐喻广告可分为三类或两类。Forceville[4]最早将图片隐喻广告分为三类：①广告中只存在源域而不存在目的域；②源域和目的域都存在且融合为一个整体；③源域与目的域并列存在。van Mulken 等[5, 6]也提出了相同的见解，只是对这三类图片隐喻广告的命名与 Forceville 不同，并且明确指出这三类图片隐喻广告的隐喻程度是递减的。Chang 和 Yen[7]按照图片是否出现在广告中的明显位置，将图片隐喻广告区分为直白隐喻广告和含蓄隐喻广告两类，出现在广告中明显位置的图片隐喻广告就是直白隐喻广告，反之，则是含蓄隐喻广告。

第二个研究方向是隐喻广告的作用原理。隐喻广告的作用原理其实就是广告受众观看隐喻广告时所掌握的信息的变化过程。广告受众在观看隐喻广告时会被激发而进行更深层次的精细加工[8]，并且在观看广告后会推理出强含义（明显的信息）和弱含义（不明显的信息）[9]，然后在较高的理解水平上明确广告内容[10]。

第三个研究方向是隐喻广告的效果。有趣的隐喻广告[11]会激发广告受众的好奇，利于其了解品牌个性[12]，从而形成更好的品牌态度[8]、广告态度[13]。学者对于隐喻广告效果的研究几乎都集中在卷入度的调节作用上，较少关注其他方面。在 Krugman[14]首次把卷入度的概念引入市场营销学领域后，许多学者将卷入度与广告相关联，并进行了广泛的研究。吴水龙等[2]发现广告受众的卷入度在隐喻广告的效果中起调节作用。张红宇等[15]的研究也支持了以上结论。他们的研究表明广告受众对图片隐喻广告和直述广告的注意和态度不一致，且产品卷入度在这个过程中起调节作用。

本章主要探讨在新兴的 App 开屏广告场景下，广告隐喻性对广告受众态度产生的影响和差异，开屏广告的广告时长和用户控制权在广告隐喻性对广告受众态度的影响中是否存在调节作用，以及加工流畅性在以上影响关系中的中介作用。

8.3　研究模型构建与分析

1. 研究模型构建

1）App 开屏广告隐喻性与广告受众态度

依据认知反应理论，广告受众接触广告后，会产生对广告的认知，进而形成对广告的态度。具有不同特点的广告会使广告受众在接触后产生不同的态度反应。隐喻广告是一种间接说服的广告方式，它借助比喻含蓄地暗示广告诉求，广告受众需要通过认知系统的加工自行理解广告诉求。吴水龙等[2]的研究也表明，总体而言，隐喻广告比直述广告的效果好。Babbles[11]发现，隐喻广告相比直述广告更有趣味性，从而更容易引发广告受众的好奇和注意。同时，隐喻广告有利于产生良好的品牌态度[16]和广告态度[17]。这表明隐喻不仅作为一种修辞方式而且作为一种认知机制融入广告的魅力所在，在广告与广告受众之间产生奇妙的化学反应。产品作为商业性广告的主角，品牌是辨别产品商家的一个重要标识，是广告受众感知广告中必不可少的一部分。蔡佩儿和沙振权[17]表明广告受众认知广告时，肯定会联想到广告中所涉及的品牌和产品。孙国辉等[18]也发现品牌是作为产品类别活跃于广告受众认知系统中的，即品牌与产品具有密不可分的关联。依据以上分析，本章提出以下假设。

H8-1：App 开屏广告隐喻性显著正向影响广告受众态度（a.广告态度；b.品牌态度）。

2）广告时长的调节作用

由认知反应理论可知，广告受众接触广告之后，需要一定时间对广告产生认知才能形成态度。由概念隐喻理论可知，隐喻广告的认知理解需要经历理解源域特点→找到源域和目的域的相似性→理解目的域特点的一系列过程，这一系列过程是需要时间的[19]。广告时长是指广告播放的时间长度，即广告从一出现到最终消失在受众眼前的这段时间。那么如果适当延长开屏广告时间，是否会给广告受众有更多理解和细品隐喻广告的时间，进而形成更好的态度呢？相较于视频广告等移动广告形式，App 开屏广告的广告时长较短，一般为 3～5 秒，目前随着开屏广告的不断推广也出现了一些 8～9 秒的开屏广告。这些不同的开屏广告时长在广告隐喻性影响广告受众态度的过程中起不同作用。由信息加工理论可知，情绪也是被纳入加工机制的。当开屏广告时间足够长时，人们在加工过程中能体会隐喻广告所带来的乐趣，因此能唤醒积极的情绪。基于以上分析，本章提出以下假设。

H8-2：广告时长正向调节 App 开屏广告隐喻性对广告受众态度（a. 广告态度；b. 品牌态度）的影响。

3）用户控制权的调节作用

依据信息加工理论和衰减器理论，个体可以选择性地进行注意活动，而个体未注意的信息进入大脑进行加工时其作用是会衰减的。易成和周密[20]发现当视频用户怀着明确的视频观看目标去点击视频时，他们易对干扰其观看视频的广告产生消极情绪，倾向于使用跳过控制权来排除广告干扰，其对广告的品牌态度也更消极。由于用户的大脑可调动的资源是有限的[21]，当用户在享有控制权时执行主要任务，这种控制可能干扰用户对于主要任务的处理。广告受众在可选择是否跳过开屏广告的情况下，对广告信息并不是完全注意的，而是选择性注意和接收的。基于以上分析，本章提出以下假设。

H8-3：用户控制权负向调节 App 开屏广告隐喻性对广告受众态度（a. 广告态度；b. 品牌态度）的影响。

4）加工流畅性的中介作用

由信息加工理论、衰减器理论和流畅性理论可知，广告受众加工信息是需要时间的，且广告受众不是对信息全盘接收而是选择性地获取信息，符合受众感知的广告会唤醒广告受众更高的加工流畅性、让广告受众阅读广告时更容易加工信息且感觉更轻松。Lee 和 Aaker[22]的研究证实受众在有更高的加工流畅性时会形成更好的认知水平。加工流畅性不仅影响个体的认知，而且影响个体的态度，并且加工流畅性受图文匹配效应的影响。Roose 等[23]发现语言和视觉的一致性会提升信息处理流畅程度，从而使广告更有效。隐喻广告在视觉上和文字上会形成匹配一致的效果，也会使广告受众形成更好的加工流畅性和更好的态度。孙瑾和苗盼[24]的研究结果显示，加工流畅性在解释水平与广告类型的交互作用对广告态度和品牌态度的影响中产生部分中介效应。基于以上分析，本章提出以下假设。

H8-4：加工流畅性在广告时长调节 App 开屏广告隐喻性影响广告受众态度（a.广告态度；b.品牌态度）的过程中起中介作用。

在有用户控制权的 App 开屏隐喻广告情境时，虽然"跳过"按钮给广告受众带来的用户控制权会负向调节广告隐喻性对广告受众态度的影响，但是用户在注意到"跳过"按钮、将手指移到该按钮到点击该按钮的一系列过程是需要一定时间的，基于信息加工理论和衰减器理论，广告受众在该加工过程中会对隐喻广告的内容有一定的理解，产生一定的加工流畅性，进而形成一定的态度。但相较于无用户控制权情境，有用户控制权情境下广告受众所感知的广告信息较少，因此形成的加工流畅性是较低的，广告受众的态度也较为不佳。基于以上分析，本章提出以下假设。

H8-5：加工流畅性在用户控制权调节 App 开屏广告隐喻性影响广告受众态度（a.广告态度；b.品牌态度）的过程中起中介作用。

基于以上分析和假设，本章的研究模型如图 8-1 所示。本章主要研究 App 开屏广告隐喻性对广告受众的广告态度和品牌态度的影响，并深入探究广告时长和用户控制权这两个 App 广告情境是否分别在 App 开屏广告隐喻性对广告受众的广告态度和品牌态度的影响过程中起调节作用，以及加工流畅性是否在广告时长和用户控制权调节 App 开屏广告隐喻性对广告受众的广告态度和品牌态度的影响过程中起中介作用。

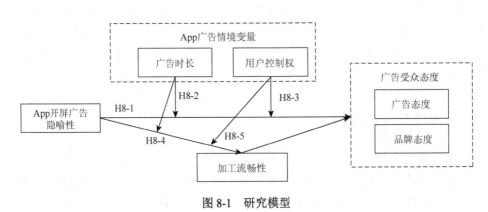

图 8-1　研究模型

2. 研究数据与分析

1) 实验设计与开展

本章在实验设计中通过分别确定不同隐喻性的广告材料、选取合适的 App 开屏场景和确定该场景下的用户控制权按钮、设定合理的开屏广告时长和确定有效的测定广告受众态度与加工流畅性的问卷问项，并经由预实验流程和初始问卷得到的结果调整实验和问卷问项，形成最终的正式实验流程和正式问卷。实验设计流程见图 8-2。

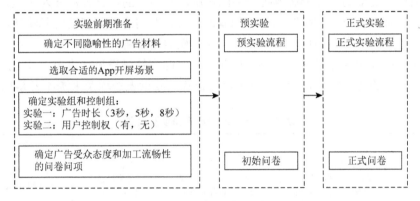

图 8-2 实验设计流程

在实验的前期准备方面，参考前人研究选择广告材料，以汽车作为广告对象[2]，以图文结合的方式进行展示[25]。选取 19 个流行的 App 作为实验前测对象，观察和搜集不同 App 的开屏广告时长数据，最后选取 3 秒、5 秒和 8 秒三个广告时长进行研究。采用相同位置和形状的"跳过"按钮体现有用户控制权的情境，无用户控制权的情境就是无"跳过"按钮。问卷主要包括对加工流畅性、广告态度和品牌态度的测量，以及对被试者的性别、年龄和职业的个人特征调查。

在预实验中，共有 31 人获得邀请，进行广告时长被控制为 5 秒、无用户控制权的实验，通过扫描二维码进入实验界面。开屏广告界面以某平台 App 为载体。实验界面分为 6 页，除了开屏广告实验界面是设置的特定开屏广告时间结束就自动跳到下一页外，其余每一页都需要被试者自行点击相应按钮进入下一页。第 1 页为实验介绍、数据保密保证与情景引导，并对引导词进行加粗以提示被试者注意观看。第 2 页为手机主页界面的情景，需要被试者点击某平台 App 图标以进入该 App 开屏广告界面。第 3 页为 App 开屏广告实验界面，定时自动跳到第 4 页。第 4 页为平台主页，以保持实验场景与现实中打开该 App 场景类似。第 5 页为过渡页，提示广告受众开屏广告结束，准备好即可点击下一页以进入问卷答题界面。第 6 页为问卷答题界面。

最后开展了两个正式实验。实验一是广告时长（3秒，5秒，8秒）与广告隐喻性（有，无）的3×2组间实验，目的是探究广告隐喻性与广告受众态度的关系，加工流畅性对广告隐喻性作用于广告受众态度的影响，以及广告时长是否对加工流畅性产生影响从而影响广告受众的态度。实验一的被试者被分为6组，各组被试者分别观看广告时长为3秒的隐喻性广告、广告时长为5秒的隐喻性广告、广告时长为8秒的隐喻性广告、广告时长为3秒的无隐喻性广告、广告时长为5秒的无隐喻性广告和广告时长为8秒的无隐喻性广告。实验二是用户控制权（有，无）与广告隐喻性（有，无）的2×2组间实验，目的是探究用户控制权在广告隐喻性对广告受众的态度的影响过程中的作用。实验二的被试者被分为4组，各组被试者分别观看有用户控制权的有隐喻性广告、有用户控制权的无隐喻性广告、无用户控制权的有隐喻性广告和无用户控制权的无隐喻性广告。

实验问卷中的测量题项主要依据前人开发的成熟量表进行确定，并通过预实验和正式实验进行信度检验。最终确定的正式问卷量表题项及来源如表8-1所示。

表8-1　正式问卷量表题项及来源

变量	量表	来源
加工流畅性	我认为这则广告很简单（1＝"非常不同意"，7＝"非常同意"） 我认为这则广告很容易理解（1＝"非常不同意"，7＝"非常同意"） 我能够清楚理解这则广告（1＝"非常不同意"，7＝"非常同意"）	孙瑾和苗盼[24] Lee 和 Aaker[22]
广告态度	我认为这则广告很好（1＝"非常不同意"，7＝"非常同意"） 这则广告令我感到愉快（1＝"非常不同意"，7＝"非常同意"） 我很喜欢这则广告（1＝"非常不同意"，7＝"非常同意"）	孙瑾和苗盼[24] MacKenzie 和 Lutz[26]
品牌态度	我对该品牌的喜欢程度（1＝"非常不喜欢"，7＝"非常喜欢"） 我对该品牌的评价（1＝"非常差"，7＝"非常好"） 我认为该品牌（1＝"非常负面"，7＝"非常积极"）	Russell[27]

实验一共回收问卷264份，有效问卷为192份。实验二共获得有用户控制权的问卷130份，获得有用户控制权的有效问卷103份。无用户控制权的有效问卷从实验一的有效问卷中抽取，为使有用户控制权和无用户控制权的有效问卷数量接近，抽取104份无用户控制权的有效问卷。因此，实验二有207份有效问卷。

2）数据描述性统计分析

实验一、实验二的人口统计特征描述性统计分别见表8-2和表8-3。

表8-2　实验一人口统计特征描述性统计

人口统计变量	分类	数量/个	百分比
性别	男	85	44.2%
	女	84	43.8%

续表

人口统计变量	分类	数量/个	百分比
性别	缺失	23	12.0%
年龄	≤18 岁	0	0
	19~25 岁	154	80.2%
	26~30 岁	14	7.3%
	31~40 岁	1	0.5%
	≥41 岁	0	0
	缺失	23	12.0%
职业	全日制学生	118	61.5%
	管理人员	2	1.0%
	企事业单位/政府职员	40	20.8%
	其他	9	4.7%
	缺失	23	12.0%

表 8-3　实验二人口统计特征描述性统计

人口统计变量	分类	数量/个	百分比
性别	男	79	38.2%
	女	89	43.0%
	缺失	39	18.8%
年龄	≤18 岁	3	1.4%
	19~25 岁	148	71.5%
	26~30 岁	14	6.8%
	31~40 岁	3	1.4%
	≥41 岁	0	0
	缺失	39	18.8%
职业	全日制学生	123	59.4%
	管理人员	2	1.0%
	企事业单位/政府职员	37	17.9%
	其他	6	2.9%
	缺失	39	18.8%

注：由数据四舍五入导致百分比加和不等于 100%

3）主效应假设检验

（1）检验 App 开屏广告隐喻性对广告态度的影响。

依据实验一的数据，以 App 开屏广告隐喻性为自变量，广告受众的广告态度为因变量，进行单因素方差分析和回归分析。由对广告受众的广告态度的方差齐性检验统计量为 3.487，此自由度下的 p 为 0.063（$p > 0.05$），则样本所在的总体满足方差齐性假设，适合进行方差分析。对广告受众的广告态度的单因素方差分析结果显示，F 值为 20.148，$p < 0.01$，可以认为有隐喻性和无隐喻性的 App 开屏广告在广告态度上存在显著差异。结合广告受众的广告态度描述性分析结果，在 App 开屏广告中，相比于观看无隐喻广告的广告受众的广告态度（$M = 2.94$），观看隐喻广告的广告受众的广告态度更好（$M = 3.78$）。由广告隐喻性与广告态度的回归分析结果得出，App 开屏广告隐喻性显著正向影响广告态度（$\beta = 0.839$，$p = 0.000 < 0.01$）。实验一证实 H8-1a 成立。

依据实验二的数据，以 App 开屏广告隐喻性为自变量，广告受众的广告态度为因变量，进行单因素方差分析和回归分析。由对广告受众的广告态度方差齐性检验统计量为 1.082，此自由度下的 p 为 0.299（$p > 0.05$），则样本所在的总体满足方差齐性假设，适合进行方差分析。对广告受众的广告态度的单因素方差分析结果显示，F 值为 11.636，$p < 0.01$，可以认为有隐喻性和无隐喻性的 App 开屏广告在广告态度上存在显著差异。结合广告受众的广告态度的描述性分析结果，在 App 开屏广告中，相比于观看无隐喻广告的广告受众的广告态度（$M = 3.09$），观看隐喻广告的广告受众的广告态度更好（$M = 3.76$）。由广告隐喻性与广告态度的回归分析结果得出，App 开屏广告隐喻性显著正向影响广告态度（$\beta = 0.669$，$p = 0.001 < 0.01$）。实验二同样证实 H8-1a 成立。

（2）检验 App 开屏广告隐喻性对品牌态度的影响。

依据实验一的数据，以 App 开屏广告隐喻性为自变量，广告受众的品牌态度为因变量，进行单因素方差分析和回归分析。由对广告受众的品牌态度的方差齐性检验统计量为 0.428，此自由度下的 p 为 0.514（$p > 0.05$），则样本所在的总体满足方差齐性假设，适合进行方差分析。对广告受众的品牌态度的单因素方差分析结果显示，F 值为 9.902，$p < 0.01$，可以认为有隐喻性和无隐喻性的 App 开屏广告在品牌态度上存在显著差异。结合广告受众的品牌态度的描述性分析结果，在 App 开屏广告中，相比于观看无隐喻广告的广告受众的品牌态度（$M = 3.89$），观看隐喻广告的广告受众的品牌态度较好（$M = 4.39$）。广告隐喻性与品牌态度的回归分析结果表明，广告隐喻性显著正向影响品牌态度（$\beta = 0.501$，$p = 0.002 < 0.01$）。实验一证实 H8-1b 成立。

依据实验二的数据，以 App 开屏广告隐喻性为自变量，广告受众的品牌态度为因变量，进行单因素方差分析和回归分析。由对广告受众的品牌态度的方差齐性检验统计量为 0.056，此自由度下的 p 为 0.814（$p>0.05$），则样本所在的总体满足方差齐性假设，适合进行方差分析。对广告受众的品牌态度的单因素方差分析结果显示，F 值为 11.508，$p<0.01$，可以认为有广告隐喻性和无广告隐喻性在品牌态度上存在显著差异。结合广告受众的品牌态度的描述性分析结果，相比于观看无隐喻广告的广告受众的品牌态度（$M=3.72$），观看隐喻广告的广告受众的品牌态度较好（$M=4.29$）。广告隐喻性与品牌态度的回归分析结果表明，广告隐喻性显著正向影响广告受众的品牌态度（$\beta=0.567$，$p=0.001<0.01$）。实验二也证实 H8-1b 成立。

4）调节效应假设检验

（1）广告时长的调节作用分析。

①在因变量为广告态度的广告时长调节作用分析中，广告隐喻性和 3 秒广告时长的交互项对广告态度的影响系数不显著（$\beta=0.045$，$p=0.923>0.05$），广告隐喻性和 5 秒广告时长的交互项对广告态度的影响系数不显著（$\beta=0.308$，$p=0.505>0.05$），因此，广告时长不会在广告隐喻性影响广告态度的过程中起调节作用。H8-2a 不成立。

②在因变量为品牌态度的广告时长调节作用分析中，广告隐喻性和 3 秒广告时长的交互项对品牌态度的影响系数不显著（$\beta=0.158$，$p=0.689>0.05$），广告隐喻性和 5 秒广告时长的交互项对品牌态度的影响系数不显著（$\beta=-0.110$，$p=0.779>0.05$），因此，广告时长不会在广告隐喻性影响品牌态度的过程中起调节作用。H8-2b 不成立。

（2）用户控制权的调节作用分析。

①在因变量为广告态度的用户控制权调节作用分析中，广告隐喻性和用户控制权的交互项对广告态度的影响系数显著（$\beta=-1.245$，$p=0.002<0.01$），因此，用户控制权对广告隐喻性影响广告态度的过程起调节作用，且是负向调节作用。H8-3a 成立。

②在因变量为品牌态度的用户控制权调节作用分析中，广告隐喻性和用户控制权的交互项对品牌态度的影响系数显著（$\beta=-0.894$，$p=0.008<0.01$），因此，用户控制权对广告隐喻性影响品牌态度的过程起调节作用，且是负向调节作用。H8-3b 成立。

5）有中介的调节效应假设检验

（1）有加工流畅性中介的广告时长的调节作用分析。

①在因变量为广告态度的有加工流畅性中介的广告时长调节检验中，广告隐喻性和 3 秒广告时长的交互项对广告态度的影响系数不显著（$\beta=0.045$，$p=0.923>0.05$），广告隐喻性和 5 秒广告时长的交互项对广告态度的影响系数不显著（$\beta=0.308$，$p=0.505>0.05$），因此广告隐喻性和广告时长的交互项对广告态度的

影响系数不显著，说明广告时长不会在广告隐喻性对广告态度的过程中起调节作用，停止接下来的分析，则 H8-4a 无法得到检验和支持。

②在因变量为品牌态度的有加工流畅性中介的广告时长调节检验中，广告隐喻性和 3 秒广告时长的交互项对品牌态度的影响系数不显著（$\beta = 0.158, p = 0.689 > 0.05$），广告隐喻性和 5 秒广告时长的交互项对品牌态度的影响系数不显著（$\beta = -0.110, p = 0.779 > 0.05$），因此广告隐喻性和广告时长的交互项对品牌态度的影响系数不显著，说明广告时长不会在广告隐喻性影响品牌态度的过程中起调节作用，停止接下来的分析，则 H8-4b 无法得到检验和支持。

（2）有加工流畅性中介的用户控制权调节作用分析。

①在因变量为广告态度的有加工流畅性中介的用户控制权调节检验中，第一步检验广告隐喻性和用户控制权的交互项对广告态度的影响系数显著（$\beta = -0.376, p = 0.001 < 0.01$），因此用户控制权对广告态度与广告隐喻性关系的调节效应显著，H8-3a 成立。

第二步检验广告隐喻性和用户控制权的交互项对加工流畅性的影响系数显著（$\beta = -0.239, p = 0.042 < 0.05$），可进行下一步分析。

第三步首先检验加工流畅性对广告态度的影响系数显著（$\beta = 0.373, p = 0.000 < 0.01$），说明广告隐喻性和用户控制权的交互项通过中介变量加工流畅性对因变量广告态度产生影响。此外，交互项（广告隐喻性×用户控制权）系数显著（$\beta = -0.287, p = 0.008 < 0.01$），证明调节变量（用户控制权）的调节效应部分通过中介变量（加工流畅性）起作用，直接的调节效应是第三步中的交互项（广告隐喻性×用户控制权）系数–0.287，通过中介变量的间接的调节效应是第二步中的交互项（广告隐喻性×用户控制权）系数–0.239 与第三步中的中介变量（加工流畅性）的系数 0.373 之积，即–0.089。H8-5a 成立。

②在因变量为品牌态度的有加工流畅性中介的用户控制权调节检验中，第一步检验广告隐喻性和用户控制权的交互项对品牌态度的影响系数显著（$\beta = -0.313, p = 0.007 < 0.01$），因此用户控制权对品牌态度与广告隐喻性关系的调节效应显著，H8-3b 成立。

第二步检验广告隐喻性和用户控制权的交互项对加工流畅性的影响系数显著（$\beta = -0.239, p = 0.042 < 0.05$），可进行下一步分析。

第三步首先检验加工流畅性对品牌态度的影响系数显著（$\beta = 0.449, p = 0.000 < 0.01$），说明广告隐喻性和用户控制权的交互项通过中介变量加工流畅性对因变量品牌态度产生影响。此外，交互项（广告隐喻性×用户控制权）系数显著（$\beta = -0.591, p = 0.048 < 0.05$），证明调节变量（用户控制权）的调节效应部分通过中介变量（加工流畅性）起作用，直接的调节效应是第三步中的交互项（广告隐喻性×用户控制权）系数–0.591，通过中介变量的间接的调节效

应是第二步中的交互项（广告隐喻性×用户控制权）系数−0.239 与第三步中的中介变量（加工流畅性）的系数 0.449 之积，即−0.107。H8-5b 成立。至此，H8-5成立。

8.4　研究发现及营销管理建议

1. 研究发现

本章研究结果表明，除了广告时长这一因素对广告受众的态度没有显著调节作用，其他各研究变量及调节变量对广告受众态度都会产生显著的影响。具体结果如下。

（1）广告隐喻性对广告受众的广告态度和品牌态度均有显著正向影响。方差分析结果均证实有广告隐喻性和无广告隐喻性在广告态度和品牌态度上均存在显著差异（$p<0.01$），相比于观看无隐喻广告，广告受众观看隐喻广告会产生更好的广告态度（实验一 $M_无=2.94$，$M_有=3.78$；实验二 $M_无=3.09$，$M_有=3.76$）和更好的品牌态度（实验一 $M_无=3.89$，$M_有=4.39$；实验二 $M_无=3.72$，$M_有=4.29$）。回归结果证实，在 0.01 显著性水平下，广告隐喻性显著正向影响广告受众的广告态度（实验一 $\beta=0.839$，$p=0.000<0.01$；实验二 $\beta=0.669$，$p=0.001<0.01$）和品牌态度（实验一 $\beta=0.501$，$p=0.002<0.01$；实验二 $\beta=0.567$，$p=0.001<0.01$）。

（2）广告时长不会在广告隐喻性影响广告受众态度的过程中起调节作用。在 0.05 显著性水平下，广告隐喻性和广告时长的交互项与广告受众的态度之间的系数均不显著，广告隐喻性和 3 秒广告时长的交互项对广告态度的影响系数不显著（$\beta=0.045$，$p=0.923>0.05$）、对品牌态度的影响系数不显著（$\beta=0.158$，$p=0.689>0.05$），广告隐喻性和 5 秒广告时长的交互项对广告态度的影响系数不显著（$\beta=0.308$，$p=0.505>0.05$）、对品牌态度的影响系数也不显著（$\beta=−0.110$，$p=0.779>0.05$）。

（3）用户控制权在广告隐喻性影响广告受众的广告态度和品牌态度的过程中均起负向调节作用。在 0.01 显著性水平下，广告隐喻性和用户控制权的交互项与广告受众态度之间的系数均显著：广告隐喻性和用户控制权的交互项对广告态度的影响系数显著（$\beta=−1.245$，$p=0.002<0.01$）、对品牌态度的影响系数也显著（$\beta=−0.894$，$p=0.008<0.01$），说明用户控制权在广告隐喻性影响广告受众的态度的过程中有负向调节作用，对广告态度的调节效应为−1.245，对品牌态度的调节效应为−0.894。因此，该假设成立。

（4）加工流畅性在用户控制权调节的广告隐喻性影响广告受众的广告态度和品牌态度的过程中起中介作用。广告隐喻性和用户控制权的交互项负向影响加工流畅性（$\beta = -0.239$，$p = 0.042 < 0.05$），而加工流畅性正向影响广告受众的广告态度（$\beta = 0.373$，$p = 0.000 < 0.01$）和品牌态度（$\beta = 0.449$，$p = 0.000 < 0.01$）。在用户控制权调节情形下，纳入加工流畅性作为中介变量后，即在有加工流畅性中介的用户控制权调节作用下，用户控制权对广告受众的态度的调节效应部分通过中介变量加工流畅性起作用，即加工流畅性在该关系中起部分中介作用，用户控制权对广告受众的广告态度和品牌态度的直接的调节效应分别为-0.287（$p = 0.008 < 0.01$）和-0.591（$p = 0.048 < 0.05$），通过中介变量的间接的调节效应分别是-0.089（$p < 0.05$）和-0.107（$p < 0.05$）。

2. 营销管理建议

1）对 App 开屏广告平台方的管理建议

经由以上研究结果讨论基本上可以得出以下结论：广告隐喻性对广告受众的态度具有正向影响，虽然广告时长在广告隐喻性与广告受众的态度的影响关系中不起调节作用，但用户控制权在广告隐喻性与广告受众的态度的影响关系中起负向调节作用，这个调节作用不仅直接作用于该关系，而且通过加工流畅性的中介间接作用于该关系。依据这些结论，并结合广告隐喻性的特点，本章为开屏广告平台方提出以下建议：①合理制定 App 开屏广告的广告时长策略。在开屏广告时长不会调节广告隐喻性对广告受众态度的影响的情形下，开屏广告平台方可在开屏时设置 8 秒的开屏广告，并且可将这 8 秒的时间划分给不同的广告主。开屏广告平台方仍以按广告时长计费的模式对开屏广告进行收费，但在一定范围内可适当阶梯化单位开屏广告时长的价格，在保证广告受众态度不变的同时，在开屏广告的总价上创造更大的吸引力以吸引广告主的广告投放，更重要的是利于实现平台方利益最大化。②尽量规避用户控制权的劣势影响。从本章研究变量角度考虑，在法律和规则允许的范围内，建议开屏广告平台方在 App 开屏隐喻广告中不设置跳过广告的用户控制按钮，避免削弱广告受众的广告态度和品牌态度，从而减弱对于广告主的吸引力。

2）对 App 开屏广告的广告主的投放策略建议

基于研究分析结果，并结合广告隐喻性的特点，本章为 App 开屏广告的广告主提出以下建议：①采用隐喻广告提升受众积极的广告态度。应用隐喻广告并不是说在开屏广告上简单地把非隐喻广告套用隐喻改成隐喻广告就能取得比其他广告好的广告受众的态度，而是需要在明确广告重点的基础上找到符合可展示该重点的隐喻的方式、找准为源域服务的与源域有共同点的目的域并且在广告中巧妙地将二者结合。②选择最短的 App 开屏广告时长展示隐喻广告。广告主可在投放隐喻广告时在可选广告时长范围内选择更短的开屏广告时间，进而在采用相同的隐喻广告材料获得相同的广告受众的态度的同时，减少开屏广告的成本，实现开屏广告成本率的降低，保留更多的资金用于其他地方的投资。③尽量避免选择有用户控制权的 App 平台投放隐喻广告。许多用户会选择点击"跳过"按钮，开屏广告实际展示在用户面前的时间会短于广告主与平台方商量好的开屏广告时长，因此广告主应该与开屏广告平台方协商按真正展示在广告受众面前的广告时长计费并缴费。

参 考 文 献

[1] PHILLIPS B J. The impact of verbal anchoring on consumer response to image ads[J]. Journal of advertising, 2000, 29 (1): 15-24.

[2] 吴水龙, 洪瑞阳, 蒋廉雄, 等. "直白"还是"含蓄"? 基于卷入度和图文修辞方式的广告效果研究[J]. 管理评论, 2017, 29 (9): 133-142.

[3] 禹杭, 陈香兰. 含蓄还是直白? ——隐喻广告效果研究回顾与展望[J]. 外国经济与管理, 2018, 40 (10): 54-65.

[4] FORCEVILLE C. Pictorial metaphor in advertisement[J]. Metaphor and symbolic activity, 1994, 9 (1): 1-29.

[5] VAN MULKEN M, LE PAIR R, FORCEVILLE C. The impact of perceived complexity, deviation and comprehension on the appreciation of visual metaphor in advertising across three European countries[J]. Journal of pragmatics, 2010, 42 (12): 3418-3430.

[6] VAN MULKEN M, VAN HOOFT A, NEDERSTIGT U. Finding the tipping point: Visual metaphor and conceptual complexity in advertising[J]. Journal of advertising, 2014, 43 (4): 333-343.

[7] CHANG C T, YEN C T. Missing ingredients in metaphor advertising: The right formula of metaphor type, product type, and need for cognition[J]. Journal of advertising, 2013, 42 (1): 80-94.

[8] MCQUARRIE E F, PHILLIPS B J. Indirect persuasion in advertising: How consumers process metaphors presented in pictures and words[J]. Journal of advertising, 2005, 34 (2): 7-20.

[9] PHILLIPS B J. Thinking into it: Consumer interpretation of complex advertising images[J]. Journal of advertising, 1997, 26 (2): 77-87.

[10] TONCAR M, MUNCH J. Consumer responses to tropes in print advertising[J]. Journal of advertising, 2001, 30 (1): 55-65.

[11] BABBLES G S. Conceptual metaphor in consumer and managerial decision making[M]. Berkeley: University of California, 2002.

[12] ANG S H, LIM E A C. The influence of metaphors and product type on brand personality perceptions and attitudes[J]. Journal of advertising, 2006, 35 (2): 39-53.

[13] AGUIRRE-RODRIGUEZ A. The effect of consumer persuasion knowledge on scarcity appeal persuasiveness[J]. Journal of advertising, 2013, 42 (4): 371-379.

[14] KRUGMAN H E. The measurement of advertising involvement[J]. Public opinion quarterly, 1966, 30 (4): 583-596.

[15] 张红宇, 罗霄, 蒋玉石, 等. 视觉隐喻广告对消费者注意和再认效果的影响研究[J]. 管理世界, 2017 (11): 184-185.

[16] 盛光华, 岳蓓蓓, 龚思羽. 绿色广告诉求与信息框架匹配效应对消费者响应的影响[J]. 管理学报, 2019, 16 (3): 439-446.

[17]　蔡佩儿，沙振权. 互联网视频贴片广告下的品牌说服效果[J]. 管理学报，2016，13（10）：1525-1533.

[18]　孙国辉，梁渊，李季鹏. 品牌延伸类型选择：不同品牌概念下契合度和真实度对延伸产品态度的影响研究[J]. 管理评论，2019，31（3）：102-115.

[19]　LAKOFF G，JOHNSON M. Metaphors we live by[M]. Chicago：University of Chicago Press，1980.

[20]　易成，周密. 用户控制权对视频广告效果的影响[J]. 中国管理科学，2017，25（2）：139-146.

[21]　KAHNEMAN D. Attention and effort[M]. Englewood Cliffs：Prentice-Hall，1973.

[22]　LEE A Y，AAKER J L. Bringing the frame into focus：The influence of regulatory fit on processing fluency and persuasion[J]. Journal of personality and social psychology，2004，86（2）：205-218.

[23]　ROOSE G，VERMEIR I，GEUENS M，et al. A match made in heaven or down under? The effectiveness of matching visual and verbal horizons in advertising[J]. Journal of consumer psychology，2019，29（3）：411-427.

[24]　孙瑾，苗盼. 近筹 vs.远略——解释水平视角的绿色广告有效性研究[J]. 南开管理评论，2018，21（4）：195-205.

[25]　冯德正. 多模态隐喻的构建与分类——系统功能视角[J]. 外语研究，2011（1）：24-29.

[26]　MACKENZIE S B，LUTZ R J. An empirical examination of the structural antecedents of attitude toward the Ad in an advertising pretesting context[J]. Journal of marketing，1989，53（2）：48-65.

[27]　RUSSELL C A. Investigating the effectiveness of product placements in television shows：The role of modality and plot connection congruence on brand memory and attitude[J]. Journal of consumer research，2002，29（3）：306-318.

第三篇　在线广告的社会化篇

第9章　朋友圈广告特性对广告规避影响研究

9.1　朋友圈广告与广告规避

目前学术界对用户可以感知到的信息流广告或者社交广告的特点进行了很多研究。Pollay 和 Mittal[1]认为广告具有知识性和娱乐性，而且这两种特性会使得广告的受众人群对广告产生积极的态度。Brackett 和 Carr[2]提出互联网广告态度模型，认为广告有刺激性、娱乐性和信息性等特点。Saeed 等[3]表明广告的知识性、娱乐性、侵入性是影响广告态度的重要因素。Tucker[4]则表明社交媒体广告也具有个性化的特点，社交媒体广告可以根据用户人口统计因素（性别、年龄等）及用户的定位信息进行精准化的投放。

本章基于学者对广告特点的研究，并且结合朋友圈广告的现状，从用户认知角度，将朋友圈广告的特性总结为知识性、侵入性和个性化。知识性是指广告可以向广告受众传递产品的信息，使广告受众能够做出产生最高价值的选择[5]。朋友圈广告的知识性是指朋友圈广告可以对广告主的品牌或者产品进行宣传，让微信用户了解广告主的产品最新信息。侵入性是指用户受到外界因素的干扰，导致浏览内容的中断[6]。朋友圈广告会干扰用户浏览朋友圈消息，即朋友圈广告具有侵入性。个性化是指利用用户的信息为用户提供精准化的服务[7]。朋友圈广告具有人群定向功能，并采用先进的算法进行广告推送，具有个性化的特点。

目前学者也对广告规避的前因做了较多的研究。Cho 和 Cheon[8]在研究网络广告的过程中发现，任务中断、互联网网站上的混乱和过去的互联网广告负面体验、感知广告集群和感知目标障碍对广告规避有正向的影响。Ferreira 等[9]通过对 273 名用户的社交媒体使用数据进行结构方程实证分析，发现对广告的看法有争议会导致用户采取措施去规避广告，但个体因素会对这一关系产生影响，如用户感知到的广告本身的价值判断、感知到的控制及在线负面评论对广告规避有显著正向的影响。Shin 和 Lin[10]研究了用户感知因素对基于位置服务的广告规避的影响，发现感知目标阻碍对广告规避有正向影响而感知牺牲、感知有用性和感知娱乐性都对广告规避有有限负向影响。van den Broeck 等[11]通过在线实验调查的方式研究了 Facebook（现称 Meta）广告投放位置（消息流和侧边栏）对广告规避的影响，发现用户对放置在消息流中的广告规避意图比对放置在侧边栏中的广告规避意图更强，同时发现产品参与度显著正向调节广告位置和广告规避之间的关系，产品参与度负向影响广告规避；使用 Facebook 的动机则显著负向调节广告位置和广告规避之间的关系，使用 Facebook 的动机则正向影响广告规避。具体到朋友圈广告，谢振宇和林徐[12]用线性回归方法实证了用户以往负面体验、媒介可靠性和信息相关性是广告规避的三个前因。在此基础上，常明芝[13]研究了感知个性化、广告怀疑、互动频率和隐私关注也会对广告规避有影响。范思等[14]对社交媒体广告进行了研究，表明一致性和社交性会对广告规避有影响，目标阻碍可以作为它们关系的中介变量，广告群聚也可以作为它们关系的中介变量。综上，目前学者对广告规避的研究主要集中在探索前因方面，对作用机制的研究有待加强。

9.2　朋友圈广告特性对广告规避的影响

在社交媒体领域，Taylor 等[15]表明广告的知识性可以正向影响用户的态度。Phau 和 Min[16]强调了广告的知识性在广告受众对移动广告的态度中产生的积极作用。Logan 等[17]认为广告受众更容易接受社交媒体网站上的信息广告。Siemens 等[18]发现提高广告的信息性可以提高用户将广告作为主要任务的可能性，进而可以提高广告记忆率。Devika[19]基于有限注意力模型，研究了在新兴市场环境下品牌展示对广告商品牌召回和品牌态度的影响，结果显示对于高参与度的产品，不突出的品牌展示会导致更多的品牌召回，更突出的品牌展示对品牌态度更有利。事实上，广告为用户提供的有关新产品或特定产品的比较优势信息越多，会促使用户产生越积极的心理反应[20]。根据前人对广告知识性的研究可知，广告的知识性一般会促使用户产生比较积极的心理反应，不会引发用户的心理逆反，即知识性越强，用户看到朋友圈广告时的心理逆反越弱。因此，本章提出如下假设。

H9-1：朋友圈广告的知识性负向影响心理逆反。

Li 等[21]通过实验方法对广告的侵入性进行了研究，研究表明广告的侵入性正向影响感知侵扰，即广告的侵入性会让用户产生消极的心理反应。Gironda 和 Korgaonkar[22]表明用户的感知侵入性会引发逆反心理，进而对广告产生严重的负面态度。

van Reijmersdal 等[23]在研究侵入性广告是否会提高用户对品牌的记忆的过程中发现，侵入性广告会促使用户感知被操控的意图，进而引发心理逆反。此外，根据心理所有权理论的研究成果，微信用户一般会对自己的朋友圈有一种心理上的所有权，当用户在浏览自己的朋友圈时，一旦被侵入朋友圈的广告打断，就会使得用户产生不满情绪，即会增强用户的心理逆反。基于心理所有权理论及相关学者的研究，本章认为朋友圈广告以"朋友"的形式侵入用户的朋友圈中，会打断用户原有的浏览进程，促使微信用户产生较高的心理逆反，即广告的侵入性正向影响用户的心理逆反。因此，本章提出如下假设。

H9-2：朋友圈广告的侵入性正向影响心理逆反。

Lee G 和 Lee W J[24]证实广告主如果没有经过用户同意，就根据用户的浏览记录、定位或者人口统计因素向用户推荐广告，会使用户购买商品的决策自由受到威胁，最终产生心理逆反。King 和 Jessen[25]表明用户如果感知到个性化的广告没有恰当地满足自己的偏好，就会产生一种被广告主或者广告媒介操纵的心理认知，使他们感觉自己的选择自由遭到了威胁，从而产生强烈的心理逆反。Ham[26]采用调查问卷方式收集了数据，探讨了用户如何应对在线行为广告的说服策略，研究发现作为认知处理变量的心理逆反对广告规避有显著的影响，用户的心理逆反越强，用户对广告进行规避的可能性就越大。有些朋友圈广告下面会有位置信息，即微信基于用户的位置推送了广告。这种情况下，结合心理所有权理论的研究成果，第三方平台收集用户的位置信息可能引发用户的不满。根据心理逆反理论，用户的不满会引发用户的心理逆反。本章认为朋友圈广告利用用户的人口统计因素、定位等信息进行个性化投放广告，会增强微信用户的心理逆反。因此，本章提出如下假设。

H9-3：朋友圈广告的个性化正向影响心理逆反。

Westin[27]将隐私定义为个人可以控制自己的个人信息并决定是否及如何与他人共享的能力。Nowak 和 Phelps[28]认为广告触发隐私问题的程度取决于广告所利用的用户个人信息的敏感性。Berthon 等[29]对广告的个性化进行了研究，研究结果显示广告受众收到含有个人隐私信息（如定位）或收到符合自身偏好的广告会引发他们对自己个人隐私的关注，感知到自己的隐私自由受到广告主的威胁，从而产生心理逆反。还有学者针对在线广告开展了研究，利用用户的个人信息投放的精准化广告会导致用户认为自身的选择权遭到威胁，引发用户对自己的隐私受到外部威胁的感知，进而产生广告规避的行为[30]。根据心理所有权理论，平台未经用户允许收集用户的信息，会导致用户对隐私关注度的提高，进而产生较高的心理逆反。本章认为朋友圈广告利用用户的定位、手机品牌及人口统计因素等个人信息为用户提供个性化的广告，会引发用户的隐私关注和心理逆反，同时隐私关注会造成心理逆反。因此，本章提出以下假设。

H9-4：朋友圈广告的个性化正向影响隐私关注。

H9-5：隐私关注正向影响心理逆反。

广告规避是指媒体用户所采取的差异化地减少了他们对各种广告内容曝光的所有行为[8]。Brehm S S 和 Brehm J W[31]表明当用户产生逆反心理后，会更加倾向采取反向行动来恢复自由。Li 等[21]表明广告受众在接触广告的过程中出现心理逆反，会使广告受众采取措施回避广告。Quick 和 Stephenson[32]也表明心理逆反对广告规避有正向影响，当用户的逆反心理被激发后，用户采取行动回避广告的意愿会得到很大的提升。Rau 等[33]在研究手机广告规避的过程中发现，广告的侵

入性会增强用户的心理逆反，进而使用户在认知或者行动上回避广告。Campbell
等[34]在研究前置（pre-roll）广告的过程中也发现广告受众的心理逆反越强，对广
告的回避意愿越强。本章认为当用户产生不满情绪时，就会产生比较强烈的心理
逆反，大概率会选择忽视广告，从认知或者行动的角度采取措施规避看到的朋友
圈广告。因此，本章提出以下假设。

H9-6：心理逆反正向影响广告规避。

本章的研究模型如图 9-1 所示。

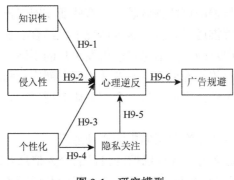

图 9-1　研究模型

9.3　研究模型构建与分析

1. 研究数据

本章通过"问卷星"平台发布电子问卷，并邀请微信用户填写问卷。本章
共计收集到 339 份问卷，删除无效问卷 52 份，收回有效问卷共 287 份，有效问
卷占总样本的 84.66%，样本描述性统计结果见表 9-1。本章结合其他学者对本
章模型中变量的测量量表，形成对本章主要变量的 Likert 七级量表，具体量表
见表 9-2。

表 9-1　样本描述性统计结果

变量	变量内容	人数	比例
性别	男	139	48.43%
	女	148	51.57%
年龄	≤18 岁	2	0.70%
	19～25 岁	189	65.85%

续表

变量	变量内容	人数	比例
年龄	26～35 岁	86	29.97%
	36～45 岁	8	2.79%
	≥46 岁	2	0.70%
受教育程度	高中/中专及以下	5	1.74%
	大专	4	1.39%
	本科	108	37.63%
	硕士及以上	170	59.23%

注：由数据四舍五入导致比例加和不等于100%

表 9-2　变量测量量表

变量	题项	内容	文献
知识性	I1	我认为朋友圈广告提供的信息是有用的	Ducoffe[35] Pavlou 等[36] Logan 等[17]
	I2	我认为朋友圈广告让我获取到产品（品牌或服务）的新动态	
	I3	我认为朋友圈广告是我获取到产品（品牌或服务）相关信息的一个便捷渠道	
	I4	我从朋友圈广告中了解到很多产品（品牌或服务）的信息	
侵入性	Q1	朋友圈广告使我烦恼	Taylor 等[15] Li 等[21]
	Q2	朋友圈广告干扰了我的浏览	
	Q3	朋友圈广告让我分心	
个性化	P1	我认为该朋友圈广告符合我的需求	Baek 和 Morimoto[30] Srinivasan 等[37]
	P2	我认为该朋友圈广告使我能够购买为我量身定制的产品	
	P3	我认为该朋友圈广告是为我量身定做的	
	P4	该朋友圈广告让我觉得我是一个独特的客户	
	P5	我认为该朋友圈广告是根据我的个性特征与偏好推荐的	
心理逆反	R1	我认为该朋友圈广告是强加给我的	Hong 和 Faedda[38] Bleier 和 Eisenbeiss[39]
	R2	我想驳回朋友圈广告的内容	
	R3	我想抵制该朋友圈广告	
	R4	我认为该朋友圈广告是不受欢迎的	
隐私关注	C1	如果未经许可共享信息，我会感到不舒服	Baek 和 Morimoto[30] Dolnicar 和 Jordaan[40]
	C2	我担心滥用个人信息	
	C3	我担心信息存储不安全	
	C4	我很困扰收到太多不感兴趣的广告材料	
	C5	我认为个人信息经常被滥用	

续表

变量	题项	内容	文献
广告规避	Y1	我在浏览朋友圈时，看到广告会故意快速滑过，看下一条朋友圈	Cho 和 Cheon[8]
	Y2	微信朋友圈没有广告会更好	
	Y3	我没有观看就立即忽略了朋友圈广告	

2. 测量与模型

本章使用 SPSS 和 Smart PLS 软件对样本数据进行处理。信度与效度结果见表 9-3。由表 9-3 可知，知识性的克龙巴赫系数为 0.890＞0.7，组合信度（composite reliability，CR）为 0.924＞0.7；侵入性的克龙巴赫系数为 0.954＞0.7，CR 为 0.970＞0.7；个性化的克龙巴赫系数为 0.904＞0.7，CR 为 0.931＞0.7；心理逆反的克龙巴赫系数为 0.914＞0.7，CR 为 0.939＞0.7；隐私关注的克龙巴赫系数为 0.885＞0.7，CR 为 0.921＞0.7；广告规避的克龙巴赫系数为 0.903＞0.7，CR 为 0.940＞0.7。模型所有变量的克龙巴赫系数和 CR 都大于 0.7，表明变量测量题项的内部一致性和组合信度比较好。

表 9-3　信度与效度结果

变量	题项	标准化因子载荷	克龙巴赫系数	CR	AVE
知识性	I1	0.856	0.890	0.924	0.751
	I2	0.894			
	I3	0.866			
	I4	0.851			
侵入性	Q1	0.964	0.954	0.970	0.916
	Q2	0.972			
	Q3	0.935			
个性化	P1	0.853	0.904	0.931	0.730
	P2	0.898			
	P3	0.881			
	P4	0.867			
	P5	0.768			
心理逆反	R1	0.861	0.914	0.939	0.795
	R2	0.883			
	R3	0.931			
	R4	0.889			

续表

变量	题项	标准化因子载荷	克龙巴赫系数	CR	AVE
隐私关注	C1	0.836	0.885	0.921	0.701
	C2	0.9			
	C3	0.903			
	C4	0.745			
	C5	0.792			
广告规避	Y1	0.91	0.903	0.940	0.838
	Y2	0.928			
	Y3	0.908			

由表 9-3 可知，知识性的平均方差萃取值（average variances extracted，AVE）为 0.751＞0.5；侵入性的 AVE 为 0.916＞0.5；个性化的 AVE 为 0.730＞0.5；心理逆反的 AVE 为 0.795＞0.5；隐私关注的 AVE 为 0.701＞0.5；广告规避的 AVE 为 0.838＞0.5。本章主要变量的 AVE 都在 0.5 以上，可以说明本章所采用的量表具有很好的收敛效度。

若一个变量的 AVE 平方根大于它与其他变量的皮尔逊（Pearson）相关系数，则区别效度较好。由表 9-4 可知，知识性的 AVE 平方根为 0.867，侵入性的 AVE 平方根为 0.957，个性化的 AVE 平方根为 0.854，心理逆反的 AVE 平方根为 0.892，隐私关注的 AVE 平方根为 0.837，广告规避的 AVE 平方根为 0.915。各变量的 AVE 平方根都大于该变量与其他变量的相关系数，区别效度较好。

表 9-4　变量相关系数以及 AVE 的平方根

变量	知识性	侵入性	个性化	心理逆反	隐私关注	广告规避
知识性	**0.867**					
侵入性	−0.457**	**0.957**				
个性化	0.577**	−0.354**	**0.854**			
心理逆反	−0.408**	0.741**	−0.321**	**0.892**		
隐私关注	−0.229**	0.446**	−0.332**	0.559**	**0.837**	
广告规避	−0.375**	0.732**	−0.362**	0.800**	0.574**	**0.915**

注：AVE 平方根见对角线加粗部分

**在 0.01 级别（双尾）相关性显著

本章利用 Smart PLS 软件对结构方程进行检验，模型检验结果如图 9-2 所示。心理逆反的变化由知识性、侵入性、个性化和隐私关注等四个变量解释了 62.3%，隐私关注的变化由个性化解释了 11.4%，广告规避的变化由心理逆反解释了 64.5%。结果表明 H9-1、H9-2、H9-5、H9-6 得到了支持，H9-3 和 H9-4 没有得到支持。

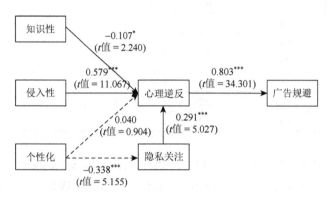

图 9-2　模型检验结果

*p<0.05；***p<0.001；虚线表示假设没有通过，实线表示假设通过

3. 研究结果分析

本章基于心理逆反和心理所有权理论，研究了朋友圈广告特性对广告规避的影响，并探讨了心理逆反和隐私关注在其中的作用机制。结构方程的结果显示，本章大部分假设通过，本章主要研究结果如下。

（1）朋友圈广告的知识性对心理逆反有显著的负向影响（$\beta = -0.107$，$p < 0.05$）。朋友圈广告知识性越强，即微信用户可以通过广告获得更多的产品或服务的信息，微信用户的心理逆反越弱。

（2）朋友圈广告的侵入性对心理逆反有显著的正向影响（$\beta = 0.579$，$p < 0.001$）。朋友圈广告的侵入性越强，微信用户的心理逆反越强。结合实际的用户体验，微信用户在浏览好友的朋友圈时突然遇到的广告会打断他们继续浏览朋友圈，让用户产生心理逆反。同时，该研究结果可以解释腾讯为什么没有在朋友圈大规模投放广告。腾讯在朋友圈投放的广告越少，微信用户在浏览朋友圈时受到广告的干扰越少，用户的心理逆反也会越弱。

（3）本章假设个性化正向影响心理逆反，实证结果表明个性化对心理逆反没有显著的正向影响（$\beta = 0.040$，$p = 0.366 > 0.05$），该假设没有得到验证。本章假设个性化正向影响隐私关注，实证结果表明个性化对隐私关注有显著的负向影响（$\beta = -0.338$，$p < 0.001$），该假设没有得到验证。实际情况也是这样的，相比微博、今日头条等广告平台，朋友圈广告个性化水平是最低的，不同平台之间的广告特性存在差异且广告价值存在差异。此外，微信是熟人社交，为了保护用户流量，

目前朋友圈广告的个性化水平不是很高。因此，个性化对隐私关注和心理逆反的假设没有得到验证。

（4）微信用户的隐私关注对心理逆反有显著的正向影响（$\beta = 0.291, p < 0.001$）。微信用户对隐私关注的感知越强，产生的心理逆反就越强。

（5）心理逆反对广告规避有显著的正向影响（$\beta = 0.803$, $p < 0.001$）。微信用户在朋友圈看到广告后产生的心理逆反越强，对朋友圈广告的回避就越强。微信用户在朋友圈看到广告后产生的心理逆反越弱，对朋友圈广告的回避就会越弱。

9.4　研究发现及营销管理建议

1. 理论意义

（1）本章以心理逆反理论为基础，探究了心理逆反在广告特点与广告规避之间的重要作用，有利于深化对朋友圈广告的认识，厘清朋友圈广告的作用效果及边界。同时，本章研究的朋友圈广告是社交广告的重要组成部分，有利于推动社交广告的研究，尤其有利于推动不同平台社交广告的对比研究。

（2）对用户心理逆反的贡献。本章研究聚焦朋友圈广告，以心理逆反理论和心理所有权理论为基础，探究了心理逆反在广告特点与广告规避之间的重要作用。实证结果表明，朋友圈广告的知识性对心理逆反有显著的负向影响，侵入性对心理逆反有显著的正向影响，心理逆反对广告规避有显著的正向影响。本章将心理逆反理论应用于广告规避领域，可以推动学者对广告规避的认识。同时，本章进一步拓展了心理逆反理论的应用范围，丰富和补充了心理逆反理论在社交广告领域的应用。

2. 实践启示

（1）对腾讯的启示。近年来，腾讯的社交媒体广告收入快速增长，在腾讯总收入中的占比也越来越大。腾讯 2018 年度业绩报告显示，社交媒体广告及其他广告收入比 2017 年增加了 55%，其中，微信朋友圈是重要的增长点之一。由此可见，朋友圈广告已经成为腾讯社交媒体广告收入增长的重要推动力。本章研究表明，朋友圈广告的知识性对心理逆反有显著的负向影响，朋友圈广告的侵入性对心理逆反有显著的正向影响。本章可以加深腾讯对微信朋友圈广告的认识，微信团队需要慎重考虑选择投放何种广告及推送频率。微信团队在选择投放广告时，应该注重广告所传递的产品或服务的信息性，使微信用户看到的广告有用，这样可以降低用户的心理逆反，使得用户更可能去点击广告。此外，微信团队在推送广告时，应该特别注意朋友圈广告的侵入性，推送的广告越频繁，对用户浏览朋友圈造成的干扰越强，从而引发用户的心理逆反越强，越会降低广告点击率。本章关于个性化的假设没有得到支持，这是由于朋友圈广告的个性化水平比较弱。今后微信团队可以使用新技术适当地提高个性化水平，并避免引发隐私关注问题。

（2）对广告主的实践启示。本章有利于加深广告主对朋友圈广告的认识，使得广告主认识到朋友圈广告可能产生的负面作用。从朋友圈广告的知识性角度讲，广告主在选择朋友圈作为向用户展示广告的平台时，要特别注意所投放广告的信息性。广告主投放的广告要能传递给微信用户有用的产品或服务的最新信息，降低微信用户的心理逆反，从而降低用户回避广告的可能性，促使用户点击并观看朋友圈广告，最终使得广告的效益最大化。从朋友圈广告的侵入性角度讲，广告主投放的广告不宜频繁地出现在微信用户的朋友圈。根据本章的研究，广告主投放的广告频繁出现在朋友圈会使微信用户的心理逆反作用增强，进而使得用户对广告采取回避措施的可能性增大，不利于实现广告主投放广告的诉求。同时，本章还要提醒广告主认识到朋友圈广告个性化不足的特点，在选择投放广告时，综合考虑微信朋友圈、微博及今日头条等广告平台，慎重地对待朋友圈广告。虽然朋友圈广告可以提高广告主投放广告的曝光率，增加销售额或者提高品牌知名度，但可能引发用户对广告的心理逆反，从而降低广告的效果。广告主在选择微信朋友圈作为投放社交广告的平台时，要对朋友圈广告的特点及它对广告规避的作用机制有更清楚的认识，多方权衡之下，尽量实现广告效果的最大化，为自身创造更多的利益。

（3）对微信用户的实践启示。从用户正确认识朋友圈广告的角度，微信用户应该正确看待微信朋友圈中带有广告标识的特殊朋友。微信使得人与人之间的沟通越来越便捷，但在此过程中用户并没有进行任何付费。未来微信用户在朋友圈见到广告将是一种常态。从如何回避朋友圈广告的角度，如果微信用户感觉不可以忍受朋友圈广告，可以从认知和行为两方面对朋友圈广告进行回避。微信用户可以在浏览到朋友圈广告时故意忽略广告，快速跳过广告看下一条消息。微信用户也可以在看到朋友圈广告时点击广告右上角的"广告"按钮，选择"我不感兴趣"选项，然后该广告就消失了。但是该办法并不能从根本上避免广告，微信用户只有选择关闭朋友圈功能才可以不收到朋友圈广告。

参 考 文 献

[1] POLLAY R W, MITTAL B. Here's the beef: Factors, determinants, and segments in consumer criticism of advertising[J]. Journal of marketing, 1993, 57（3）：99-114.

[2] BRACKETT L K, CARR B N. Cyberspace advertising vs. other media: Consumer vs. mature student attitudes[J]. Journal of advertising research, 2001, 41（5）：23-32.

[3]　SAEED R, NAWAZ LODHI R, ZUBAIR KHAN M, et al. Consumer attitude towards advertisement via mobile[J]. World applied sciences journal, 2013, 26（5）: 672-676.

[4]　TUCKER C E. Social networks, personalized advertising, and privacy controls[J]. Journal of marketing research, 2014, 51（5）: 546-562.

[5]　ROTZOLL K B, HAEFNER J E, SANDAGE C H. Advertising in contemporary society: Perspectives toward understanding[M]. Cincinnati: South Western Publishing Co., 1986.

[6]　HA L. Advertising clutter in consumer magazines: Dimensions and effects[J]. Journal advertising research, 1996, 36（4）: 76-84.

[7]　VESANEN J. What is personalization? A conceptual framework[J]. European journal of marketing, 2007, 41（5）: 409-418.

[8]　CHO C H, CHEON H J. Why do people avoid advertising on the internet? [J]. Journal of advertising, 2004, 33（4）: 89-97.

[9]　FERREIRA C, MICHAELIDOU N, MORAES C, et al. Social media advertising: Factors influencing consumer ad avoidance[J]. Journal of customer behaviour, 2017, 16（2）: 183-201.

[10]　SHIN W, LIN T C. Who avoids location-based advertising and why? Investigating the relationship between user perceptions and advertising avoidance[J]. Computers in human behavior, 2016, 63（3）: 444-452.

[11]　VAN DEN BROECK E, POELS K, WALRAVE M. An experimental study on the effect of ad placement, product involvement and motives on facebook ad avoidance[J]. Telematics and informatics, 2018, 35（2）: 470-479.

[12]　谢振宇, 林徐. 微信朋友圈信息流广告回避影响因素研究[J]. 广告大观（理论版）, 2016（5）: 77-87.

[13]　常明芝. 青年群体微信朋友圈信息流广告回避反应及影响因素研究[J]. 东南传播, 2018（10）: 120-125.

[14]　范思, 鲁耀斌, 胡莹莹. 社交媒体环境下一致性与社交性对信息流广告规避的影响研究[J]. 管理学报, 2018, 15（5）: 759-766.

[15]　TAYLOR D G, LEWIN J E, STRUTTON D. Friends, fans, and followers: Do ads work on social networks? [J]. Journal of advertising research, 2011, 51（1）: 258-275.

[16]　PHAU I, MIN T. Young consumers' motives for using SMS and perceptions towards SMS advertising[J]. Direct marketing: An international journal, 2009, 3（2）: 97-108.

[17]　LOGAN K, BRIGHT L F, GANGADHARBATLA H. Facebook versus television: Advertising value perceptions among females[J]. Journal of research in interactive marketing, 2012, 6（3）: 164-179.

[18]　SIEMENS J C, SMITH S, FISHER D. Investigating the effects of active control on brand recall within in-game advertising[J]. Journal of interactive advertising, 2015, 15（1）: 43-53.

[19]　DEVIKA V. Effect of product-involvement and brand prominence on advergamers' brand recall and brand attitude in an emerging market context[J]. Asia Pacific journal of marketing and logistics, 2018, 30（1）: 43-61.

[20]　SAXENA A, KHANNA U. Advertising on social network sites: A structural equation modelling approach[J]. Vision: The journal of business perspective, 2013, 17（1）: 17-25.

[21]　LI H R, EDWARDS S M, LEE J H. Measuring the intrusiveness of advertisements: Scale development and validation[J]. Journal of Advertising, 2002, 31（2）: 37-47.

[22]　GIRONDA J T, KORGAONKAR P K. Personalized advertising, invasiveness, and consumers' attitudes: A structured abstract[C]. Cham : Proceedings of Annual World Marketing Congress of the Academy-of-Marketing-Science, 2016: 165-169.

[23]　VAN REIJMERSDAL E A, TUTAJ K, BOERMAN S C. The effects of brand placement disclosures on scepticism and brand memory[J]. Communications: The European journal of communication research, 2013, 38（2）: 127-146.

[24]　LEE G，LEE W J. Psychological reactance to online recommendation services[J]. Information and management，2009，46（8）：448-452.

[25]　KING N J，JESSEN P W. Profiling the mobile customer：Is industry self-regulation adequate to protect consumer privacy when behavioural advertisers target mobile phones? —Part Ⅱ[J]. Computer law and security review，2010，26（6）：595-612.

[26]　HAM C D. Exploring how consumers cope with online behavioral advertising[J]. International journal of advertising，2017，36（4）：632-658.

[27]　WESTIN A F. Two key factors that belong in a macroergonomic analysis of electronic monitoring：Employee perceptions of fairness and the climate of organizational trust or distrust[J]. Applied ergonomics，1992，23（1）：35-42.

[28]　NOWAK G J，PHELPS J E. Understanding privacy concerns：An assessment of consumers' information-related knowledge and beliefs[J]. Journal of direct marketing，2010，6（4）：28-39.

[29]　BERTHON P R，PITT L F，PLANGGER K，et al. Marketing meets web 2.0，social media，and creative consumers：Implications for international marketing strategy[J]. Business horizons，2012，55（3）：261-271.

[30]　BAEK T H，MORIMOTO M. Stay away from me：Examining the determinants of consumer avoidance of personalized advertising[J]. Journal of advertising，2012，41（1）：59-76.

[31]　BREHM S S，BREHM J W. Psychological reactance：A theory of freedom and control[M]. New York：Academic Press，1981.

[32]　QUICK B L，STEPHENSON M T. The reactance restoration scale（RRS）：A measure of direct and indirect restoration[J]. Communication research reports，2007，24（2）：131-138.

[33]　RAU P L P，LIAO Q Z，CHEN C L. Factors influencing mobile advertising avoidance[J]. International journal of mobile communications，2013，11（2）：123-139.

[34]　CAMPBELL C，MATTISON THOMPSON F，et al. Understanding why consumers don't skip pre-roll video ads[J]. Journal of advertising，2017，46（3）：411-423.

[35]　DUCOFFE R H. How consumers assess the value of advertising[J]. Journal of current issues and research in advertising，1995，17（1）：1-18.

[36]　PAVLOU P A，LIANG H，XUE Y. Understanding and mitigating uncertainty in online exchange relationships：A principal-agent perspective[J]. MIS quarterly，2007，31（1）：105-136.

[37]　SRINIVASAN S S，ANDERSON R，PONNAVOLU K. Customer loyalty in E-commerce：An exploration of its antecedents and consequences[J]. Journal of retailing，2002，78（1）：41-50.

[38]　HONG S M，FAEDDA S. Refinement of the hong psychological reactance scale[J]. Educational and psychological measurement，1996，56（1）：173-182.

[39]　BLEIER A，EISENBEISS M. The Importance of trust for personalized online advertising[J]. Journal of retailing，2015，91（3）：390-409.

[40]　DOLNICAR S，JORDAAN Y. A market-oriented approach to responsibly managing information privacy concerns in direct marketing[J]. Journal of advertising，2007，36（2）：123-149.

第10章　平台用户生成短视频广告对社交媒体中产品销量影响研究

10.1　平台用户生成短视频广告

随着互联网的快速发展，广告正在进入广告商和消费者可以相互进行实时交流的时代[1]。大多数广告支出集中在在线广告上。艾瑞咨询数据显示，2020 年中国在线广告市场规模达到 7666 亿元[2]。在不同类型的在线广告中，短视频广告和社交媒体广告增长最快[3]。

短视频广告是用户生成的广告，用户可以将他们想要的任何内容放在社交媒体平台上发布的视频中，广告只持续 10～15 秒。中国互联网网络信息中心（China Internet Network Information Center，CNNIC）《第 52 次〈中国互联网络发展状况统计报告〉》显示，截至 2023 年 6 月 30 日，中国视频短片用户数量已达到 10.26 亿人，占中国网民总数的 95.2%[4]。短视频用户可能是短视频广告生成者，因为大多数广告生成者是消费者，所以这使短视频广告比其他形式的品牌广告更有说服力。抖音平台以其庞大且快速增长的用户群和移动 App，已成为年轻一代在中国进行在线社交时的首选平台。许多用户都会在移动 App 上分享自己的短视频，为不同的产品或日常生活做广告。当用户观看这些短视频广告时，他们可以点击淘宝电子商务平台上的链接购买广告产品，也可以直接在短视频平台上购买广告。由此产生以下问题：当考虑广告属性和生成广告的人（如广告生成者类型）时，这些类型的短视频广告对产品销售有什么影响？

社交媒体平台为用户提供了强吸引力和高水平的社交能力[5, 6]。Cheek 和 Buss[7]将社交能力定义为一种与他人交往的倾向。短视频平台将社交媒体的社交能力扩展到最高水平，用户不仅可以通过移动 App 分享短视频，而且可以通过点赞、评论和与朋友分享他们喜欢的短视频来轻松地与其他用户交流。因此，研究短视频广告的社交性如何影响产品销售变得非常重要。

除了社交性，短视频广告的生动性也是一个非常重要的可供检验的属性。Steuer[8]将生动性定义为由其形式特征所定义的中介环境的表征丰富性，即环境向感官呈现信息的方式。广告的生动性反映了广告的丰富性，或消费者对广告丰富性刺激的反应[9]。对于基于网络的广告，之前关于广告中生动内容元素的影响的研究发现了相互矛盾的结果[10]。就所有广告而言，一些研究表明广告中生动内容元素有正向影响效果[11]，有些研究表明广告中生动内容元素没有效果[12]，还有一些研究则发现了广告中生动内容元素的负向影响效果[13]。视频广告的生动性高于图片广告和文本广告[14]。相对于其他类型的媒体广告，短视频广告作为一种视频广告具有更高的生动性。然而，不同的短视频广告的生动性可能在感官刺激方面有所不同。因此，短视频广告的生动性对产品销售的影响有待进一步研究。

Vaiciukynaite 等[15]研究了信息的特征（即生动、互动和情感），这些特征通过点赞、评论和分享来促进消费者的社交行为。Roggeveen 等[16]研究了生动性对消费者行为的影响。目前学者很少关注短视频广告，甚至没有从社交性和生动性的角度提及社交媒体用户生成的短视频广告，尤其缺乏关于广告生成者类型的作用的研究。因此，本章提出广告社交性属性和广告生动性属性对不同短视频广告中产品销售影响的理论框架，并针对短视频广告生成者的不同类型展开实证分析，回答短视频广告对产品销售的不同影响是否会因广告生成者的不同而产生调节作用的问题。因此，本章对数字和社交媒体广告领域的研究贡献如下：①研究用户通过社交媒体 App 平台生成的短视频广告如何影响产品销售；②测量短视频广告的社交性属性和生动性属性；③研究广告生成者（包括在线影响者、卖家和买家）的调节作用。

10.2　短视频广告与销售

人们普遍认为，广告对产品销售有正向影响。Gelper 等[17]研究了电影的社交媒体广告，并得出了在线评估由消费者自动生成的结论。Pauwels 等[18]认为与社交媒体广告相关的 eWOM 可以改善产品销售。因为用户生成的短视频广告不仅发布在专门的短视频平台上，而且由用户自愿发布，所以当移动互联网用户在一个平台上分享其生成的短视频广告并与他人进行社交活动时，产品销售应该会增加。由此看来，用户生成的短视频广告作为一种新的媒体广告会对产品销售产生正向影响。

社会交换理论是管理学、社会学和社会心理学等领域应用最广泛和最突出的概念视角之一[19]。社会交换理论又称社会互动理论，可以为社会媒体广告的社会化特征提供基本的解释。社会交换是指至少双方之间的有形或无形回报的交换，以及更有价值或成本更低的活动[20]。Stets 等[21]提出了与社会交换理论相关的成功、刺激、价值、剥夺满意度和期望回报五项原则。所有的社会交换理论都将社会生活视为涉及两个或两个以上团体之间的一系列连续交易[22]。

当消费者收到广告商或朋友通过他们的社交媒体 App 发送的在线广告时，他们可能选择点赞、评论或分享广告。社会交换理论将这种类型的行为作为启动行为，如提供支持[23]，他们的社交媒体朋友也会点赞、评论或分享同一则广告。基于成功与价值原则，消费者的行为带来积极结果和一定的价值，这意味着消费者的社会化行为导致他们的朋友做出反应，社会化应该鼓励消费者因广告而更多地与朋友互动。这些行为相互反应，可能将交换关系转换为一个高质量的社会交换关系[19]，这属于社交的范畴[7]，因为社交倾向于与他人交往。因此，消费者通过社交媒体发起广告的社会化行为可以定义为广告社交性，应包括消费者的评论行为、评价行为和分享行为。因此，当消费者通过 App 进行社交活动时，社交媒体广告的性能将会更高。消费者社会化交互越多，更多的人了解广告产品的可能性就越高，这最终可能导致广告产品的高销量。因此，本章提出以下假设。

H10-1：用户生成的短视频广告的社交性属性对产品销售有正向影响。

用户在短视频平台上生成的短视频广告的最大优点之一是用户能够更方便地进行交流等社交活动，因为短视频通常持续 10~15 秒。Na 等[24]将用户社会化行为分为主动行为和被动行为，其中，主动行为意味着互联网用户评论、点赞和分享其他用户生成的内容，以进行社交活动。Huang 等[25]指出当双方参与社交活动时，他们至少会获得更高价值或更低成本的活动的奖励。许多研究者将社会交换理论应用于不同的实证分析中。Lash 和 Zhao[26]透露评论数量对电影的票房收入有显著的正向影响。Zhang 和 Yang[27]展示了电影评论对电影销售的显著影响。Li 等[28]认为评论数量对产品销售有显著的正向影响。

根据社会交换理论，社交媒体平台上的社会交换过程始于启动行为，如提供支持[23]。大多数用户的社交行为基于他们喜欢这些内容，这是一种表达支持的形式。这些行为可以被视为互惠反应，在对积极启动行为的反应中，目标将倾向于进行更积极的互惠反应[19]。当用户认为一个在社交媒体平台上发布的短视频广告很有趣或很重要时，用户可以选择多种方式表达他们的社会认可，例如，通过点赞、评论或分享来进行积极参与。因此，作为用户生成的短视频广告的社交性属性的一个维度，假设评论数量对产品销售有正向影响。因此，本章提出以下假设。

H10-1a：社交媒体平台上用户生成的短视频广告的评论数量对产品销售有正向影响。

Chang 等[29]认为社交媒体营销是一种强大的营销工具，特别是当其用来点赞、评论和分享信息时，将加强广告的传播效果。Souiden 等[30]认为社交能力对广告有效性的影响并不会单独发生，它可能是人物和情境的功能。Syn 和 Oh[31]研究了推特用户的分享行为，并认为当用户在互联网上进行社交活动时，分享会成为一种本能行为。Kabadayi 和 Price[32]指出用户的在线社交行为将允许用户表达自己的感受。因此，点赞、评论和分享信息的行为将允许手机用户在不同的平台上向朋友公开他们对短视频广告的感受。这意味着购买广告产品的消费者可能增加。因此，基于社会交换理论，假设作为短视频广告社交属性的两个重要维度，点赞数量和分享数量对产品销售有正向影响。因此，本章提出以下假设。

　　H10-1b：社交媒体平台上用户生成的短视频广告的点赞数量对产品销售有正向影响。

　　H10-1c：社交媒体平台上用户生成的短视频广告的分享数量对产品销售有正向影响。

　　广告的生动性反映了广告的丰富性，或消费者对广告丰富性刺激的反应[33]。Weinberger 等[34]将广告生动性定义为消费者对品牌广告反应的感官刺激水平。广告的生动性反映了它的丰富性。Mufti 等[35]认为生动性是广告的属性之一，可以定义为通过广告提供的信息刺激消费者的程度。此外，传统的感官刺激理论的基本前提是当感官受到刺激时有效的学习就会发生[36]。Laird 等[36]指出成年人所拥有的大部分知识（75%）是通过视觉获得的，通过听觉获得的知识约占 13%，而通过触觉、嗅觉和味觉等其他感官获得的知识约占 12%，当多种感官被刺激时，一种学习体验可以被有效地增强。

　　文本、图片和视频广告代表了不同层次的内容丰富程度[33]。视频广告的生动性高于图片广告，也高于文字广告。此外，生动性越高，消费者点击广告的意愿就越高。Namin 等[37]认为生动性更高的横幅广告可以有效地提高用户的点击率和广告的点击意图。Vaiciukynaite 等[15]研究了 Facebook 的广告生动性，认为不同程度的广告生动性对消费者行为有不同的影响，假设生动性越高，消费者点击广告的意愿就越高，这可能带来更多的产品销售。因此，本章提出以下假设。

　　H10-2：社交媒体平台上的用户生成的短视频广告更加生动，预计将带来更多的产品销售。

　　Liu 等[38]认为不同程度的广告生动性对消费者有不同的刺激。广度和深度是生动性的两个维度，广度是感官维度、线索和所呈现的感官（颜色、图形等）的数量，深度是由 Steuer[8]定义的内容展示的质量。基于传统的感官刺激理论，当短视频广告中存在音乐时，短视频广告产生了听觉等更多的感官维度，增加了短视频广告的生动性，这被定义为生动的广告内容元素。Coyle 和 Thorson[39]在只包含文本和图片的网站上添加了音频和动画，以调节生动性。这说明含有音乐的短视频广告具有更高的广告生动性。当用户在短视频广告中添加音乐时，广告信息可以通过短视频动画和音乐来刺激消费者，即广告通过多种感官更深刻、更生动地刺激消费者。根据感官刺激理论，在刺激视觉和听觉的情况下，与音乐相结合的短视频广告可以增加消费者购买广告产品的可能性，这可能导致产品销售的增加。因此，本章提出以下假设。

　　H10-2a：用户生成的短视频广告的音乐生动性对产品销售有正向影响。

　　当用户发布一个短视频广告时，他可以选择确定短视频广告的生动性，除了选择短视频广告是否包含音乐，短视频广告出版商也可以选择是否有人物在视频中参与内容交互以调节生动性的广度，这样用户生成的短视频广告有不同程度的广告内容生动性和不同的内容元素。在用户生成的短视频内容方面，视频中不仅显示产品，而且大部分时间会出现不同的人物。基于感官刺激理论[36]，当只有一个女性、只有一个男性、一个女性和一个男性或儿童出现在用户生成的短视频广告时，与没有人物出现在短视频广告中相比，前者应该有更高水平的广告内容生动性，会积极地影响人们对网站的态度[40]。高度生动的内容可以引起一种兴奋的感觉[41]。然而，不同的短视频广告可能代表不同的内容丰富程度，这可能以好或坏的方式刺激不同的消费者群体，假设在短视频广告中描述的不同的内容生动性对产品销售有不同的影响。因此，本章提出以下假设。

H10-2b：用户生成的短视频广告的内容生动性与不同的内容元素对产品销售有不同的影响。

社会交换理论最初用于研究表演者和观众之间的关系[42]。具体来说，与名人有社交互动的粉丝表达了他们想要拥有与名人拥有的东西类似的愿望[43]。在某些方面，这可能类似社交媒体平台用户和网络名人之间的关系。Hughes 等[44]认为社交媒体平台用户可以通过订阅他们的博客，并关注他们在社交媒体平台上的帖子，与博客建立关系。多个粉丝可以形成一个在线社区，在线社区中的成员和博主可以分享相似的兴趣。

网络名人和社交媒体平台用户之间的关系并不是单向的。因为用户可以添加评论来参与内容讨论，所以内容生成器可以回复与内容相关的消息和评论。然而，网络名人实际上无法回应他们所有粉丝的请求，也无法完全参与真正的讨论。因此，与传统名人相似，双向关系和网络名人与其粉丝之间的友谊比实际情况更虚幻[43,45]。

某些用户可以是个人故事、想法、评论、观点、感受、情感等在线内容的积极创造者。这是为给定的观众准备的[46]。博客作者可以成为意见领袖，他们的帖子可以影响品牌和产品，并影响潜在消费者[47]。因此，这些网络名人称为在线影响者[48,49]。如今，明星或网络上有影响力的人可以在社交媒体平台上拥有大量的粉丝，营销力量比以前更大。

Shareef 等[50]认为当名人拥有专业知识时，他们的观点将更容易被消费者接受。Kim 等[51]将名人分为电影明星和专业人士。Phua 等[52]使用记忆网络模型来解释名人效应。当名人的形象与他们所宣传的产品相似时，名人效应将会显著[53,54]。然而，并非所有的名人效应都是积极的。研究者一致认为，名人效应通过消费者的专业知识、可信度和吸引力来影响消费者，当一个名人没有高水平的专业知识或不符合产品形象时，名人效应可能是消极的。在短视频平台上，网络名人拥有大量的粉丝，网络名人的影响力也高于大多数普通用户，这可能促进产品销售。因此，本章提出以下假设。

H10-3：由在线影响者制作的短视频广告分别正向调节广告社交性属性、广告生动性属性和产品销售之间的关系。

10.3　短视频广告生成者的影响

从众效应是一种现象，即当某种信仰、思想、时尚和趋势被更多人接受时，它们的接受速度就会增加[55]。也就是说，一种产品或现象的日益流行鼓励了更多的人"加入潮流"。Shaikh 等[56]证明了消费者需求受到从众效应的影响，即当消费者观察到其他消费者购买相同的产品时，消费者对产品的需求将会增加。

短视频平台的用户都是普通人，每个人都可以是短视频提供商，每个人都可能出人意料地成为互联网的在线影响者。因此，用户基本上可以把他们想要的任何内容放在短视频广告上。然而，有些用户实际上是在线产品卖家（简称卖家），有些用户则是在线产品买家（简称买家）。

一方面，卖家的主要目的是将短视频广告投放在互联网上，以销售他们的产品。短视频平台以低成本的促销渠道为他们的商品打广告，因此他们生成的大多数短视频广告是同质的，这意味着短视频广告的内容和短视频广告的呈现方式非常相似。此外，卖家还将在该平台上尽可能多地分享他们生成的短视频广告。然而，当用户观看许多这些同质的短视频广告时，用户接收的广告信息将受到限制。因此，根据内容信息的有效性，卖家生成的短视频广告可能产生负向或正向影响。

另一方面，基于从众效应，买家在短视频平台上分享短视频广告与卖家分享短视频广告是存在显著差异的。对于买家类型的用户，短视频平台是他们分享日常生活的地方。当买家类型的用户在他们的短视频中展示他们喜欢的产品或他们使用的产品时，由于口碑的影响，其生成的短视频广告比在同一平台上卖家生成的短视频广告更有说服力。然而，如果买家在该平台上留下糟糕的评论或发布糟糕的短视频，买家生成的短视频广告也可能产生负向影响。因此，本章提出以下假设。

H10-4：卖家生成的短视频广告负向或正向地缓和了广告社交性属性、广告生动性属性和产品销售之间的关系。

H10-5：买家生成的短视频广告正向或负向地缓和了广告社交性属性、广告生动性属性和产品销售之间的关系。

10.4　研究模型构建与分析

1. 研究数据

短视频分享 App 目前在社交媒体中非常流行。抖音于 2016 年 9 月上线，国际版抖音（即 TikTok）于 2017 年 5 月上线。在所有手机 App 中，抖音下载量一直排名前三。目前，抖音是中国排名第一的短视频分享 App。此外，用户还可以通过淘宝电子商务平台购买相同的抖音短视频广告产品。因此，本章选择抖音作为短视频广告平台，选择淘宝电子商务平台研究广告的产品销售情况，研究在抖音平台上发布的短视频广告对淘宝电子商务平台产品销售的影响。

抖音平台的大多数用户很年轻，年龄为 20～35 岁。抖音平台的大多数广告产品是比较常见的，价格也比较低，但都是定制类型的产品。抖音 2018 年的研究报告显示，有创意的小礼物、每日小运气的象征、萌娃旅行物品等短视频内容的良好生活类别的记录是抖音平台上最受欢迎的产品。因此，选择一个创造性的节日礼物作为研究对象是非常有代表性的。数据收集期为 2018 年 12 月 16 日～2019 年 1 月 11 日，包括圣诞节和新年，每天收集一次数据。由于 1 月 8 日没有播放短视频广告，最终收集的数据只包含 26 天的数据。从淘宝电子商务平台收集产品销量和产品价格数据，从抖音平台收集产品相关短视频广告数据。

首先，以"抖音礼品"作为关键词，在淘宝电子商务平台上搜索所有抖音短视频广告产品。所有搜索结果的抖音礼品类型的产品按照淘宝电子商务平台的销量由高到低进行排名，只有排名前 10 的产品交易量比较高。因此，本章选择前 10 种产品，每天从淘宝电子商务平台上收集一次这 10 种产品的销量、价格和名称。

其次，从抖音平台收集有关这 10 种产品的短视频广告的数据，这些产品的销售数据已从淘宝电子商务平台收集。以这 10 种产品的名称作为关键词，分别在抖音平台上搜索所有与这些产品相关的短视频广告。因此，本章对所有与这 10 种产品相关的短视频广告进行搜索和定位，并在数据收集期间每天收集一次短视频广告数据。抖音短视频广告数据包括点赞数量、评论数量和分享数量，以及女性、男性、男女、儿童或音乐是否出现在短视频广告中。一些短视频广告中只显示广告产品，一些短视频广告中有人物，还有一些短视频广告中播放音乐，因此，一旦每天确定了所有与 10 种产品相关的短视频广告，我们就会在同一天观看所有的短视频广告，对每个短视频广告进行编码（是否出现女性、男性、男女、儿童或音乐），并对每种产品的短视频广告数量进行加总。

此外，为了确定短视频广告生成者是在线影响者、卖家还是买家，本章还收集每个短视频广告生成者的粉丝数量，每天检查所有的目标短视频广告，并收集关于广告生成者的信息（包括他们的平台标签和他们发布的视频类型）。如果广告生成者的平台标签是"开放盒子博客"或"评估专家"类，且拥有超过 50 万个粉丝，则将广告生成者编码为在线影响者；如果广告生成者的主页显示了几乎所有产品，且发布的大部分短视频广告试图销售他们的主页产品，则将广告生成者编码为卖家；如果广告生成者在该平台上发布的大部分视频与展示他们的日常生活有关，则将广告生成者编码为买家。本章共收集所有 10 种产品的 16337 个短视频广告数据，然后将 16337 个短视频广告数据聚合为 260 个（26 天的 10 种产品）产品级数据，其中每种产品每天聚合不同数量的短视频广告。

2. 测量与模型

根据概念框架和所提出的相关假设，本章采用动态面板模型对这些假设进行实证检验。

$$
\begin{aligned}
\ln \text{Sales}_{it} = {} & \alpha_0 + \sum_{j=1}^{3} \alpha_j \text{sociability}_{i(t-1)} + \sum_{k=1}^{5} \beta_k \text{vividness}_{i(t-1)} \\
& + \sum_{g=1}^{3} \gamma_g \text{moderators}_{it} + \sum_{m=1}^{9} \delta_m \text{moderators}_{it} \times \text{sociability}_{i(t-1)} \\
& + \sum_{n=1}^{15} \theta_n \text{moderators}_{it} \times \text{vividness}_{i(t-1)} \\
& + \text{Individual fixed effects}_i + \text{Controls}_{it} + \varepsilon_{it}
\end{aligned}
$$

（10-1）

其中，$\ln \text{Sales}_{it}$ 为淘宝电子商务平台上第 t 天的第 i 种产品销量的对数，短视频广告用户可以通过点击抖音平台上的链接在淘宝电子商务平台购买产品；$\text{sociability}_{i(t-1)}$ 为第 i 种产品在第 t-1 天的短视频广告社交性属性；$\text{vividness}_{i(t-1)}$ 为第 i 种产品在第 t-1 天的短视频广告生动性属性；moderators_{it} 为第 i 种产品在第 t 天的短视频广告生成者，包括在线影响者、卖家和买家；Controls_{it} 为控制变量，具体包括第 i 种产品在第 t 天的价格和第 i 种产品在第 t 天的短视频广告生成者的粉丝数量。

因变量是对数形式的淘宝电子商务平台对每天选择的 10 种产品的销量。

自变量包括广告社交性和广告生动性。基于对 Facebook 的研究，Kabadayi 和 Price[32]表明社交媒体平台上用户的点赞行为可以表达他们的积极感受，他们的评论行为允许他们自由表达自己的观点和情绪，他们的分享行为允许其分享喜欢的内容。Dewan 等[57]研究了在线音乐社区的社会影响，结果表明消费者喜欢在自己的环境中使用社交互动，类似 Facebook 上的"喜欢"动作。此外，喜好意向可以作为社会互动因子，来解释广告中叙事人与感知品牌形象之间的关系[29]。Facebook 用户可以通过点赞或评论该品牌在其 Facebook 主页上发布的帖子来与该品牌的广告进行互动[58]。从某种意义上说，短视频广告是社交网络服务（social network services，SNS）中的一种在线广告，其特点是可以与消费者沟通。因此，针对特定产品的所有相关短视频广告都位于抖音平台上。本章收集所有短视频广告的点赞、评论和分享数量。通过将所有与该特定产品相关的短视频广告聚合到产品级别，所有短视频广告的点赞、评论和分享总数被用来衡量短视频广告的社交性。

对于广告的生动性，Steuer[59]认为音频、运动图像和视频的生动性较高，相比之下，文字的生动性较低。因为视频比图片更能刺激感官，所以过去在研究网站广告时通常将广告生动性定义为：只有文本为低生动性的广告[40]，图像或视频为更高生动性的广告[39, 60]。除了视觉，如果广告还能刺激听觉，广告生动性就会有所不同[39]。因此，在短视频广告生动性方面，假设只有产品的短视频广告描述为控制广告，短视频广告中如果出现女性、男性、男女、儿童、音乐等其他内容，将具有更高的生动性。因此，针对特定产品，使用与该产品相关的出现音乐、女性、男性、男女或儿童的短视频广告总数来衡量短视频广告的生动性。

调节变量包括在线影响者、卖家和买家，他们是抖音平台上的短视频广告生成者。对于每天选择的 10 种产品，由在线影响者、卖家和买家为特定产品生成的短视频广告的总数来分别衡量在线影响者、卖家和买家。关注者数量将影响整体效果，从而影响最终产品销售。因此，控制变量包括产品价格（lnprice）和主播粉丝数量（lnfans）。

在广告社交性的三个维度上，每种产品的所有短视频广告平均有 922477.5 个赞、14887.45 条评论和 29673.41 个分享。在广告生动性的五个维度上，每天平均有 49.965 个带音乐的短视频广告、17.958 个包含女性的短视频广告、7.865 个包含男性的短视频广告、0.246 个包含男女的短视频广告、1.077 个包含儿童的短视频广告。对于在线影响者、卖家和买家，也可以给出类似的解释。因此，销量、点赞数量、评论数量、分享数量、产品价格和主播粉丝数量在模型中都是对数形式的。

3. 研究结果分析

基本模型结果（表 10-1）表明，广告社交性（点赞数量、评论数量和分享数量）和广告生动性（出现女性、男性、男女、音乐或儿童）对产品销售产生直接影响。只有两个广告社交性维度（即点赞数量和评论数量）具有统计学意义并对产品销售产生正向影响。点赞数量和评论数量的弹性分别为 0.044 和 0.262。这意味着当所有用户生成的短视频广告的点赞总数或评论总数增加 1%时，预期的产品销量将分别增加 0.044%和 0.262%。分享数量对产品销售没有显著影响。因此，以上结果支持 H10-1、H10-1a 和 H10-1b。因为点赞数量和评论数量对产品销售都有显著的正向影响，为了增加产品销售，营销人员可以鼓励移动互联网用户写更多的评论，并通过采取激励措施等营销策略给予更多的点赞。

广告生动性的不同维度对产品销售的影响研究结果表明，短视频广告中包含儿童对产品销售有显著的负向影响。然而，用户生成的短视频广告中包含女性或男女对产品销售有统计上显著的正向影响。当短视频平台上带有音乐的短视频广告总数增加 1%时，预期的产品销量将增加 2.137%，这支持 H10-2a。当短视频平台上女性或男女出现的短视频广告总数增加 1%时，预期的产品销量将分别增加 0.014%和 0.163%。这支持 H10-2 和 H10-2b。有趣的是，男性效应是微不足道的，

表 10-1　模型回归结果

变量	基础模型	模型 1	模型 2	模型 3	模型 4	模型 5	模型 6	模型 7	模型 8	模型 9
主效应										
$lnlike_{i(t-1)}$ 点赞数量	0.044* (0.102)	0.264 (0.170)	0.064 (0.091)	0.113 (0.096)	0.046 (0.093)	0.031 (0.093)	0.050 (0.094)	0.066 (0.098)	0.043 (0.097)	0.024 (0.101)
$lncomment_{i(t-1)}$ 评论数量	0.262*** (0.166)	0.700*** (0.195)	0.660*** (0.157)	0.659*** (0.175)	0.219 (0.152)	0.631*** (0.160)	0.69*** (0.171)	0.56*** (0.175)	0.482** (0.163)	0.336** (0.167)
$lnshare_{it}$ 分享数量	-0.035 (0.203)	-0.488* (0.226)	-0.306* (0.184)	-0.448** (0.193)	0.084 (0.185)	-0.286 (0.189)	-0.400** (0.195)	-0.261 (0.203)	-0.246 (0.196)	-0.105 (0.203)
$music_{it}$ 音乐	2.137*** (0.552)	2.055*** (0.573)	0.996* (0.526)	0.693 (0.543)	2.689*** (0.500)	0.791*** (0.532)	1.111* (0.551)	2.90*** (0.563)	2.556*** (0.529)	2.391*** (0.557)
$female_{it}$ 女性	0.014* (0.008)	0.016 (0.010)	0.026*** (0.007)	0.019* (0.008)	0.022* (0.008)	0.024*** (0.008)	0.043*** (0.011)	0.017* (0.007)	0.020** (0.007)	0.015** (0.008)
$male_{it}$ 男性	-0.014 (0.009)	-0.027** (0.010)	-0.007 (0.008)	-0.013 (0.008)	-0.059*** (0.014)	-0.007 (0.009)	-0.014 (0.013)	-0.015* (0.009)	-0.010 (0.008)	-0.013 (0.009)
$couple_{it}$ 男女	0.163* (0.070)	0.116* (0.069)	0.275*** (0.065)	0.295*** (0.067)	-2.780*** (0.477)	0.926*** (0.291)	0.070 (0.127)	0.179** (0.068)	0.193** (0.067)	0.175** (0.070)
$children_{it}$ 儿童	-0.020 (0.019)	0.023 (0.021)	-0.063*** (0.018)	0.050** (0.021)	-0.037* (0.022)	0.038 (0.049)	-0.105 (0.077)	-0.010 (0.019)	-0.084*** (0.022)	-0.104** (0.041)
调节效应										
$seller_{it}$ 卖家		0.002 (0.034)			-0.016* (0.008)			0.070*** (0.018)		
$influencer_{it}$ 在线影响者			0.611*** (0.095)			0.104*** (0.028)			0.186*** (0.032)	
$buyer_{it}$ 买家				0.122*** (0.024)			0.007 (0.007)			0.010 (0.014)

续表

变量	基础模型	模型 1	模型 2	模型 3	模型 4	模型 5	模型 6	模型 7	模型 8	模型 9
$seller_{it} \times lnlike_{i(t-1)}$ 卖家×点赞数量		-0.004 (0.003)								
$seller_{it} \times lncomment_{i(t-1)}$ 卖家×评论数量		-0.006** (0.003)								
$seller_{it} \times lnshare_{i(t-1)}$ 卖家×分享数量		0.012*** (0.003)								
$influencer_{it} \times lnlike_{i(t-1)}$ 在线影响者×点赞数量			-0.017 (0.024)							
$influencer_{it} \times lncomment_{i(t-1)}$ 在线影响者×评论数量			0.009** (0.025)							
$influencer_{it} \times lnshare_{i(t-1)}$ 在线影响者×分享数量			-0.030 (0.015)							
$buyer_{it} \times lnlike_{i(t-1)}$ 买家×点赞数量				0.002 (0.005)						
$buyer_{it} \times lncomment_{i(t-1)}$ 买家×评论数量				-0.010*** (0.004)						
$buyer_{it} \times lnshare_{i(t-1)}$ 买家×分享数量				-0.007 (0.005)						
$seller_{it} \times female_{it}$ 卖家×女性					-0.0003*** (0.0002)					
$seller_{it} \times male_{it}$ 卖家×男性					0.0004*** (0.0001)					
$seller_{it} \times couple_{it}$ 卖家×男女					0.142*** (0.022)					

续表

变量	基础模型	模型 1	模型 2	模型 3	模型 4	模型 5	模型 6	模型 7	模型 8	模型 9
seller$_{it}$ × children$_{it}$ 卖家 × 儿童					0.005** (0.002)					
influencer$_{it}$ × female$_{it}$ 在线影响者 × 女性						0.0003* (0.002)				
influencer$_{it}$ × male$_{it}$ 在线影响者 × 男性						0.001 (0.003)				
influencer$_{it}$ × couple$_{it}$ 在线影响者 × 男女						−0.240** (0.098)				
influencer$_{it}$ × children$_{it}$ 在线影响者 × 儿童						−0.020*** (0.007)				
buyer$_{it}$ × female$_{it}$ 买家 × 女性							−0.001*** (0.0002)			
buyer$_{it}$ × male$_{it}$ 买家 × 男性							−0.0001 (0.0004)			
buyer$_{it}$ × couple$_{it}$ 买家 × 男女							0.013** (0.008)			
buyer$_{it}$ × children$_{it}$ 买家 × 儿童							0.002*** (0.0008)			
seller$_{it}$ × music$_{it}$ 卖家 × 音乐								0.089*** (0.022)		
influencer$_{it}$ × music$_{it}$ 在线影响者 × 音乐									−0.217*** (0.043)	
buyer$_{it}$ × music$_{it}$ 买家 × 音乐										−0.032** (0.014)

续表

变量	基础模型	模型 1	模型 2	模型 3	模型 4	模型 5	模型 6	模型 7	模型 8	模型 9
lnprice$_{it}$ 产品价格	-0.092 (0.121)	0.115 (0.116)	-0.086 (0.119)	-0.098 (0.117)	-0.074 (0.111)	-0.156* (0.115)	-0.089 (0.115)	0.148 (0.118)	-0.014 (0.117)	0.046 (0.122)
lnfans$_{it}$ 主播粉丝数量	0.225*** (0.052)	0.262*** (0.052)	0.228*** (0.047)	0.212*** (0.047)	0.164*** (0.051)	0.278*** (0.048)	0.208*** (0.051)	0.247*** (0.051)	0.241*** (0.050)	0.246*** (0.053)
常量	4.039*** (1.383)	-0.260 (1.618)	4.848*** (1.240)	5.615*** (1.267)	5.478*** (1.731)	4.812*** (1.243)	5.582*** (1.302)	3.592*** (1.337)	3.964*** (1.309)	3.936*** (1.369)
控制变量	已控制									
个体固定效应										
Prob>F	0.000	0.000	0.000	0.000	0.000	0.000	0.000	0.000	0.000	0.000
R^2	0.963	0.967	0.972	0.971	0.972	0.972	0.970	0.967	0.968	0.965

注: 括号中为标准误

*$p<0.1$

**$p<0.05$

***$p<0.01$

这可能是因为短视频广告或被研究产品的受众更多的是女性。抖音平台的主体用户是 20～35 岁的年轻人，被研究产品是礼品类型产品，男性和女性可能都有兴趣购买它们作为礼物，短视频广告的内容生动性对产品销售有正向影响。因此，短视频分享用户最好把音乐放在视频中，不要使用儿童，而是在视频中使用更多的女性或男女来增加产品销售。

在线影响者对短视频广告社交性与产品销售之间关系的调节作用结果证明，在广告社交性的点赞数量、评论数量和分享数量这三个方面，在线影响者只显著地调节了一种产品的所有短视频广告的评论数量与产品销售之间的关系。在线影响者对短视频广告生动性与产品销售之间关系的调节作用结果表明，对于一种产品，大多数在线影响者产生的短视频广告在统计上显著，并负向调节产品销售和有男女、儿童或音乐出现的短视频广告生动性之间的关系，正向调节产品销售和有女性出现的短视频广告生动性之间的关系。这些发现表明，抖音平台的在线影响者可能需要更多关于该产品的专业知识，以说服用户购买他们所宣传的产品。与此同时，最好在视频中加入音乐或女性角色。这些结果部分支持 H10-3。

卖家对短视频广告社交性与产品销售之间关系的调节作用结果与基本模型的结果相比，部分支持 H10-4。当卖家制作短视频广告时，一种产品的所有短视频广告的评论数量每增加 1%，产品销量将显著减少 0.006%。然而，如果一种产品的所有短视频广告的分享数量每增加 1%，产品销量将显著增加 0.012%，这可能是因为共享带来了更多的用户交互。

卖家对短视频广告生动性与产品销售之间关系的调节作用结果与基本模型的结果相比，部分支持 H10-4。卖家正向调节了广告生动性和产品销售之间的关系，包括短视频广告中使用音乐和男性、男女或儿童。然而，卖家负向调节了有女性出现的短视频广告生动性与产品销售之间的关系，这可能是因为抖音平台的大多数用户是女性。

当卖家发布自己生成的短视频广告时，为了增加广告社交性对产品销售的正向影响，最好通过向消费者提供一些激励措施来说服消费者分享他们的短视频广告。如果卖家发布他们的音乐短视频或者视频中出现男性、儿童或男女角色，产品销售也会增加。

买家对短视频广告社交性与产品销售之间关系的调节作用结果表明，在所有与产品相关的短视频广告的评论数量和产品销售之间存在统计上显著的负向调节效应，但对短视频广告的点赞数量、分享数量和产品销售之间的影响不显著。买家对短视频广告生动性与产品销售之间关系的调节作用结果表明，买家负向调节了包含女性或音乐的短视频广告和产品销售之间的关系，正向调节了包含男女或儿童的短视频广告和产品销售之间的关系。这些结果部分支持 H10-5。

10.5　研究发现及营销管理建议

短视频平台确实非常受欢迎。基于社会交换理论、感官刺激理论和从众效应，学者定义了短视频广告的社交性属性和生动性属性。本章提出了广告的社交性可以通过点赞数量、评论数量和分享数量来衡量。这扩展了使用"喜欢"[57]的社会影响研究，还使用了评论和分享。广告的生动性是通过视频中的音乐和视频中出现的人物来衡量的。与之前只提到更高水平的视频广告内容生动性[39,60]的研究相比，本章提出了社交媒体短视频广告内容生动性水平的详细测量。本章提出了一个概念框架，将产品销售与广告社交性、生动性和短视频广告生成者（包括在线影响者、卖家和买家）联系起来。数据均通过抖音平台和淘宝电子商务平台进行采集，通过面板模型得到实证结果。

在短视频广告社交性方面，与点赞数量和分享数量相比，评论数量在统计上对产品销售有显著的正向影响。这与短视频非品牌广告与 Facebook 用户通过广告帖子的评论与品牌广告的互动结果是一致的[58]。这表明增加评论数量是显著增加产品销售的最佳方式。卖家发表的评论起到负向调节作用，而在线影响者发表的评论起到正向调节作用。这个结果与 de Veirman 和 Hudders[61]一致，没有披露赞助的广告将对在线影响者的可信度产生正向影响，在线影响者可以发布真实的产品推荐来获得更好的广告效果。因此，随着大量的网络名人和用户发布短视频广告，在广告社交性方面，最有效的策略是让网络名人尽可能多地对短视频广告进行评论，一种方法是允许更多的刺激来增加短视频广告内容的生动性，另一种方法是利用激励措施，鼓励用户和网络名人对短视频广告发表更多评论。

在短视频广告生动性方面，音乐生动性对产品销售有显著的正向影响。在短视频广告中，女性或男女的内容生动性对产品销售也有正向影响。这表明与用户生成的无音乐、无人物的短视频广告相比，有音乐、女性或男女的短视频广告将更有效地增加产品销售。然而，调节效应表明买家发布的短视频广告能调节这些积极效果。因此，就生动性而言，增加产品销售或增加广告效果的最佳策略是让买家（作为用户）尽可能多地发布短视频广告，并在视频中加入音乐、女性或男女元素。本章首次提出在短视频广告中使用音乐和不同类型的人物来衡量广告的生动性，结果表明，音乐和女性是用户喜欢的最佳内容。

对于用户发布的短视频广告，广告内容的生动性比其社交性更重要；对于卖家发布的短视频广告，增加对内容的评论数量非常重要；对于在线影响者发布的短视频广告，如果在线影响者有专业知识，社交性就会变得非常重要。Schouten 等[62]提出与传统名人相比，社交媒体广告领域的影响力者可以增加更多价值，识别更多感觉更相似、更信任社交媒体影响力者的潜在用户。因此，本章不仅填补了分析用户生成的短视频广告对产品销售影响的研究空白，特别地，从广告社交性和生动性属性的角度考虑了短视频广告生成者的不同调节作用，而且为影响者营销提供了一些独特的启示。

然而，本章的局限性包括广告产品的类型及短视频广告平台与电子商务平台之间的联系。首先，选择的产品是节日礼物，它们更像是手工艺品，而不是品牌产品，可以进一步研究品牌短视频广告对品牌产品短视频平台的影响。其次，为评论收集的数据是评论数量，如果收集 eWOM 更详细的评论信息，可以做进一步的情绪分析来研究积极的评论是否有更积极的影响。最后，实证部分仅基于抖音平台，广告数据收集期仅为该平台 1 个月内的广告，销售数据收集通过淘宝电子商务平台作为数量代理，可以进一步研究更具体的具有专业知识的影响者发布的广告或用户发布的广告的影响，或比较不同的平台、相同平台中不同的文化背景下的产品销量。

参 考 文 献

[1] VOORVELD H A M，VAN NOORT G，MUNTINGA D G，et al. Engagement with social media and social media advertising：The differentiating role of platform type[J]. Journal of advertising，2018，47（1）：38-54.

[2] 搜狐网. 艾瑞：2020 年中国网络广告市场规模达 7666 亿元 同比增长 18.6%[R/OL].（2021-09-17）[2024-02-22]. https://www.sohu.com/a/490468081_1001068011.

[3] GREWAL D，BART Y，SPANN M，et al. Mobile advertising：A framework and research agenda[J]. Journal of interactive marketing，2016，34：3-14.

[4] 中国互联网网络信息中心. 第 52 次《中国互联网络发展状况统计报告》[R/OL].（2023-08-28）[2024-02-22]. https://www.cnnic.cn/n4/2023/0828/c88-10829.html.

[5] SWANI K，MILNE G R，BROWN B P，et al. What messages to post？Evaluating the popularity of social media communications in business versus consumer markets[J]. Industrial marketing management，2017，62：77-87.

[6] WU C W. The performance impact of social media in the chain store industry[J]. Journal of business research，2016，69（11）：5310-5316.

[7] CHEEK J M，BUSS A H. Shyness and sociability[J]. Journal of personality and social psychology，1981，41（2）：330-339.

[8] STEUER J. Defining virtual reality dimensions determining telepresence[J]. Journal of communication，1992，42（4）：73-93.

[9] BELANCHE D，FLAVIÁN C，PÉREZ-RUEDA A. Understanding interactive online advertising：Congruence and product involvement in highly and lowly arousing，skippable video ads[J]. Journal of interactive marketing，2017，37：75-88.

[10] TAYLOR S E，THOMPSON S C. Stalking the elusive vividness effect[J]. Psychological review，1982，89（2）：155-181.

[11] FENNIS B M，DAS E，FRANSEN M L. Print advertising：Vivid content[J]. Journal of business research，2012，65（6）：861-864.

[12] SULLIVAN G L，MACKLIN C M. Vividness and unvividness effects in print advertising：An experimental

investigation[J]. Journal of management imagery, 1988, 12 (3-4): 133-144.

[13] KISIELIUS J, STERNTHAL B. Examining the vividness controversy: An availability-valence interpretation[J]. Journal of consumer research, 1986, 3 (2): 137-146.

[14] DARDIS F E, SCHMIERBACH M, SHERRICK B, et al. Adver-Where? Comparing the effectiveness of banner ads and video ads in online video games[J]. Journal of interactive advertising, 2016, 16 (2): 87-100.

[15] VAICIUKYNAITE E, MASSARA F, GATAUTIS R. An investigation on consumer sociability behaviour on Facebook[J]. Engineering economics, 2017, 28 (4): 467-474.

[16] ROGGEVEEN A L, GREWAL D, TOWNSEND C, et al. The impact of dynamic presentation format on consumer preferences for hedonic products and services[J]. Journal of marketing, 2015, 79 (6): 34-49.

[17] GELPER S, PERES R, ELIASHBERG J. Talk bursts: The role of spikes in prerelease word-of-mouth dynamics[J]. Journal of marketing research, 2018, 55 (6): 801-817.

[18] PAUWELS S, GHOSH M, DUCA R C, et al. Maternal intake of methyl-group donors affects DNA methylation of metabolic genes in infants[J]. Clinical epigenetics, 2017, 9 (1): 616-655.

[19] CROPANZANO R, ANTHONY E L, DANIELS S R, et al. Social exchange theory: A critical review with theoretical remedies[J]. Academy of management annals, 2017, 11 (1): 479-516.

[20] DUANE S, DOMEGAN C, MCHUGH P, et al. From restricted to complex exchange and beyond: Social marketing's change agenda[J]. Journal of marketing management, 2016, 32 (9-10): 856-876.

[21] STETS J E, SERPE R T, DELANATER J, et al. Handbook of social psychology[M]. New York: Springer, 2013.

[22] MITCHELL M S, CROPANZANO R S, QUISENBERRY D M. Social exchange theory, exchange resources and interpersonal relationships: A modest resolution of theoretical difficulties[M]. New York: Springer, 2012.

[23] RIGGLE R J, EDMONDSON D R, HANSEN J D. A meta analysis of the relationship between perceived organizational support and job outcomes: 20 years of research[J]. Journal of business research, 2009, 62 (10): 1027-1030.

[24] NA S, REYNOLDS D, SUN B. How to make your facebook posts attractive: A case study of a leading budget hotel Brand fan page[J]. International journal of contemporary hospitality management, 2015, 27 (8): 1772-1790.

[25] HUANG Y H, LEE J, MCFADDEN A C, et al. Beyond safety outcomes: An investigation of the impact of safety climate on job satisfaction, employee engagement and turnover using social exchange theory as the theoretical framework[J]. Applied ergonomics, 2016, 55: 248-257.

[26] LASH M T, ZHAO K. Early predictions of movie success: The who, what, and when of profitability[J]. Journal of management information systems, 2016, 33 (3): 874-903.

[27] ZHANG F X, YANG Y. The effect of internet word-of-mouth on experience product sales—An empirical study based on film online reviews[J]. International journal of business administration, 2016, 7 (2): 72-78.

[28] LI X L, WU C J, MAI F. The effect of online reviews on product sales: A joint sentiment-topic analysis[J]. Information and management, 2018, 56 (2): 172-184.

[29] CHANG Y T, YU H, LU H P. Persuasive messages, popularity cohesion, and message diffusion in social media marketing[J]. Journal of business research, 2015, 68 (4): 777-782.

[30] SOUIDEN N, CHTOUROU S, KORAI B. Consumer attitudes toward online advertising: The moderating role of personality[J]. Journal of promotion management, 2017, 23 (2): 207-227.

[31] SYN S Y, OH S. Why do social network site users share information on Facebook and Twitter? [J]. Journal of information science, 2015, 41 (5): 553-569.

[32] KABADAYI S, PRICE K. Consumer-brand engagement on Facebook: Liking and commenting behaviors[J].

Journal of research in interactive marketing, 2014, 8: 203-223.

[33]　LUARN P, LIN Y F, CHIU Y P. Influence of Facebook brand-page posts on online engagement[J]. Online information review, 2015, 39 (4): 505-519.

[34]　WEINBERGER M G, SWANI K, YOON H J, et al. Understanding responses to comedic advertising aggression: The role of vividness and gender identity[J]. International journal of advertising, 2017, 36 (4): 562-587.

[35]　MUFTI O, PARVAIZ G S, ULLAH U. Creating distinctiveness and vividness in ads using isolation effect: A case of cellular network providers[J]. Journal of managerial sciences, 2018, 12 (1): 99-110.

[36]　LAIRD D, HOLTON E F, NAQUIN S S. Approaches to training and development[M]. Reading: Addison-Wesley, 2003.

[37]　NAMIN A, HAMILTON M L, ROHM A J. Impact of message design on banner advertising involvement and effectiveness: An empirical investigation[J]. Journal of marketing communications, 2020, 26 (2): 115-129.

[38]　LIU Y A, JIANG Z J, CHAN H C. Touching products virtually: Facilitating consumer mental imagery with gesture control and visual presentation[J]. Journal of management information systems, 2019, 36 (3): 823-854.

[39]　COYLE J R, THORSON E. The effects of progressive levels of interactivity and vividness in web marketing sites[J]. Journal of advertising, 2001, 30 (3): 65-77.

[40]　DE VRIES L, GENSLER S, LEEFLANG P S H. Popularity of brand posts on brand fan pages: An investigation of the effects of social media marketing[J]. Journal of interactive marketing, 2012, 26 (2): 83-91.

[41]　HUTTER K, HOFFMANN S. Surprise, surprise. Ambient media as promotion tool for retailers[J]. Journal of retailing, 2014, 90 (1): 93-110.

[42]　KIM H, KO E, KIM J. SNS users' para-social relationships with celebrities: Social media effects on purchase intentions[J]. Journal of global scholars of marketing science, 2015, 25 (3): 279-294.

[43]　LEE J E, WATKINS B. YouTube vloggers' influence on consumer luxury brand perceptions and intentions[J]. Journal of business research, 2016, 69 (12): 5753-5760.

[44]　HUGHES C, SWAMINATHAN V, BROOKS G. Driving brand engagement through online social influencers: An empirical investigation of sponsored blogging campaigns[J]. Journal of marketing, 2019, 83 (5): 78-96.

[45]　LABRECQUE L I. Fostering consumer—Brand relationships in social media environments: The role of parasocial interaction[J]. Journal of interactive marketing, 2014, 28 (2): 134-148.

[46]　SOKOLOVA K, KEFI H. Instagram and YouTube bloggers promote it, why should I buy? How credibility and parasocial interaction influence purchase intentions[J]. Journal of retailing and consumer services, 2020, 53: 101742.

[47]　HARMELING C M, MOFFETT J W, ARNOLD M J, et al. Toward a theory of customer engagement marketing[J]. Journal of the academy of marketing science, 2017, 45 (3): 312-335.

[48]　SUSARLA A, OH J H, TAN Y. Influentials, imitables, or susceptibles? Virality and word-of-mouth conversations in online social networks[J]. Journal of management information systems, 2016, 33 (1): 139-170.

[49]　WOODCOCK J, JOHNSON M R. Live streamers on twitch. TV as social media influencers: Chances and challenges for strategic communication[J]. International journal of strategic communication, 2019, 13 (4): 321-335.

[50]　SHAREEF M A, MUKERJI B, DWIVEDI Y K, et al. Social media marketing: Comparative effect of advertisement sources[J]. Journal of retailing and consumer services, 2019, 46: 58-69.

[51]　KIM S, CHOE J Y, PETRICK J F. The effect of celebrity on brand awareness, perceived quality, brand image, brand loyalty, and destination attachment to a literary festival[J]. Journal of destination marketing and

management，2018，9：320-329.

[52]　PHUA J，LIN J S，LIM D J. Understanding consumer engagement with celebrity-endorsed e-Cigarette advertising on Instagram[J]. Computers in human behavior，2018，84：93-102.

[53]　WINTERICH K P，GANGWAR M，GREWAL R. When celebrities count：Power distance beliefs and celebrity endorsements[J]. Journal of marketing，2018，82（3）：70-86.

[54]　JIN S A，PHUA J. Following celebrities' tweets about brands：The impact of Twitter-based electronic word-of-mouth on consumers' source credibility perception，buying intention，and social identification with celebrities[J]. Journal of advertising，2014，43（2）：181-195.

[55]　RACZYNSKI S. Influence of the gregarious instinct and individuals' behavior patterns on macro migrations：Simulation experiments[J]. Journal of human behavior in the social environment，2018，28（2）：204-220.

[56]　SHAIKH S，MALIK A，AKRAM M S，et al. Do luxury brands successfully entice consumers？ The role of bandwagon effect[J]. International marketing review，2017，34（4）：498-513.

[57]　DEWAN S，HO Y J，RAMAPRASAD J. Popularity or proximity：Characterizing the nature of social influence in an online music community[J]. Information systems research，2017，28（1）：117-136.

[58]　ZHANG K P，BHATTACHARYYA S，RAM S. Large-scale network analysis for online social brand advertising[J]. MIS quarterly，2016，40（4）：849-868.

[59]　STEUER J. Vividness and source of evaluation as determinants of social responses toward mediated representations of agency[D]. Stanford：Stanford University，1994.

[60]　RAHMAN Z，SUBERAMANIAN K，ZANUDDIN H，et al. Social media engagement metrics analysis，study on fan page content[J]. Journal of telecommunication，electronic and computer engineering，2016，8（8）：71-76

[61]　DE VEIRMAN M，HUDDERS L. Disclosing sponsored Instagram posts：The role of material connection with the brand and message-sidedness when disclosing covert advertising[J]. International journal of advertising，2020，39（1）：94-130.

[62]　SCHOUTEN A P，JANSSEN L，VERSPAGET M. Celebrity vs. influencer endorsements in advertising：The role of identification，credibility，and product-Endorser fit[J]. International journal of advertising，2020，39（2）：258-281.

第11章 网络主播所在地与职业生命周期对社交媒体直播广告打赏收入影响研究

11.1 直播广告

根据《互联网直播服务管理规定》，网络直播（简称直播）是指基于互联网，以视频、音频、图文等形式向互联网使用者发布实时信息的活动[1]。直播具有内容不确定性、互动性等特点，逐渐成为人们在网上进行社交活动的重要渠道，随着行业的发展，越来越多的人成为网络主播（简称主播）。Johnson 和 Woodcock[2]指出多数人基于兴趣成为主播，把直播作为爱好或副业，但也有数量可观的一部分人将直播作为自己的主业，直播收入是其主要的经济来源。全职主播的收入主要由三部分组成：直播实时虚拟礼物收入（简称实时收入）、平台签约费和商务收入等[1, 3]。Zhang[3]指出实时收入是直播收入的重要组成部分，直播平台中大多数虚拟礼物被少数观众购买后送给小部分主播[4, 5]。已有少量研究对直播收入进行关注，例如，Wang 等[6]建立了主播与工会间的博弈模型，用以讨论工会主播的薪酬机制；Lanz 等[7]发现情境因素与观众个人特点会影响观众对虚拟礼物的购买意愿。目前关于主播收入（尤其是关于实时收入的影响因素）的研究很少。

直播发生地所在城市的经济水平、文化氛围及文化产业现状会对直播内容特性及内容质量产生一定影响。原产地效应起源于国际市场营销研究，认为消费者对品牌原产地的总体认知会影响其对该地相关产品和品牌的评价，进而影响其消费行为[8]。Schooler[9]于 1965 年研究发现来自经济发达国家的产品比来自其他国家的产品受欢迎，这一研究开启了营销学界对原产地效应的探索。1972 年，Tongberg[10]认为消费者对来自与本国相似国家的产品的评价更高。20 世纪 80 年代的研究则集中在对原产地效应存在性的验证[11-14]。《2019 快手直播生态报告》显示直播观众的虚拟礼物赠予行为存在地域偏好。直播原产地作为直播内容的产品原产地，是否会对直播观众的消费意愿产生影响，也是值得探讨的问题。

直播作为互联网社交最新形式，观众可以在直播间对直播内容点赞以表达对主播的支持与喜爱，可以通过评论与主播及直播间其他观众进行互动交流，平台设置的分享功能也能帮助观众与身边的朋友进行交流沟通，从而将直播的社交效果最大化。在此过程中，主播生命周期不同阶段实时收入影响因素的作用强度变化尚未得到探讨。20 世纪 50 年代，生命周期理论以企业生命周期的形式被引入经济学领域[15]。在关于生命周期划分标准的研究中，绝大多数学者沿用经典理论，使用不同的衡量指标，将企业生命周期划分为形成期、成长期、成熟期和衰退期四个阶段[16-20]。过往研究多是基于大中型企业进行的。近年来，我国学者逐渐将目光转向中小型企业。刘同新等[21]基于企业连续 3 年的季度用电量数据，利用带行业修正的增长率分类法将 212 家中小型企业的生命周期划分为成长期、成熟期和衰退期三个阶段。本章将主播类比为中小型企业，将企业生命周期理论拓展至个人层面，在直播行业中研究其不同生命周期阶段对实时收入影响因素的差异。

2020 年初，全球经济产生了重大变化，大量消费者将其线下社交及消费需求转至线上，直播行业发展迅速。同时，直播行业为各地区经济的恢复做出了巨大贡献。在此背景下，2020 年前后直播实时收入的影响机制是否相同也是值得讨论的问题。

11.2　主播所在地的影响

直播内容产品是指生产者通过对知识的学习及所在环境中的经济、文化氛围感知后输出的个人观点。个人观点输出的过程会受到周围经济、文化发展情况的较大影响，产出内容中或多或少带有一定的地域特色。实时收入是直播收入的重要组成部分，在直播情境下将主播看作企业，直播原产地即直播内容产品原产地，根据原产地效应中的作用机制-信号理论，观众可依据直播原产地这一信号来推断直播内容产品质量，并做出相应的虚拟礼物购买决策。因此，本章认为直播原产地会对实时收入产生直接影响。

我国东部地区文化产业及其细分行业的集聚水平要显著高于中西部地区，且文化产业集聚可以有效提升区域经济增长水平[22]。中国文化消费存在显著的地区差距，各地区居民人均文化消费量排序为东部地区＞中部地区＞西部地区，但中西部地区居民人均文化消费量也在逐年增长，且其城乡差距在逐年减小[23]。

在经济发达、文化行业繁荣地区的主播更易接触当下最热门的娱乐文化内容、更快获取最新技术并更易寻求企业资本支持。此类地区对将直播作为主业或副业的接受度更高，可给予主播更大的创作空间，使主播能及时跟进热点，生产优质内容，从而获取更高的直播收入。我国由于经济发展程度不同，不同地区主播所接触的信息媒介及信息量不同，以东部地区最多，中部地区次之，西部地区最少，因此他们的直播内容产品质量受到不同程度的影响。基于直播收入的可观性，本章创新性地将主播类比为中小型企业，对照原产地效应，直播原产地即直播内容产品原产地。因此，本章提出以下假设。

H11-1：直播原产地对实时收入有显著的正向影响。

H11-1a：相对西部经济欠发达地区，直播原产地位于东部地区的主播实时收入更高。

H11-1b：相对西部经济欠发达地区，直播原产地位于中部地区的主播实时收入更高。

直播中，观众可以与主播、其他观众及自己的朋友等多方人士发生社交互动行为。本章将直播中观众所产生的社会化行为定义为直播社交属性，包括观众的点赞行为、实时评论行为及转发行为。由于数据限制，本章仅使用点赞与实时评论代表直播社交属性。观众参与的社交行为越多，直播间的内容就越容易被观众的社交圈内的朋友看到，平台上就会有越多观众看到直播，就会有人更了解、更喜欢主播的直播内容，最终产生更多的实时收入，即直播社交属性可以通过对直播影响范围的扩大来提升实时收入。因此，本章提出如下假设。

H11-2：直播的社交属性正向调节直播原产地与实时收入之间的关系。

H11-2a：直播在线实时评论数量正向调节直播原产地与实时收入之间的关系。

H11-2b：直播内容所获点赞数量正向调节直播原产地与实时收入之间的关系。

11.3 主播生命周期的影响

本章沿用经典理论中对企业生命周期的划分方式，将主播看作中小型企业，根据其成长曲线对主播生命周期进行划分，分为形成期、成长期、成熟期和衰退期四个阶段[16-20]。在形成期，主播的粉丝基数较小、内容风格变动机会成本低，主播会投入大量的时间、精力及热情进行直播内容创作，进行大量尝试，不断成长。在成长期，主播对直播内容有了基础掌控后，会学习并进行一定的粉丝运营，如建立特权粉丝群、在直播间给粉丝发红包，促进直播数据的提升并增大粉丝黏性。在成熟期，主播与观众间的准社会互动关系高度发展，部分观众对主播产生高度认同，观众的赠送及互动行为也会趋于稳定。在衰退期，首先，其核心观众群体对高频且同质化的直播内容容易产生厌倦，导致直播页面留存率低；其次，基于观众已与主播所建立的亲密的准社会互动关系，观众更愿意在直播间吐露自己的负面情绪，会对直播内容的传播性产生负向影响；最后，直播间黑粉数量的增加会使直播的观感降低。以上原因均会对直播数据及直播社交性、趣味性、传播性产生负向影响，进而对直播实时收入模型中各因素的作用关系产生负向影响。

关于直播原产地效应，在主播生命周期的不同阶段，其粉丝数量及直播观看人数的差异会影响在相同直播时长中主播进行观点阐述的时长，同时主播专业知识及直播技巧随生命周期逐渐积累。在形成期和成长期，直播间互动较少、主播内容储备不够强，主播会通过谈论身边的事情进行内容填充，此过程反映出的直播原产地特性会对实时收入产生较大影响。在成熟期，适当的正向添加工作地的特质信息会让观众觉得主播更加真实，从而增大粉丝黏性。但在衰退期，主播工作重点偏移导致直播时长缩短，同时风格固化会对观众的直播原产地印象产生负面反馈，从而对实时收入产生一定的负向影响。因此，本章提出以下假设。

H11-3：相对衰退期，其他生命周期阶段直播原产地效应更强（直播原产地与实时收入的关系更强）。

H11-3a：相对衰退期，形成期直播原产地效应更强（直播原产地与实时收入的关系更强）。

H11-3b：相对衰退期，成长期直播原产地效应更强（直播原产地与实时收入的关系更强）。

H11-3c：相对衰退期，成熟期直播原产地效应更强（直播原产地与实时收入的关系更强）。

11.4　研究模型构建与分析

1. 研究数据

本章选取快手平台作为数据来源进行数据收集与分析，所使用的数据包括两部分，即直播数据与主播生命周期数据。直播数据通过向快手内部数据平台购买获得，共获得 2020 年前后两个时间段 2019 年 11 月 1~30 日及 2020 年 2 月 1 日~5 月 11 日共计 130 天内快手平台各领域直播相关数据，数据详情如表 11-1 所示，数据中的直播内容包含游戏、电商、泛娱乐、个人分享等常见直播类目[24]，对直播实时收入机制研究具有一定的代表性。

表 11-1　快手平台数据详情

数据类别	详细说明
主播信息	主播性别、直播原产地
账号信息	账号粉丝数量、账号短视频作品数量
直播信息	直播时长、平均观看人数、点赞数量、在线实时评论数量、实时收入

主播生命周期数据下载自快手运营后台，使用数据处理软件 Engauge Digitizer 将图片中的成长曲线转换为数值格式，参照熊义杰[25]对企业生命周期的划分方式，以主播粉丝数量作为衡量标准，通过对主播粉丝数量的单位时间增长量、日均增长量等数据的计算与判断，对主播生命周期进行划分。对本章中已掌握的周

期较长的主播粉丝数量变化数据，使用三次函数曲线 NoF-t 来模拟主播粉丝数量增长的实际情况，其关于时间的一阶导数 NoF′ 表示单位时间增长量，NoF/t 表示日均增长量，该函数的一般数学形式为

$$\text{NoF} = at^3 + bt^2 + ct + d \qquad (11\text{-}1)$$

对于主播全生命周期，当 $t = 0$ 时，NoF = 0，因此，令式（11-1）中 $d = 0$，有

$$\text{NoF} = at^3 + bt^2 + ct \qquad (11\text{-}2)$$

$$\text{NoF}' = 3at^2 + 2bt + c \qquad (11\text{-}3)$$

$$\frac{\text{NoF}}{t} = at^2 + bt + c \qquad (11\text{-}4)$$

在直播领域，主播粉丝数量是直播工作产出的重要衡量指标。因此，本章借鉴熊义杰[25]的研究，认为处于不同生命周期阶段的主播粉丝数量应该具有以下特征。

（1）在形成期，主播粉丝数量 NoF、单位时间增长量 NoF′ 和日均增长量 NoF/t 均是递增的。

（2）在成长期，主播粉丝数量 NoF、单位时间增长量 NoF′ 仍表现为递增，只有日均增长量 NoF/t 表现为递减。

（3）在成熟期，主播粉丝数量 NoF 缓慢递增，单位时间增长量 NoF′ 和日均增长量 NoF/t 均表现为递减。

（4）成熟期与衰退期的分界点在主播粉丝数量 NoF 下降到与进入成熟期大体相当时；成熟期分布于最大主播粉丝数量 $\text{NoF}_{\max}$ 的左右两旁。

本章使用主播粉丝数量成长数据图，在数据图中确定三个关键点后，对曲线中数据进行标记，导出 2019 年 1 月 1 日～2020 年 9 月 1 日的主播粉丝数量数据。使用 Stata 软件对所提取的 NoF-t 维度的数据进行三次函数拟合。对拟合后的主播粉丝数量成长曲线数据，使用 Excel 工具对主播粉丝数量、单位时间增长量、日均增长量三个指标的变化量进行计算与判断，确定 2019 年 1 月 1 日～2020 年 9 月 1 日主播所处的生命周期阶段。某主播生命周期阶段计算数据展示如表 11-2 所示。

表 11-2　某主播生命周期阶段计算数据展示

Date	NoF（主播粉丝数量）	NoF′（单位时间增长量）	NoF/t（日均增长量）	δNoF	δNoF′	δ(NoF/t)	LCS$_1$（形成期）	LCS$_2$（成长期）	LCS$_3$（成熟期）	LCS$_4$（衰退期）
473	2838919	347.0	6001.9	346.9	−0.13	−11.93	0	0	1	0
474	2839266	346.8	5990.0	346.8	−0.10	−11.88	0	0	1	0
475	2839613	346.7	5978.1	346.7	−0.06	−11.83	0	0	1	0
476	2839959	346.7	5966.3	346.6	−0.02	−11.78	0	0	1	0

续表

Date	NoF（主播粉丝数量）	NoF′（单位时间增长量）	NoF/t（日均增长量）	δNoF	δNoF′	δ(NoF/t)	LCS₁（形成期）	LCS₂（成长期）	LCS₃（成熟期）	LCS₄（衰退期）
477	2840306	346.6	5954.5	346.6	0.01	−11.73	0	1	0	0
478	2840653	436.6	5942.8	346.7	0.04	−11.68	0	1	0	0
479	2840999	346.7	5931.1	346.7	0.07	−11.63	0	1	0	0

注：δ表示求偏导

整体生命周期数据确定后，使用"快手账号 + 直播日期"所组成的判别标准，将主播生命周期匹配至研究所涉及的两个数据集中。将主播生命周期划分为形成期、成长期、成熟期和衰退期，分别以 LCS₁、LCS₂、LCS₃ 和 LCS₄ 这四个 0-1 变量进行表示。从表 11-2 中可看出，主播生命周期在研究时间区间内并不是一成不变的，存在从一个生命周期到其他生命周期的变化。

数据收集顺序为先从快手内部数据平台购买到 2020 年前后两个时间段内共 1161 名主播在 130 天内产生的 101761 条直播数据，将其中 2020 年前直播数据按主播 ID 排序，选前中后各 60 名主播进行成长曲线下载。成长曲线数据周期为 2019 年 1 月 1 日～2020 年 9 月 1 日，在快手运营后台使用 ID 进行匹配后，最终下载有效数据 175 份。由于所购买数据集中的主播为抽样数据，两个数据周期中的主播数量不尽相同，本章在对直播数据进行处理的过程中，通过对生命周期数据匹配，并剔除缺失直播原产地信息的数据，最终得到两个数据周期内的数据来进行实证研究，包括 2020 年前由 160 名主播产生的 5889 条直播数据，以及 2020 年后由 121 名主播产生的 11508 条直播数据，实证数据基本信息如表 11-3 所示。

表 11-3　实证数据基本信息

数据周期	天数	主播数量/名	直播数量/条	男主播数量/名	女主播数量/名
2019 年 11 月 1～30 日	30	160	5889	104	56
2020 年 2 月 1 日～5 月 11 日	100	121	11508	82	39

本章模型中因变量为实时收入 $lnGifts_{ij}$，自变量为直播原产地 COO_j、单次直播的两项社交属性（在线实时评论数量 $lnNoRC_{ij}$ 和点赞数量 $lnNoL_{ij}$），调节变量为主播生命周期 LCS_j，控制变量包括主播性别 $Male_j$、主播账号中短视频数量 $lnNoC_j$、单次直播时长 $lnLength_{ij}$、直播平均观看人数 $lnNoAvV_{ij}$、主播粉丝数量 $lnNoF_{ij}$。此外，本章使用主播 ID 对主播个体固定效应进行控制，使用直播内容类型 $Type_j$ 对于直播内容固定效应进行控制，使用直播时段 $Time_{ij}$ 对直播进行的

时间进行控制。本章以主播的单次直播为研究对象,每类变量的具体描述及度量如表 11-4 所示。

表 11-4　变量的具体描述及度量

变量类别	变量名称	变量名称解释	变量的度量
因变量	$lnGifts_{ij}$	实时收入	主播 j 在单条直播 i 中收到的虚拟礼物总额的自然对数,以快币为单位
自变量	COO_j	直播原产地	主播 j 工作所在地区,COO_{j1} 表示西部地区;COO_{j2} 表示中部地区;COO_{j3} 表示东部地区
	$lnNoRC_{ij}$	在线实时评论数量	主播 j 在单条直播 i 中获得的评论(即弹幕)数量的自然对数
	$lnNoL_{ij}$	点赞数量	主播 j 在单条直播 i 中获得的点赞数量的自然对数
调节变量	LCS_j	主播生命周期	主播 j 所处生命周期,LCS_{j1} 表示形成期;LCS_{j2} 表示成长期;LCS_{j3} 表示成熟期;LCS_{j4} 表示衰退期
控制变量	$Male_j$	主播性别	主播 j 的性别,$Male_j$ 取 1 时主播为男性
	$lnNoC_j$	主播账号中短视频数量	主播 j 当前所拥有的短视频作品数量的自然对数
	$lnLength_{ij}$	单次直播时长	主播 j 在单条直播 i 的整体时长的自然对数
	$lnNoF_{ij}$	主播粉丝数量	主播 j 在单条直播 i 的粉丝数量的自然对数
	$lnNoAvV_{ij}$	直播平均观看人数	主播 j 在单条直播 i 的平均观看人数的自然对数
	$Type_j$	直播内容类型	主播 j 直播内容类型,$Type_{j1}$ 表示泛娱乐;$Type_{j2}$ 表示电商;$Type_{j3}$ 表示个人分享;$Type_{j4}$ 表示游戏;$Type_{j5}$ 表示同时具有以上两种类型
	$Time_{ij}$	直播时段	主播 j 单条直播 i 开始至结束的时间段,$Time_{ij1}$ 表示 01:00~06:59;$Time_{ij2}$ 表示 07:00~09:59;$Time_{ij3}$ 表示 10:00~11:59;$Time_{ij4}$ 表示 12:00~13:59;$Time_{ij5}$ 表示 14:00~17:59;$Time_{ij6}$ 表示 18:00~20:59;$Time_{ij7}$ 表示 21:00~22:59;$Time_{ij8}$ 表示 23:00~00:59

注:i 指直播,j 指主播

2. 测量与模型

2020 年前研究中直播数据收集周期为 2019 年 11 月 1~30 日,与处理后的 175 名主播的生命周期数据进行匹配,最终得到由 160 名快手主播在 30 天内所产生的 5889 条直播数据,其中包括 104 名男主播与 56 名女主播,中部地区有 44 名主播,西部地区有 25 名主播,东部地区有 91 名主播,如表 11-5 所示。

表 11-5　2020 年前研究直播原产地描述性分析(单位:名)

主播数量	男主播数量	女主播数量	中部主播数量	西部主播数量	东部主播数量
160	104	56	44	25	91

主播生命周期由提取数据并参考三次函数曲线法[25]进行判别后得到，其描述性统计结果如表 11-6 所示。

表 11-6　2020 年前研究主播生命周期描述性分析（单位：名）

主播数量	LCS_{j1} 形成期主播数量	LCS_{j2} 成长期主播数量	LCS_{j3} 成熟期主播数量	LCS_{j4} 衰退期主播数量
160	8	36	73	43

直播时段描述性统计结果如表 11-7 所示。因部分直播时间较长（如游戏直播、赛事直播），故存在大量跨时段直播数据，8 个时段的直播数量之和不等于直播总数。

表 11-7　2020 年前研究直播时段描述性分析（单位：条）

直播数量	$Time_{ij1}$ 01:00~06:59 直播数量	$Time_{ij2}$ 07:00~09:59 直播数量	$Time_{ij3}$ 10:00~11:59 直播数量	$Time_{ij4}$ 12:00~13:59 直播数量	$Time_{ij5}$ 14:00~17:59 直播数量	$Time_{ij6}$ 18:00~20:59 直播数量	$Time_{ij7}$ 21:00~22:59 直播数量	$Time_{ij8}$ 23:00~00:59 直播数量
5889	728	581	1009	1308	1798	2392	2271	1494

数据中的 0-1 变量还包括直播内容类型，本章直播内容类型共分为 5 种，2020 年前研究的 5889 条直播中，直播内容类型描述性统计结果如表 11-8 所示。

表 11-8　2020 年前研究直播内容类型描述性分析（单位：条）

直播数量	$Type_{j1}$ 泛娱乐直播数量	$Type_{j2}$ 电商直播数量	$Type_{j3}$ 个人分享直播数量	$Type_{j4}$ 游戏直播数量	$Type_{j5}$ 两种以上直播数量
5889	1234	1472	535	1707	941

2020 年前研究中非 0-1 变量的描述性统计结果如表 11-9 所示。单次直播的社交属性的两个维度中，点赞数量 $lnNoL_{ij}$ 均值为 9.981 条，在线实时评论数量 $lnNoRC_{ij}$ 均值为 7.229 条。控制变量中的主播粉丝数量 $lnNoF_{ij}$ 均值为 15.128 个、主播账号中短视频数量 $lnNoC_{j}$ 均值为 5.158 条、单次直播时长 $lnLength_{ij}$ 均值为 8.644 分钟、直播平均观看人数 $lnNoAvV_{ij}$ 均值为 6.138 个。

表 11-9　2020 年前研究中非 0-1 变量描述性分析

变量	观测数	均值	标准差	最小值	最大值
$lnGifts_{ij}$ 实时收入/元	5889	8.903	3.115	0	17.25
$lnNoRC_{ij}$ 在线实时评论数量/条	5889	7.229	1.86	0	13.095

变量	观测数	均值	标准差	最小值	最大值
$\ln NoL_{ij}$ 点赞数量/条	5889	9.981	2.133	0.693	13.816
$\ln NoC_j$ 主播账号中短视频数量/条	5889	5.158	1.25	0.693	7.961
$\ln Length_{ij}$ 单次直播时长/分钟	5889	8.644	1.19	0	11.539
$\ln NoF_{ij}$ 主播粉丝数量/个	5889	15.128	0.459	14.169	17.14
$\ln NoAvV_{ij}$ 直播平均观看人数/个	5889	6.138	1.914	0	11.496

2020 年后直播原产地描述性分析结果如表 11-10 所示。

表 11-10 2020 年后研究直播原产地描述性分析（单位：名）

主播数量	男主播数量	女主播数量	中部主播数量	西部主播数量	东部主播数量
121	82	39	33	17	71

2020 年后主播生命周期描述性统计结果如表 11-11 所示。

表 11-11 2020 年后研究主播生命周期描述性分析（单位：名）

主播数量	LCS_{j1} 形成期 主播数量	LCS_{j2} 成长期 主播数量	LCS_{j3} 成熟期 主播数量	LCS_{j4} 衰退期 主播数量
121	4	29	60	28

直播时段描述性统计结果如表 11-12 所示。因部分直播时间较长（如游戏直播、赛事直播），故存在大量跨时段直播数据，8 个时段的直播数量之和不等于直播总数。

表 11-12 2020 年后研究直播时段描述性分析（单位：条）

直播数量	$Time_{ij1}$ 01:00～ 06:59 直播数量	$Time_{ij2}$ 07:00～ 09:59 直播数量	$Time_{ij3}$ 10:00～ 11:59 直播数量	$Time_{ij4}$ 12:00～ 13:59 直播数量	$Time_{ij5}$ 14:00～ 17:59 直播数量	$Time_{ij6}$ 18:00～ 20:59 直播数量	$Time_{ij7}$ 21:00～ 22:59 直播数量	$Time_{ij8}$ 23:00～ 00:59 直播数量
11508	557	1205	1711	2208	3022	4197	4148	2251

数据中的 0-1 变量还包括直播内容类型，本章直播内容类型共分为 5 种，2020 年后研究的 11508 条直播中，直播内容类型描述性统计结果如表 11-13 所示。

表 11-13　2020 年后研究直播内容类型描述性分析（单位：条）

直播数量	Type$_{j1}$ 泛娱乐 直播数量	Type$_{j2}$ 电商 直播数量	Type$_{j3}$ 个人分享 直播数量	Type$_{j4}$ 游戏 直播数量	Type$_{j5}$ 两种以上 直播数量
11508	2782	2461	1334	3431	1500

2020 年后研究中非 0-1 变量的描述性统计结果如表 11-14 所示。单次直播的社交属性的两个维度中，在线实时评论数量 $\ln NoRC_{ij}$ 均值为 8.279 条，点赞数量 $\ln NoL_{ij}$ 均值为 10.989 条。控制变量中的主播账号中短视频数量 $\ln NoC_j$ 均值为 5.178 条，单次直播时长 $\ln Length_{ij}$ 均值为 8.76 分钟，主播粉丝数量 $\ln NoF_{ij}$ 均值为 15.433 个，直播平均观看人数 $\ln NoAvV_{ij}$ 均值为 7.073 个。

表 11-14　2020 年后研究数据描述性统计分析

变量	观测数	均值	标准差	最小值	最大值
$\ln Gifts_{ij}$ 实时收入/元	11508	9.666	2.973	0	17.126
$\ln NoRC_{ij}$ 在线实时评论数量/条	11508	8.279	1.862	0	13.996
$\ln NoL_{ij}$ 点赞数量/条	11508	10.989	2.060	2.197	13.816
$\ln NoC_j$ 主播账号中短视频数量/条	11508	5.178	1.320	0	7.998
$\ln Length_{ij}$ 单次直播时长/分钟	11508	8.76	0.905	2.485	11.681
$\ln NoF_{ij}$ 主播粉丝数量/个	11508	15.433	0.466	14.781	17.406
$\ln NoAvV_{ij}$ 直播平均观看人数/个	11508	7.073	2.028	0	12.388

本章中所使用的固定效应计量模型如下，对于 2020 年前后两个时间段的模型，仅需在主播个体的固定效应中控制 m 的取值范围，在 2020 年前数据中 m 为 1～160，在 2020 年后数据中 m 为 1～121。本节在进行模型阐述时，使用 1～121 的取值范围表示 m。

模型 1 如式（11-5）所示，其中，控制变量包括 $Male_j$、$\ln NoC_j$、$\ln Length_{ij}$、$\ln NoF_{ij}$、$\ln NoAvV_{ij}$。

$$\ln Gifts_{ij} = \alpha_0 + \sum_{w=1}^{3} \alpha_{1w} COO_{jw} + \alpha_2 \ln NoRC_{ij} + \alpha_3 \ln NoL_{ij} + \sum_{l=1}^{4} \alpha_{4l} LCS_{jl}$$
$$+ \sum_{k=1}^{5} \alpha_{5k} FE\_Type_{jk} + \sum_{t=1}^{8} \alpha_{6t} FE\_Time_{ijt} + \sum_{m=1}^{121} \alpha_{7m} FE\_ID_{ijm}$$
$$+ \sum_{n=1}^{5} \alpha_{8n} Control_{ijn} + \varepsilon_{ij}$$

（11-5）

模型 2 如式（11-6）所示，其中，控制变量包括 $Male_j$、$\ln NoC_j$、$\ln Length_{ij}$、$\ln NoF_{ij}$、$\ln NoAvV_{ij}$。

$$\ln\text{Gifts}_{ij} = \alpha_0 + \sum_{w=1}^{3}\alpha_{1w}\text{COO}_{jw} + \alpha_2\ln\text{NoRC}_{ij} + \alpha_3\ln\text{NoL}_{ij} + \sum_{l=1}^{4}\alpha_{4l}\text{LCS}_{jl}$$

$$+ \sum_{w=1}^{3}(\alpha_{5w}\text{COO}_{jw}\ln\text{NoRC}_{ijw} + \alpha_{6w}\text{COO}_{jw}\ln\text{NoL}_{ijw}) + \sum_{k=1}^{5}\alpha_{7k}\text{FE\_Type}_{jk}$$

$$+ \sum_{t=1}^{8}\alpha_{8t}\text{FE\_Time}_{ijt} + \sum_{m=1}^{121}\alpha_{9m}\text{FE\_ID}_{ijm} + \sum_{n=1}^{5}\alpha_{10n}\text{Control}_{ijn} + \varepsilon_{ij}$$

$$(11\text{-}6)$$

模型 3 如式（11-7）所示，其中，控制变量包括 Male_j、$\ln\text{NoC}_j$、$\ln\text{Length}_{ij}$、$\ln\text{NoF}_{ij}$、$\ln\text{NoAvV}_{ij}$。

$$\ln\text{Gifts}_{ij} = \alpha_0 + \sum_{w=1}^{3}\alpha_{1w}\text{COO}_{jw} + \alpha_2\ln\text{NoRC}_{ij} + \alpha_3\ln\text{NoL}_{ij} + \sum_{l=1}^{4}\alpha_{4l}\text{LCS}_{jl}$$

$$+ \sum_{l=1}^{4}\sum_{w=1}^{3}\alpha_{5l}\text{LCS}_{jl}\text{COO}_{jw} + \sum_{k=1}^{5}\alpha_{6k}\text{FE\_Type}_{jk} + \sum_{t=1}^{8}\alpha_{7t}\text{FE\_Time}_{ijt}$$

$$+ \sum_{m=1}^{121}\alpha_{8m}\text{FE\_ID}_{ijm} + \sum_{n=1}^{5}\alpha_{9n}\text{Control}_{ijn} + \varepsilon_{ij}$$

$$(11\text{-}7)$$

3. 研究结果分析

2020 年前的研究针对 160 名主播的 5889 条直播数据进行分析，在对直播内容类型的固定效应、直播时段的固定效应及主播个体的固定效应进行控制后，对研究所涉及的数据进行回归，回归结果如表 11-15 所示。其中，基础模型仅包含自变量及控制变量的所有维度，可解释直播原产地、直播社交属性和主播生命周期对实时收入的直接影响。

表 11-15　2020 年前研究模型回归结果（一）

变量	基础模型	模型 1	模型 2
	lnGifts（实时收入）	lnGifts（实时收入）	lnGifts（实时收入）
COO₂（中部地区）	2.224*** (0.497)	1.214** (0.402)	2.396*** (0.712)
COO₃（东部地区）	2.505*** (0.370)	1.637*** (0.353)	2.899*** (0.690)
lnNoRC（在线实时评论数量）		0.399*** (0.036)	0.538*** (0.090)
lnNoL（点赞数量）		0.267*** (0.029)	0.292*** (0.072)

变量	基础模型	模型 1	模型 2
	lnGifts（实时收入）	lnGifts（实时收入）	lnGifts（实时收入）
lnNoRC×COO₂（在线实时评论数量与中部地区的交互项）			−0.155 (0.105)
lnNoRC×COO₃（在线实时评论数量与东部地区的交互项）			−0.158 (0.093)
lnNoL×COO₂（点赞数量与中部地区的交互项）			−0.030 (0.089)
lnNoL×COO₃（点赞数量与东部地区的交互项）			−0.029 (0.083)
常量	14.171* (6.680)	12.022 (6.322)	11.171 (6.401)
N（样本量）	5889	5889	5889
R^2	0.8102	0.8366	0.8372
调整后的 R^2	0.8045	0.8316	0.8321
F 值	278.95	516.98	449.59
Prob>F	0.0000	0.0000	0.0000

注：括号中为 p 值

*$p<0.1$

** $p<0.05$

*** $p<0.01$

　　本章在进行基础模型的回归时，为避免多重共线性问题，去掉了代表西部地区的 COO_1。结果表明，与西部地区相比，中部地区（COO_2）或东部地区（COO_3）的实时收入受到直播原产地显著的正向影响。当直播原产地在中部地区时，其实时收入比西部地区增加 2.224%（$p<0.01$）；当直播原产地在东部地区时，其实时收入比西部地区增加 2.505%（$p<0.01$）。因此，H11-1、H11-1a、H11-1b 得到支持。

　　模型 2 用来检验直播社交属性对直播原产地与实时收入间关系的调节作用，在模型 1 的基础上加入直播原产地与在线实时评论数量及直播原产地与点赞数量的交互项。在加入交互项后，在线实时评论数量、点赞数量、直播原产地的回归结果均保持正向显著。模型中 COO_2、COO_3 与在线实时评论数量和点赞数量的交互项系数分别为−0.155、−0.158、−0.030、−0.029，但交互项系数均不显著。因此，H11-2、H11-2a、H11-2b 均不受支持。

　　在对主播生命周期的调节效应进行回归检验时，为避免多重共线性问题，去掉了代表衰退期的 LCS_4，回归结果如表 11-16 所示。

表 11-16　2020 年前研究模型回归结果（二）

变量	基础模型	模型 3	模型 4
	lnGifts（实时收入）	lnGifts（实时收入）	lnGifts（实时收入）
COO_2（中部地区）	2.224*** (0.497)	2.184*** (0.497)	2.149*** (0.498)
COO_3（东部地区）	2.505*** (0.370)	2.360*** (0.365)	2.281*** (0.366)
LCS_1（形成期）		0.453 (0.525)	4.745*** (0.481)
LCS_2（成长期）		1.585*** (0.465)	−0.843 (0.725)
LCS_3（成熟期）		1.598*** (0.425)	0.761 (0.539)
$COO_2 \times LCS_1$（中部地区与形成期的交互项）			−3.609** (1.171)
$COO_2 \times LCS_2$（中部地区与成长期的交互项）			3.285* (1.417)
$COO_2 \times LCS_3$（中部地区与成熟期的交互项）			3.801* (1.721)
$COO_3 \times LCS_1$（东部地区与形成期的交互项）			−3.389** (1.217)
$COO_3 \times LCS_2$（东部地区与成长期的交互项）			3.594*** (1.006)
$COO_3 \times LCS_3$（东部地区与成熟期的交互项）			1.877* (0.879)
常量	14.171* (6.680)	7.474 (6.714)	6.410 (6.719)
N（样本量）	5889	5889	5889
R^2	0.8102	0.8114	0.8120
调整后的 R^2	0.8045	0.8057	0.8061
F 值	278.95	269.23	235
Prob$>F$	0.0000	0.0000	0.0000

注：括号中为 p 值

*$p < 0.1$

**$p < 0.05$

***$p < 0.01$

模型 3 结果表明，与衰退期相比，成长期（LCS_2）和成熟期（LCS_3）均显著正向影响实时收入。当主播处于成长期时，其实时收入比衰退期主播增加 1.585%（$p < 0.01$）；当主播处于成熟期时，其实时收入比衰退期主播增加 1.598%（$p < 0.01$）。

模型 4 用以检验主播生命周期对直播原产地与实时收入间的调节作用。在基础模型中加入主播生命周期的四个阶段与直播原产地的变量间的交互项。在加入交互项后，直播原产地与实时收入间的关系保持正向显著。

模型 4 中交互项均显著，与主播生命周期中形成期相关的两个交互项 $COO_2 \times LCS_1$ 与 $COO_3 \times LCS_1$ 系数分别为 -3.609（$p < 0.05$）、-3.389（$p < 0.05$），说明在以西部地区及衰退期为基准的情况下，主播生命周期中的形成期显著负向调节直播原产地与实时收入间的关系。因此，H11-3a 不成立。与主播生命周期中成长期相关的两个交互项 $COO_2 \times LCS_2$ 与 $COO_3 \times LCS_2$ 系数分别为 3.285（$p < 0.1$）、3.594（$p < 0.01$），说明在以西部地区及衰退期为基准的情况下，主播生命周期中的成长期显著正向调节直播原产地与实时收入间的关系。因此，H11-3b 成立。与主播生命周期中成熟期相关的两个交互项 $COO_2 \times LCS_3$ 与 $COO_3 \times LCS_3$ 系数分别为 3.801（$p < 0.1$）、1.877（$p < 0.1$），说明在以西部地区及衰退期为基准的情况下，主播生命周期中的成熟期显著正向调节直播原产地与实时收入间的关系。因此，H11-3c 成立。

综上，相较于衰退期，主播生命周期的其他阶段显著正向调节直播原产地与实时收入间的关系。因此，H11-3 部分成立。

2020 年后的研究针对 121 名主播的 11508 条直播数据进行分析，具体使用方法与 2020 年前研究相同，回归结果如表 11-17 所示。其中，基础模型可解释直播原产地、直播社交属性和主播生命周期对实时收入的直接影响。

表 11-17 2020 年后研究模型回归结果（一）

变量	基础模型	模型 1	模型 2
	lnGifts（实时收入）	lnGifts（实时收入）	lnGifts（实时收入）
COO_2（中部地区）	−0.372 (0.449)	0.275 (0.464)	−0.602 (1.112)
COO_3（东部地区）	−2.653*** (0.199)	−2.665*** (0.155)	−1.535 (1.004)
lnNoRC（在线实时评论数量）		0.191*** (0.027)	0.323** (0.109)
lnNoL（点赞数量）		0.403*** (0.037)	0.332* (0.129)
lnNoRC×COO_2（在线实时评论数量与中部地区的交互项）			−0.227 (0.117)
lnNoRC×COO_3（在线实时评论数量与东部地区的交互项）			−0.127 (0.113)
lnNoL×COO_2（点赞数量与中部地区的交互项）			0.291* (0.136)

续表

变量	基础模型	模型 1	模型 2
	lnGifts（实时收入）	lnGifts（实时收入）	lnGifts（实时收入）
lnNoL×COO₃（点赞数量与东部地区的交互项）			−0.014 （0.133）
常量	−12.711*** （2.722）	−12.738*** （2.780）	−13.351*** （2.807）
N（样本量）	11508	11508	11508
R^2	0.8249	0.8375	0.8387
调整后的 R^2	0.8229	0.8355	0.8367
F 值	854.03	1204.45	1096.33
Prob＞F	0.0000	0.0000	0.0000

注：括号中为 p 值

*$p<0.1$

**$p<0.05$

***$p<0.01$

基础模型结果表明，与西部地区相比，我国东部地区（COO_3）的实时收入受到直播原产地显著的负向影响。当直播原产地在东部地区时，其实时收入比西部地区减少 2.653%（$p<0.01$）；当直播原产地在中部地区时，不存在显著直接效应。因此，H11-1、H11-1a、H11-1b 不被支持。

模型 1 结果显示，直播社交属性的两个维度中，在线实时评论数量（lnNoRC）和点赞数量（lnNoL）对主播的实时收入具有显著的正向影响，与 2020 年前研究中结果相同，在线实时评论数量和点赞数量的弹性分别为 0.191（$p<0.01$）和 0.403（$p<0.01$）。当直播获得的在线实时评论数量和点赞数量增加 1%时，实时收入分别增加 0.191%和 0.403%。从回归系数来看，点赞数量的回归系数较大，说明在 2020 年后研究中点赞数量的影响更大。

模型 2 用来检验直播社交属性对直播原产地与实时收入间关系的调节作用，在基础模型上分别加入直播原产地与在线实时评论数量及直播原产地与点赞数量的交互项。在加入交互项后，在线实时评论数量、点赞数量、直播原产地的回归结果均保持显著。模型 2 中点赞数量与中部地区的交互项系数为 0.291（$p<0.1$），说明当直播原产地为中部地区时，直播内容所获点赞数量显著正向调节直播原产地与实时收入间的关系。因此，H11-2 与 H11-2b 得到支持。

在对主播生命周期的调节效应进行回归检验时，为避免多重共线性问题，去掉了代表衰退期的 LCS_4，回归结果如表 11-18 所示。

表 11-18　2020 年后研究模型回归结果（二）

变量	基础模型	模型 3	模型 4
	lnGifts（实时收入）	lnGifts（实时收入）	lnGifts（实时收入）
COO_2（中部地区）	−0.372 (0.449)	−1.052* (0.467)	−2.305*** (0.629)
COO_3（东部地区）	−2.653*** (0.199)	−2.894*** (0.213)	−3.556*** (0.437)
LCS_1（形成期）		0.381*** (0.101)	0.214 (0.183)
LCS_2（成长期）		0.154 (0.105)	−0.882* (0.398)
LCS_3（成熟期）		0.422*** (0.091)	0.118 (0.283)
$COO_2 \times LCS_1$（中部地区与形成期的交互项）			1.655*** (0.363)
$COO_2 \times LCS_2$（中部地区与成长期的交互项）			2.060*** (0.482)
$COO_2 \times LCS_3$（中部地区与成熟期的交互项）			1.025** (0.357)
$COO_3 \times LCS_1$（东部地区与形成期的交互项）			−0.009 (0.217)
$COO_3 \times LCS_2$（东部地区与成长期的交互项）			1.081* (0.425)
$COO_3 \times LCS_3$（东部地区与成熟期的交互项）			0.088 (0.307)
常量	−12.711*** (2.722)	−14.618*** (2.864)	−12.425*** (2.994)
N（样本量）	11508	11508	11508
R^2	0.8249	0.8254	0.8261
调整后的 R^2	0.8229	0.8233	0.8239
F 值	854.03	936.01	945.73
Prob>F	0.0000	0.0000	0.0000

注：括号中为 p 值

*$p<0.1$

**$p<0.05$

***$p<0.01$

模型 3 结果表明，与衰退期相比，形成期（LCS_1）和成熟期（LCS_3）均显著正向影响实时收入。当主播处于形成期时，其实时收入比衰退期主播增加 0.381%（$p<0.01$）；当主播处于成熟期时，其实时收入比衰退期主播增加 0.422%（$p<0.01$）。成熟期研究结果与 2020 年前研究结果相同，但作用效果相对较弱。

模型 4 中检验主播生命周期对直播原产地与实时收入间的调节作用。在基础模型中加入主播生命周期的不同阶段与直播原产地的变量间的交互项。在加入交互项后，直播原产地回归结果均变为负向显著，生命周期阶段的回归结果也相差较大，形成期和成熟期回归结果均变为不显著，成长期由模型 3 中的不显著变为负向显著。对于中部地区（COO_2），其与主播生命周期的所有交互项均正向显著，其回归系数分别为 1.655（$p<0.01$）、2.060（$p<0.01$）、1.025（$p<0.05$）。对于东部地区（COO_3），主播生命周期中的成长期与直播原产地的交互项正向显著，其回归系数为 1.081（$p<0.1$）。

主播生命周期对直播原产地与实时收入间的调节作用十分显著。因此，H11-3 部分得到验证。

11.5　研究发现及营销管理建议

本章为丰富直播相关研究，以直播为研究对象，使用固定效应计量模型，根据原产地效应引入直播原产地效应概念，依据准社会互动与生命周期理论进行直播实时收入构成研究。以探索实时收入影响因素及 2020 年前后其构成变化，为主播、直播平台、企业及政府等利益相关者提出相应政策建议，以促进直播行业人才素质提升及行业进步。通过研究，最终得出以下结论。

（1）直播原产地效应是指在国内直播行业中，实时收入会受到直播原产地的直接影响，效果排序为东部地区＞中部地区＞西部地区。因此，主播可以根据直播原产地效应有针对性地对直播内容进行优化，并有计划性地更换工作城市。直播平台可通过补贴、精细化运营等多重方法弥补西部地区的工作地效应。各地政府文化部门在进军直播行业时，应充分理解当地行业特性，找出差异点与竞争优势，针对性地进行行业引进及城市营销。

（2）优化直播社交属性可正向影响实时收入。2020 年前后直播社交属性对直播原产地与实时收入间关系的调节效应有所不同。主播可通过话术引导、工具使用等多种方法优化直播社交属性；直播平台与多频道网络（multi-channel network，MCN）机构也可以通对直播社交属性的考核、主播技能的培养、审核机制的设立及直播间的实时运营来提升直播间的客户留存率及收益率。此外，各利益相关者应关注 2020 年前后的环境变化，对相应的运营策略和政策调控做出改善。

（3）主播生命周期对直播原产地与实时收入的关系存在显著调节作用。主播在生命周期不同阶段的专业能力、沟通方式及工作资源均有不同。同时，观众对直播原产地的印象会对主播收入产生不同的影响。主播需在不同的生命周期阶段进行科学的培训，直播平台与 MCN 机构需建立全生命周期的主播培养体系并进行精细化主播培养，品牌方在进行在线影响者营销时需对主播进行综合评定，将营销投入收益最大化。

　　本章对直播平台与 MCN 机构探索和建立完善的主播培养机制及运营方法、主播针对性完善直播内容、品牌方在进行在线影响者营销时对主播生命周期价值评估及营销规划等方面提供了有效的参考意见。但还存在一定的局限性，未来可选取国内外多个平台直播数据研究不同平台的直播收入构成是否存在差异，也可对跨国直播平台进行对比以研究不同国家间是否存在地域性差异，使用主播成长地替代工作地来研究受教育程度、文化等相关因素对主播收入影响是否存在差异。

参 考 文 献

[1]　陈华龙. 互联网直播个人所得税税收法律规制[J]. 税收经济研究，2018，23（1）：61-68.

[2]　JOHNSON M R，WOODCOCK J. "It's like the gold rush"：The lives and careers of professional video game streamers on twitch.TV[J]. Information，communication and society，2019，22（3）：336-351.

[3]　ZHANG H R. Research on the construction of tax collection and administration system for natural persons—Taking live streamers as the research object[J]. Open journal of social sciences，2018，6（5）：89-95.

[4]　ZHU Z H，YANG Z，DAI Y F. Understanding the gift-sending interaction on live-streaming video websites[C]. Vancouver：Proceedings of the International Conference on Social Computing and Social Media，2017：274-285.

[5]　TU W，YAN C，YAN Y P，et al. Who is earning？Understanding and modeling the virtual gifts behavior of users in live streaming economy[C]. Miami：Proceedings of the 2018 IEEE Conference on Multimedia Information Processing and Retrieval，2018：118-123.

[6]　WANG X，TAO Z Y，LIANG L，et al. An analysis of salary mechanisms in the sharing economy：The interaction between streamers and unions[J]. International journal of production economics，2019，214：106-124.

[7]　LANZ A，GOLDENBERG J，SHAPIRA D，et al. Climb or jump：Status-based seeding in user-generated content networks[J]. Journal of marketing research，2019，56（3）：361-378.

[8]　DOBRUCALI B. Country-of-origin effects on industrial purchase decision making：A systematic review of research[J]. Journal of business and industrial marketing，2019，34（2）：401-411.

[9]　SCHOOLER R D. Product bias in the central American common market[J]. Journal of marketing research，1965，2（4）：394-397.

[10]　TONGBERG R C. An empirical study of relationships between dogmatism and consumer attitudes toward foreign products[D]. University Park：The Pennsylvania State University，1972.

[11]　JOHANSSON J K，DOUGLAS S P，NONAKA I. Assessing the impact of country of origin on product evaluations：A new methodological perspective[J]. Journal of marketing research，1985，22（4）：388-396.

[12]　BILKEY W J，NES E. Country-of-origin effects on product evaluations[J]. Journal of international business studies，1982，13（1）：89-100.

[13]　OFIR C，LEHMANN D R. Measuring images of foreign products[J]. Columbia journal of world business，1986，21（2）：105-108.

[14]　SHIMP T A，SHARMA S. Consumer ethnocentrism：Construction and validation of the CETSCALE[J]. Journal of marketing research，1987，24（3）：280-289.

[15]　HAIRE M. Biological models and empirical histories of the growth of organizations[J]. Modern organization theory，1959，10（1）：272-306.

[16]　LEVITT T. Exploit the product life cycle[J]. Harvard business review，1965，43（6）：81-94.

[17]　QUINN R E，CAMERON K. Organizational life cycles and shifting criteria of effectiveness：Some preliminary evidence[J]. Management science，1983，29（1）：33-51.

[18]　KAZANJIAN R K，DRAZIN R. An empirical test of a stage of growth progression model[J]. Management science，1989，35（12）：1489-1503.

[19]　MINTZBERG H. Power and organization life cycles[J]. Academy of management review，1984，9（2）：207-224.

[20]　孙建强，许秀梅，高洁. 企业生命周期的界定及其阶段分析[J]. 商业研究，2003（18）：12-14.

[21]　刘同新，杨翠红，房勇，等. 基于用电特征单一视角数据的中小企业生命周期阶段识别[J]. 技术经济，2019，38（4）：107-113.

[22]　蔺冰. 文化产业集聚对中国区域经济增长的影响研究[D]. 北京：北京交通大学，2020.

[23]　李炎，胡洪斌. 中国区域文化产业发展报告（2019～2020）[M]. 北京：社会科学文献出版社，2020.

[24]　周葆华. 谁在使用视频直播？——网络视频直播用户的构成、行为与评价分析[J]. 新闻记者，2017(3)：52-62.

[25]　熊义杰. 企业生命周期分析方法研究[J]. 数理统计与管理，2002，21（3）：36-39，16.

第 12 章 微博企业生成内容广告
对销售影响研究

12.1 企业生成内容广告

吕喆朋等[1]指出企业生成内容（firm generated content，FGC）包括两部分：一部分是企业发布的消息，如品牌与产品动态、促销活动信息、幽默美文；另一部分是企业对用户的回复，是企业关于用户对企业消息评论的反馈。借用 Kumar 等[2]的定义，本章将企业在社交媒体官方账号页面发布的官方消息定义为 FGC，如企业在微博、Meta、微信公众号等发布的官方消息。

前几年国内外学者主要对 UGC 进行研究，近几年国内外学者意识到了 FGC 对用户和企业的重要性，开展了相关研究工作，国外研究进展较快，国内研究相对滞后。直接研究 FGC 的文献较少。例如，Swain 和 Cao[3]认为社交媒体中的 FGC 是指供应链成员在论坛、博客和推特上发布、评论的内容。为研究其对整个供应链绩效的影响，他们把 FGC 分成信息共享、合作、评论和信任四种类型，采用情绪分类方法进行分析，发现信息共享和合作对供应链绩效有正向影响。他们认为企业可以在社交媒体上发布有价值的文章，这是进行信息传递的很好的平台。Wan 和 Ren[4]对基于 FGC 的文本进行分类，选取淘宝商家进行实验，发现 FGC 对产品销售的弹性为 51.47%，其中，高参与度的 FGC 对产品销售的影响更大。他们对 FGC 的衡量方式单一，仅考虑文本内容，并且没有研究 FGC 发布渠道对产品销售的影响。Kumar 等[2]用双重差分（difference in differences，DID）模型研究 FGC 对用户购买行为的影响，以 FGC 效价、接受度、敏感性三个方面来衡量 FGC，用户购买行为分为线下购买、线上线下交叉购买，研究发现 FGC 促进用户购买行为，企业在官方社交媒体平台上发布的与产品或服务有关或无关的消息对产品销量会产生正向影响，促进用户购买行为。Lee 等[5]从 Facebook 数据中编码抽取 800 多家企业 10000 多条营销内容，随机发给用户，以研究社交媒体的营销内容对用户参与度的影响，用户参与度采用喜欢和评论两个指标来衡量，研究发现有说服力的内容（如情感和慈善内容）能够提高用户参与度，单纯的信息性内容（如提及价格、可用性、产品功能）会降低用户参与度，但是信息性内容与有说服力的内容进行结合会提高用户参与度。Martínez-Navarro 和 Bigné[6]研究了社交网站的

FGC 价值，并研究了用户感知的愉悦度和可信度对 eWOM、网站访问意愿，以及购买意愿的影响，研究发现用户感知的愉悦度和可信度都正向地影响 FGC 价值，FGC 价值越高，eWOM 和网站访问意愿也就越高，网站访问意愿与购买意愿呈正向影响关系，同样地，FGC 价值与购买意愿呈正向影响关系，但是 eWOM 与购买意愿无显著影响关系。Viswanathan 等[7]研究了 2015 年推出的 31 个电视节目，实时计算了电视节目推文数量和观众数量、情绪、丰富度及现场观众数量、时移观众数量，研究发现电视节目所发起的广告效果对时移观看有正向影响，但对现场观看有负向影响；电视节目发布的推文对时移观看有负向影响，但对现场观看没有影响；观众发布的推文的负面情绪减少了时移观看，但增加了现场观看。杨学成和肖彦[8]以微博为例研究了 FGC 对品牌的影响，将 FGC 按照发布者分为品牌中心的 FGC 和非品牌中心的 FGC，综合考虑品牌态度的认知、情感、行为意向维度及品牌态度的正、负维度，研究结果显示非品牌中心的 FGC 和品牌中心的 FGC 对消费者的品牌态度、情感和认知的影响无显著差异，但正向和负向行为意向除外，非品牌中心的 FGC 对正向品牌态度的正向影响更低，对负向品牌态度的负向影响也更低。Weiger 等[9]关注营销人员生成内容并研究其对在线品牌社区的影响，研究发现基于参与度的营销人员产生的吸引力对品牌资产产生了正向影响。

大部分学者从共享信息角度研究用户如何或者为什么共享 FGC。例如，Li 等[10]指出随着社交媒体的兴起，社交广播技术的进步极大地加速了全球用户对近期事件的信息传播，通过社交媒体进行信息传播也越来越广泛，企业和营销人员广泛使用 FGC 来扩展其在线影响力。他们从认知角度研究了用户共享在社交媒体上的 FGC 的影响因素，基于 FGC 扩散特性，选择了广告侵入性、预期回报、是否为金砖国家和品牌态度四个因素，以情感-认知参与为中介变量，对 FGC 展开了研究。用户的自发 FGC 共享可以吸引与 FGC 共享者具有相似性的观众。Sonnier 等[11]指出 FGC 在用户中的自发传播可以显著影响用户的态度和随之而来的购买相关行为。Ho 和 Dempsey[12]指出互联网用户传播内容的动机是病毒式营销的关键，并认为用户转发网站内容的动机有四个：①成为某群体的一部分；②个人主义；③无私；④个人成长。他们研究发现更加个性化和/或更多利他的互联网用户倾向于共享比其他人更多的在线内容。刘嘉琪等[13]以微博为平台，利用详尽可能性模型（elaboration likelihood model，ELM）、用户卷入行为理论、泊松回归模型，分别从个人和企业层面研究了用户共享 FGC 的影响因素。他们研究发现个人层面中评论数量、点赞数量、积极的评论情感、较低的认证比例和企业层面中描述产品或者服务细节的信息类内容、致力于培养良好关系的说服性内容会正向促进用户共享微博 FGC。

一部分学者将 UGC 结合 FGC 进行研究。例如，Scholz 等[14]指出企业使用

Facebook 粉丝页面来宣传他们的产品或服务，在粉丝页面上创建的 UGC 和 FGC 会影响在线销售，并具体研究了 UGC 和 FGC 对用户决策过程（从用户感知、兴趣到最终购买）的影响，发现 FGC 对用户的感知和兴趣产生正向影响。Bronner 和 de Hoog[15]研究用户决策中 UGC 和 FGC 的影响，最后发现 UGC 和 FGC 是互补的，对 UGC 网站，正向和中立/混合影响更大。Pehlivan 等[16]将 UGC 广告与 FGC 广告对用户的影响进行了对比，衡量 UGC 广告的消费者回复是否与 FGC 广告不同，并观察消费者是否按广告类型生成不同的回复，或者某些类别的广告是否有特定的类似的回复。在内容研究方面，也有少量文献涉及 FGC。例如，Bertrand 等[17]从信贷市场研究了广告内容对用户决策产生的重要影响。Wang 等[18]认为 FGC 属于内容营销，内容营销能有效地提升销售效果并为商对商（business-to-business，B2B）专业服务提供商赢得机会。

　　因此，本章将以 FGC 为研究对象，考察其向用户传递的情感、内容的丰富程度和用户对 FGC 的反应，即从情感性、生动性和交互性三个维度考察 FGC。

12.2　微博企业生成内容广告与销售

　　FGC 可以帮助企业通过社交媒体的互动性和传播性影响用户的行为。根据关系营销理论，企业通过社交媒体与用户建立、发展和维系良好的关系，其能正向影响企业绩效，企业每年在社交媒体上发布大量的消息，其在社交媒体上的虚拟存在和与其品牌爱好者或粉丝的互动有助于加强有利的品牌态度。Lea[19]认为与传统媒体不同，用户和企业之间通过社交媒体进行的互动是互利的。类似传统广告在告知用户和推动销售方面的作用，FGC 作为唯一的权威信息来源，可以告知用户产品和推动销售。Naylor 等[20]将"仅虚拟存在"称为社交媒体中品牌支持者的被动接触，并认为焦点用户与社交媒体社区中其他用户之间的推断共性可以创建积极的品牌评估。当企业在社交媒体上发布内容时，用户可以通过转发、评论和点赞与营销商进行互动，从而为产品和品牌带来积极的态度。

　　在我国，微博是日活跃用户最大的社交媒体平台。据《2016 年微博企业白皮书》统计结果，截至 2016 年底，微博月活跃用户已达到 2.97 亿人，较 2015 年增长 34%；微博日活跃用户达到 1.32 亿人，较 2015 年增长 32%；微博企业用户达 130 万家，较 2015 年增长 35%；微博企业账号发布 1.14 亿篇博文。通过微博进行营销已经成为很多企业的选择。因此，本章研究微博 FGC 对品牌销量的影响。

　　根据社会影响理论和病毒式营销理论，将用户视为一个群体，他们的行为会受到他人的影响，用户互动越高，越多的阅读者或者朋友会关注 FGC，对用户的心理状态、认知影响越大，甚至由此影响他们的行为。在互联网高速传播的时代，用户参与就是一个非常好的传播源，参与人数越多，易感人群越多，企业在微博上发布的消息就像病毒一样扩散，推进用户获取 FGC，同时微博上的转发和分享是病毒式营销的一种形式，有助于用户获取信息，进一步转化为用户行为（包括购买行为），促进品牌销量的增加。Vaiciukynaite 等[21]指出 Facebook 页面上的喜欢、评论和分享可以促进用户社交行为。社交媒体扩展了网络空间，用户可以在其中进行各种互动，这些互动会影响企业业绩，并正向影响用户的行为（包括购买行为）、对产品的态度。

社会影响理论认为人的主观感情、情绪会受到他人的影响，网络购物的用户好评、差评会影响用户的行为，同样地，企业发布消息传递的文本情绪也会对用户产生影响。文本情绪与用户社交行为直接相关，情绪表达对于社交媒体上的用户社交行为很重要，伴随情感的消息会鼓励用户回应消息[22]，FGC 的情感性对用户的行为也具有正向影响[7]。

生动性描述了 FGC 的一个特征，如果有更多的 FGC 包含生动（如嵌入的视频）和娱乐（如有趣、令人兴奋的）的内容，用户会更多地参与（由点赞数量和评论数量衡量）。例如，Scheinbaum 等[23]研究整合营销时得出结论，企业通过电子邮件进行营销时，包含视频的电子邮件比纯文字的电子邮件营销效果更好。因此，FGC 可以通过不同的内容组合和不同水平的生动性来刺激用户的感官，例如，具有图片、链接或者视频的 FGC 与纯文字的 FGC 对用户感官的刺激是不同的，并且用户可以展示其对包含各种生动性的 FGC 的多样化参与。

因此，本章提出如下假设。

H12-1：微博 FGC 对品牌销量存在显著正向影响。

H12-1a：微博 FGC 的情感性对品牌销量存在显著正向影响。

H12-1b：微博 FGC 的交互性对品牌销量存在显著正向影响。

H12-1c：微博 FGC 的生动性对品牌销量存在显著正向影响。

埃宾豪斯（Ebbinghaus）是德国著名的心理学家，他在 1885 年发表了记忆研究报告，从此记忆成为心理学中被研究最多的领域之一。埃宾豪斯发现了记忆遗忘规律，即随着时间的推移，人们对于事物的记忆呈现递减趋势，如表 12-1 所示。根据记忆遗忘规律，刚刚记忆完毕记忆量为 100%，1 天后记忆量仅剩 33.7%，6 天后记忆量仅剩 25.4%。用户对社交媒体上 FGC 的记忆也符合记忆遗忘规律。用户对 FGC 记忆逐渐减少，但仍能在之后几天中产生影响，而且营销的有效性随着时间而变化。例如，经典产品生命周期（product life cycle，PLC）理论表明，在引入和增长阶段，企业广告的影响效果较高，但是在后期，企业广告的影响效果有所下降。此外，由于用户的偏好不断变化，营销组合对销售的影响可能随着时间而变化；网络普及、新产品和信息更新频繁，营销方式和内容随着时间的推移将在用户心中逐渐消失，对其购买行为的影响也会有所变化。用户对社交媒体反应的相互联系和不可预测的性质可能导致社交媒体对销售的有效性的时间变化。例如，Kumar 等[24]研究了社交媒体营销和传统营销对品牌销售的时变协同效应，结果表明社交媒体的有效性对销售产生显著的时变效应；社交媒体营销具有随时间变化的协同效应，包括对店内促销和品牌销售的产品抽样。总之，现有的研究表明营销的有效性可能随着时间的推移而消失。此外，越来越多的社交媒体讨论表明影响的持续性是一个需要考虑的重要媒介。因此，本章提出以下假设。

H12-2：微博 FGC 对品牌销售具有持续影响效果。

表 12-1　记忆遗忘规律

时间间隔	记忆量
刚刚记忆完毕	100%
20 分钟之后	58.2%
1 小时之后	44.2%
8～9 小时后	35.8%
1 天后	33.7%
2 天后	27.8%
6 天后	25.4%
1 个月后	21.1%

12.3　研究模型构建与分析

1. 模型构建

本章根据学术界关于 FGC 对品牌销量影响的研究方法和研究模型，基于关系营销、社会影响和病毒式营销理论及研究假设和理论模型，确定研究的计量模型为动态面板模型。式（12-1）～式（12-3）分别表示 FGC 对品牌销量的影响、FGC 三个指标对品牌销量的影响、FGC 对品牌销量的持续性影响。

$$\ln \text{Sales}_{it} = \beta_0 + \beta_1 \text{FGC}_{it} + \beta_2 \text{Week}_{it} + \beta_3 \text{Quantity}_{it} + \beta_4 \ln \text{Price}_{it}$$
$$+ \beta_5 \ln \text{Disprice}_{it} + \beta_6 \text{Activity}_{it} + \beta_7 \text{Evaluation}_{it} + \beta_8 \text{Type}_i + \varepsilon_i \quad （12\text{-}1）$$

$$\ln \text{Sales}_{it} = \beta_0 + \beta_1 \text{Receptivity}_{it} + \beta_2 \text{Valence}_{it} + \beta_3 \text{Vividness}_{it}$$
$$+ \beta_4 \text{Week}_{it} + \beta_5 \text{Quantity}_{it} + \beta_6 \ln \text{Price}_{it} + \beta_7 \ln \text{Disprice}_{it} \quad （12\text{-}2）$$
$$+ \beta_8 \text{Activity}_{it} + \beta_9 \text{Evaluation}_{it} + \beta_{10} \text{Type}_i + \varepsilon_i$$

$$\text{lnSales}_{it} = \beta_0 + \beta_1 \text{FGC}_{it} + \beta_2 \text{Week}_{it} + \beta_3 \text{Quantity}_{it} + \beta_4 \text{lnPrice}_{it}$$
$$+ \beta_5 \text{lnDisprice}_{it} + \beta_6 \text{Activity}_{it} + \beta_7 \text{Evaluation}_{it} + \beta_8 \text{Type}_i + \beta_9 \text{FGC}_{i(t-1)}$$
$$+ \beta_{10} \text{FGC}_{i(t-2)} + \beta_{11} \text{FGC}_{i(t-3)} + \beta_{12} \text{FGC}_{i(t-4)} + \beta_{13} \text{FGC}_{i(t-5)} + \beta_{14} \text{FGC}_{i(t-6)} + \varepsilon_i$$

$$(12\text{-}3)$$

本章借助网络爬虫软件八爪鱼对数据进行收集，选取中文分词工具 Python 的 jieba 库进行分词，选取台湾大学情感词库，识别分词后的积极和消极词汇，最终依据情感词典和 Python 得出每条 FGC 的情感值。变量描述如表 12-2 所示。

表 12-2　变量描述

变量类型	变量名称	具体描述	衡量方式
因变量	品牌销量（Sales）	品牌每日销量数据	天猫旗舰店每日实时销量
自变量	FGC	企业在其官方账号发布的信息	企业在官方账号发布的一切官方消息
	FGC 交互性（Receptivity）	用户对 FGC 的响应	以用户对 FGC 的点赞、评论、转发总数计量
	FGC 情感性（Valence）	FGC 文本所富含的情感	采用机器学习算法进行衡量，分成积极、中性、消极，分别赋值 1、0、-1
	FGC 生动性（Vividness）	FGC 对用户的视觉冲击	以链接、视频、图片、文本四个维度分别赋值 4、3、2、1
控制变量	发布数量（Quantity）	企业每日发布 FGC 的数量	抓取每个品牌当日 FGC 的数量之和
	发布时间（Week）	FGC 发布的日期	以工作日和周末区分，分别赋值 1、0
	产品价格（Price）	品牌各产品的每日价格	天猫旗舰店产品购买界面的原价
	折扣价格（Disprice）	品牌各产品当日的折扣价格	抓取的折扣价格
	评论数量（Evaluation）	每个产品购买界面用户评论数量	每日累计评论数量
	促销活动（Activity）	产品的促销活动	有促销活动的赋值 1，没有促销活动的赋值 0
	产品类型（Type）	产品类型	搜索型产品赋值 1，体验型产品赋值 0

2. 测量与分析

通过一系列筛选过程，剔除 654 个缺失和销量为 0 的数据，最终微博社交媒体平台得出有效样本为 4890 个产品的非平衡面板数据。如表 12-3 所示，包括品牌销量（Sales）、FGC、FGC 交互性（Receptivity）、FGC 生动性（Vividness）、FGC 情感性（Valence）、评论数量（Evaluation）、产品价格（Price）、折扣价格（Disprice）、发布数量（Quantity）等变量。品牌销量（单位：10^3 个）的均值为 9.1429，最小值为 0.001，最大值为 728.374，表明样本间存在较大差异；FGC（单位：10^3 次）

的均值为 12.7657，最小值为−324.69，最大值为 3097.293。FGC 交互性（单位：
10^3 次）的均值为 6.5966，最小值为 0，最大值为 1032.431，表明样本间的交互性
存在较大差异；FGC 生动性和 FGC 情感性都是表示程度的变量，均值分别为
2.0123 和 0.7613，表明样本的 FGC 更多地趋向于包含图片类型的内容和积极类情
感文本；评论数量（单位：10^3 条）的均值为 22.2135，最小值为 0，最大值为 258.958，
评论数量的差异较大；产品价格（单位：元）与折扣价格（单位：元）的均值分
别为 1770.615、1651.289，最小/最大值分别为 99 和 7988、98.9 和 7988，表明这
两个变量的样本之间存在较大差异；发布数量（单位：次）的均值为 3.9335，最
小值为 0，最大值为 26。

表 12-3　微博样本数据描述

变量	样本数量	均值	标准差	最小值	最大值
品牌销量（Sales）/10^3 个	4890	9.1429	17.5183	0.001	728.374
FGC/10^3 次	4890	12.7657	99.4929	−324.69	3097.293
FGC 交互性（Receptivity）/10^3 次	4890	6.5966	37.922	0	1032.431
FGC 生动性（Vividness）	4890	2.0123	0.968	0	4
FGC 情感性（Valence）	4890	0.7613	0.5322	−1	1
评论数量（Evaluation）/10^3 条	4890	22.2135	40.1466	0	258.958
产品价格（Price）/元	4890	1770.615	1537.44	99	7988
折扣价格（Disprice）/元	4890	1651.289	1475.221	98.9	7988
发布数量（Quantity）/次	4890	3.9335	3.5152	0	26

　　为初步检验变量之间的关系，并对变量选择合理性进行检验，本章对主要变
量进行相关性分析，发现主要变量直接关系并不明显。为了排除其他因素影响，
本章对主要变量取对数形式并进行相关性分析，发现主要变量之间的相关性绝对
值均小于 0.5，说明主要变量之间不存在多重共线性，变量的选择合理。

　　本章研究数据为非平衡面板数据，为了更加精确地确定面板数据模型，对模
型进行如下检验。

　　（1）邹检验（Chow test）。利用 Stata 软件进行模型的检验和回归，结果发现
F 值 = 0，Prob>F = 0.0000，拒绝原假设，只能选择面板模型中的固定效应模型
或随机效应模型。

　　（2）豪斯曼检验（Hausman test）。利用 Stata 软件对固定效应模型和随机效应
模型进行回归，并进行豪斯曼检验，结果发现 p = 0.7614，接受原假设，采用随机
效应模型比固定效应模型进行数据的回归分析更有效。

因此，本章采用面板模型中的随机效应模型进行数据的模型回归。

3. 研究结果分析

首先，本章对微博 FGC 对品牌销量的影响进行分析，结果如表 12-4 所示。

表 12-4　微博 FGC 对品牌销量影响的模型回归结果

变量	系数	95%置信区间	
FGC	0.0006*** (0.002)	0.0002	0.0010
lnPrice	−1.5430*** (0.000)	−1.9885	−1.0975
lnDisprice	0.5701** (0.01)	0.1391	1.0011
Evaluation	0.0218*** (0.000)	0.0208	0.0228
Quantity	−0.0122* (0.058)	−0.025	0.0004
Activity	−0.1705*** (0.000)	−0.2555	−0.0855
Week	0.0143 (0.756)	−0.0759	0.1046
Type	1.9347*** (0.000)	1.7967	2.0738
常数项	6.3895*** (0.000)	5.9584	6.8206
Prob>F = 0.0000	$R^2 = 0.3916$		

注：括号中为 p 值
*$p<0.1$
**$p<0.05$
***$p<0.01$

　　由表 12-4 可见，方程中的 7 个变量显著。FGC 的系数为 0.0006，在 0.01 的水平上与品牌销量显著正相关，95%的置信区间为[0.0002，0.0010]，说明 H12-1 成立。产品价格系数为−1.5430，在 0.01 的水平上与品牌销量显著负相关；折扣价格系数为 0.5701，在 0.05 的水平上与品牌销量显著正相关；评论数量系数为 0.0218，在 0.01 的水平上与品牌销量显著正相关。发布数量和促销活动系数均为负，且分别在 0.1 和 0.01 的水平上与品牌销量负相关。发布日期对品牌销量的影响并不显著。虚拟变量产品类型系数为 1.9347，在 0.01 的水平上与品牌销量显著正相关，表明搜索型产品比体验型产品对品牌销量的影响更明显。

　　其次，本章对微博 FGC 三个组成部分对品牌销量的影响进行研究，结果如表 12-5 所示。

表 12-5　微博 FGC 三个组成部分对品牌销量影响的模型回归结果

变量	系数	95%置信区间	
Receptivity	0.0018*** （0.001）	0.0007	0.0028
Vividness	0.0131 （0.547）	−0.0295	0.5573
Valence	0.1601 （0.671）	−0.058	0.09
lnPrice	−1.5503*** （0.000）	−1.9962	−1.1045
lnDisprice	0.5776*** （0.009）	0.1462	1.009
Evaluation	0.2181*** （0.000）	0.0208	0.0228
Quantity	−0.0150** （0.022）	−0.0279	−0.0021
Activity	−0.1685*** （0.000）	−0.2537	−0.0832
Week	0.0102 （0.828）	−0.0819	0.1023
Type	1.9444*** （0.000）	1.9053	2.0835
常数项	6.3527*** （0.000）	5.9075	6.7979
Prob＞F = 0.0000	R^2 = 0.3919		

注：括号中为 p 值

**$p＜0.05

***$p＜0.01

　　从表 12-5 中可以发现，FGC 交互性系数为 0.0018，在 0.01 的水平上与品牌销量显著正相关，说明 H12-1b 成立，越多的人关注 FGC，品牌销量越高。FGC 生动性和情感性系数分别为 0.0131 和 0.1601，与品牌销量不显著相关，说明 H12-1c、H12-1a 不成立。

　　最后，本章关于 FGC 对品牌销量的持续性研究结果如表 12-6 所示。从表 12-6 中可以发现，FGC 滞后 1 期系数为 0.0005，在 0.05 的水平上与品牌销量显著正相关，置信区间为[0.0001，0.0009]；FGC 滞后 2 期系数为 0.0005，在 0.05 的水平上与品牌销量显著正相关；FGC 滞后 3 期系数为 0.0006，在 0.05 的水平上与品销量显著正相关；FGC 滞后 4 期系数为 0.0007，在 0.01 的水平上与品牌销量显著正相关；FGC 滞后 5 期系数为 0.0004，在 0.1 的水平上与品牌销量显著正相关；FGC 滞后 6 期系数为 0.0004，与品牌销量不显著相关。因此，FGC 对品牌销量的影响会持续 5 期，样本数据的单位为天，即周一的 FGC 对周六的品牌销量依旧存在影响。

表 12-6　FGC 对品牌销量影响持续时间的模型回归结果

变量	系数	95%置信区间	
FGC	0.0006*** (0.002)	0.0002	0.001
lnPrice	−1.5430*** (0.000)	−1.9885	−1.0975
lnDisprice	0.5701** (0.01)	0.1391	1.0011
Evaluation	0.0218*** (0.000)	0.0208	0.0228
Quantity	−0.0122* (0.058)	−0.025	0.0004
Activity	−0.1705*** (0.000)	−0.2555	−0.0855
Type	1.9347*** (0.000)	1.7967	2.0738
L1.FGC	0.0005** (0.01)	0.0001	0.0009
L2.FGC	0.0005*** (0.002)	0.0002	0.0009
L3.FGC	0.0006*** (0.002)	0.0002	0.001
L4.FGC	0.0007*** (0.001)	0.0003	0.0011
L5.FGC	0.0004* (0.094)	−0.0001	0.0009
L6.FGC	0.0004 (0.116)	−0.0001	0.0008
常数项	6.4858*** (0.000)	6.0525	6.9191
Prob>F = 0.0000		$R^2 = 0.4195$	

注：括号中为 p 值

*$p < 0.1$

**$p < 0.05$

***$p < 0.01$

12.4 研究发现及营销管理建议

FGC 是企业在其社交媒体官方账号页面发布的官方消息，这类消息很可能影响用户行为。本章从 FGC 层面考察了消息传递的情感、消息的丰富程度，从用户层面考察了用户对 FGC 的反应。从研究结果来看，微博 FGC 对品牌销量存在正向影响，这也与 Kumar 等[2]、Wan 和 Ren[4]研究结果一致，企业通过社交媒体发布关于企业产品或服务的消息对品牌销量有显著促进作用。在互联网新时代，企业营销方式从传统的宣传渠道转移到了社交媒体，为了更好地提升企业绩效，企业可充分利用社交媒体进行营销，提高企业品牌、产品、服务的出现频率，提升用户对企业的认可度，刺激用户对企业产品的购买行为，影响用户行为。

微博 FGC 对品牌销量有正向影响。微博作为我国较大的社交媒体平台，用户可通过其电脑端和移动端随机浏览观看热点话题、推荐话题和内容，也可通过关注或搜索感兴趣的企业发布的消息；微博具有先天的媒体属性，即时有效的传播渠道覆盖多个垂直领域，微博还拥有庞大的用户规模，成为吸引企业的一个亮点。实证研究也发现，微博 FGC 交互性对品牌销量的正向影响更为显著，这与微博庞大的用户群体、即时有效的传播是分不开的。微博 FGC 交互性以天为单位计算，其用户参与的数值几乎以 10^3 次为单位计量，每天企业发布的消息受到上千人关注，Wan 和 Ren[4]也发现高参与度的 FGC 对品牌销量影响更大，本章在微博上的研究结果与其相同。

企业在微博平台上发布内容时，企业应更多注重用户的响应和反馈，企业粉丝效应明显。虽然生动性的正向影响并不明显，但生动性与交互性存在正相关关系，因此企业在发布 FGC 时可以提高内容的丰富程度，搭配"视频/图片+链接"的形式，同时可以利用微博的"话题讨论""微博活动"等提高用户响应，活动平台为企业提供多种粉丝互动形式，用户参与活动并在微博分享，形成链条式传播，进而实现品牌营销的目的。

参 考 文 献

[1] 吕喆朋，黄京华，金悦. 企业生成内容对用户生成内容的影响——以新浪企业微博为例[J]. 信息系统学报，2016，10（2）：56-70.

[2] KUMAR A，BEZAWADA R，RISHIKA R，et al. From social to sale: The effects of firm-generated content in social media on customer behavior[J]. Journal of marketing，2016，80（1）：7-25.

[3] SWAIN A，CAO Q. Impact of online firm generated content（FGC）on supply chain performance: An empirical

analysis[C]. Waikoloa: 47th Hawaii International Conference on System Sciences, 2014: 561-573.

[4]　WAN F, REN F. The effect of firm marketing content on product sales: Evidence from a mobile social media platform[J]. Journal of electronic commerce research, 2017, 18 (4): 288-302.

[5]　LEE D, HOSANAGAR K, NAIR H. The effect of social media marketing content on consumer engagement: Evidence from Facebook[J]. Social science electronic publishing, 2013, 17 (4): 137-166.

[6]　MARTÍNEZ-NAVARRO J, BIGNÉ E. The value of marketer-generated content on social network sites: Media antecedents and behavioral responses[J]. Journal of electronic commerce research, 2017, 18 (1): 52-72.

[7]　VISWANATHAN V, EDWARD C, MASLOWSKA E, et al. Dynamics between social media engagement, firm generated content, and live and time-shifted TV viewing[J]. Journal of service management, 2018, 29 (3): 378-399.

[8]　杨学成, 肖彦. 品牌中心和非品牌中心企业生成内容对品牌态度的影响——基于新浪微博的实证研究[J]. 中国经贸导刊, 2017, 4 (11): 43-45.

[9]　WEIGER W H, WETZEL H A, HAMMERSCHMIDT M. Leveraging marketer-generated appeals in online brand communities[J]. Journal of service management, 2017, 28 (1): 133-156.

[10]　LI Y H, OH L B, WANG K L. Why users share marketer-generated contents on social broadcasting web sites: A cognitive-affective involvement perspective[J]. Journal of organizational computing and electronic commerce, 2017, 27 (4): 342-373.

[11]　SONNIER G P, MCALISTER L, RUTZ O J. A dynamic model of the effect of online communications on firm sales[J]. Marketing science, 2011, 30 (4): 702-716.

[12]　HO J Y C, DEMPSEY M. Viral marketing: Motivations to forward online content[J]. Journal of business research, 2010, 63 (9-10): 1000-1006.

[13]　刘嘉琪, 齐佳音, 朱阿丽. 社交媒体中企业生成内容（EGC）的社会化传播行为研究——基于内容和情感分析视角[J]. 情报科学, 2018, 36 (8): 135-141.

[14]　SCHOLZ M, DORNER V, LANDHERR A, et al. Awareness, interest, and purchase: The effects of user-and marketer-generated content on purchase decision processes[C]. Vilnius: 34th International Conference On Information Systems, 2013: 1-17.

[15]　BRONNER F, DE HOOG R. Consumer generated versus marketer-generated websites in consumer decision making[J]. International journal of market research, 2010, 52 (2): 231-248.

[16]　PEHLIVAN E, SARICAN F, BERTHON P. Mining messages: Exploring consumer response to consumer-vs. firm-generated ads[J]. Journal of consumer behaviour, 2011, 10 (6): 313-321.

[17]　BERTRAND M, KARLAN D, MULLAINATHAN S, et al. What's advertising content worth? Evidence from a consumer credit marketing field experiment[J]. Quarterly journal of economics, 2010, 125 (1): 263-305.

[18]　WANG W L, MALTHOUSE E C, CALDER B, et al. B2B content marketing for professional services: In-person versus digital contacts[J]. Industrial marketing management, 2019, 81: 160-168.

[19]　LEA W. The new rules of customer engagement[EB/OL]. (2012-04-05) [2024-01-06]. http://www. inc.com/wendy-lea/new-rules-of-customer-engagement.html.

[20]　NAYLOR R W, LAMBERTON C P, WEST P M. Beyond the "like" button: The impact of mere virtual presence on brand evaluations and purchase intentions in social media settings[J]. Journal of marketing, 2012, 76 (6): 105-120.

[21]　VAICIUKYNAITE E, MASSARA F, GATAUTIS R. An investigation on consumer sociability behaviour on Facebook[J]. Inzinerine ekonomika-engineering economics, 2017, 28 (4): 467-474.

[22]　DOBELE A, LINDGREEN A, BEVERLAND M, et al. Why pass on viral messages? Because they connect

emotionally[J]. Business horizons，2007，50（4）：291-304.

[23]　SCHEINBAUM A C，HAMPEL S，KANG M. Future developments in IMC：Why E-mail with video trumps text-only E-mails for brands[J]. European journal of marketing，2017，51（3）：627-645.

[24]　KUMAR V，CHOI J B，GREENE M. Synergistic effects of social media and traditional marketing on brand sales：Capturing the time-varying effects[J]. Journal of the academy of marketing science，2017，45（2）：268-288.

第四篇　广告定价策略篇

第 13 章　搜索排名广告定价机制研究

13.1　搜索排名广告及收费模式

搜索广告在现代数字经济中具有重要地位，既包括搜索引擎营销（search engine marketing，SEM，又称搜索引擎广告），也包括平台中的搜索广告。搜索引擎广告是指在搜索引擎结果页面上付费展示的广告；平台中的搜索广告则是指在在线平台（如社交媒体、电子商务网站）的搜索结果页面中付费展示的广告。搜索广告市场规模巨大。权威营销数据统计机构 Statista 数据显示，2021 年全球搜索广告支出超过 1700 亿美元，预计未来几年搜索广告市场规模将以超过 5%的速度增长。与传统广告投放方式（如电视广告、广播广告、报纸广告）相比，搜索广告具备更好的定位特定受众群体的能力，从而提高了广告的有效性。通过关键词定位和广告定位，广告商可以将广告投放到特定的受众群体中，从而提高广告效果并降低广告成本，进而提高广告商的投资回报率。此外，搜索引擎和平台通过向广告商提供搜索广告服务，也是自身重要的收入来源。

搜索广告的价格通常受关键词竞争情况影响，呈现明显的供需关系。如果某个关键词竞争激烈，广告商需要支付更高的费用才能在搜索结果页面上展示广告。因此，广告市场存在供需关系。当某个关键词的供应量（广告商）增加而需求量（搜索量）保持不变时，该关键词的广告价格会上涨。相反，当某个关键词的需求量增加而供应量保持不变时，该关键词的广告价格会下降。关键词拍卖是互联网广告领域应用的拍卖理论之一，是发布搜索广告的重要环节。设计关键词拍卖机制对关键词广告的发布和推广具有十分重要的作用。

在互联网广告发展初期的门户网站时期，广告收费模式主要采用传统广告的千人印象成本（cost-per-thousand-impressions，CPM）模型。该模型以广告展示次数为基础，对广告商进行收费。随着互联网科技的发展和搜索引擎网站的出现，广告收费模式发生了重大变化。1996 年，宝洁公司（P&G）与雅虎公司（Yahoo）开始采用按点击量收费（cost-per-click，CPC）模式，即广告商不再根据广告展示给消费者的次数付费，而是根据消费者点击其广告链接的次数付费。1997 年，Overture 公司（后成为雅虎子公司）引入了一种全新的基于关键词拍卖的 CPC 在线广告定价模式，并采用广义第一价格拍卖（generalized first price auction，GFP）机制。广告发布流程如下：首先，广告商根据商品特点或服务提交一个关键词以及与之对应的广告文本，由搜索引擎编辑进行审核；其次，广告商为选定的关键词提交一个出价，在同一关键词下的多个广告中，搜索引擎按出价大小进行排序，最高出价的广告排在第一位，次高出价的广告排在第二位，依次类推；最后，如果用户点击了广告链接，广告商支付的费用等于其出价，否则，不需要支付费用。该机制对广告商更具吸引力，因为搜索引擎广告具有更强的针对性，广告商能够更准确地找到潜在消费者，并以较低成本进入市场。同时，搜索引擎广告按点击量付费，只有当用户点击广告链接时，广告商才需要向搜索引擎付费。这一特点真正解决了搜索引擎广告费用的问题，提高了广告的运行效率。基于以上特点，GFP 机制一经推广便取得了巨大成功。2003 年，雅虎公司以 16.3 亿美元收购了 Overture 公司，再次证明了 GFP 机制所具备的商业价值。

经过一段时间的运行和实践，GFP 机制的低效和不稳定性缺陷逐渐显现。在 GFP 机制下，广告商的支付费用等于其自身的出价。若出价过低，则无法获得理想的广告位，这不利于产品宣传和推广；若出价过高，则支付的费用增加，导致利润空间被压缩。因此，广告商需要不断调整其出价以获得性价比较高的广告位。这种行为会导致较大的价格波动，增加了系统的负荷，同时降低了拍卖的效率。Edelman 和 Ostrovsky[1]对 Overture 公司在 GFP 机制下的拍卖数据进行了分析，发现广告商会采取循环价格战的策略型出价行为，从而降低了搜索引擎的收益。这导致拍卖的运行效率和稳定性成为搜索引擎急需解决的问题。

为了解决这个问题，谷歌公司通过对维克里-克拉克-格罗夫斯（Vickrey-Clarke-Groves，VCG）机制的拓展，在 2002 年提出了基于关键词拍卖的广义第二价格拍卖（generalized second price auction，GSP）机制。GSP 机制与 GFP 机制大部分相同，唯一的区别在于广告商每次点击费用不再等于自身的出价，而是等于相邻下一位广告商的出价再加上一个最小的货币支付单位。这种支付方式保证了广告商可以以当前位置的最低价格进行支付。在 GSP 机制下，广告商的支付不取决于自身的出价，有效避免了广告商频繁改变出价的行为，从而在一定程度上保证了 GSP 机制的稳定性。此外，谷歌公司还创新了对关键词广告的排序规则。搜索引擎首先为每个广告商确定一个质量因子，该因子由广告历史点击率、广告文案与关键词相关性、广告宣传网页的制作水平及历史表现等因素共同决定；然后按照质量因子和出价乘积的大小进行排序，一定程度上预防了点击欺诈等投机行为。基于这些创新，GSP 机制一经推广便取得了巨大成功，谷歌公司成功超越了雅虎公司，成为世界闻名的互联网巨头。目前，基于每次点击付费的 GSP 机制已成为搜索引擎关键词拍卖的主要模式，谷歌、雅虎以及国内的百度、搜狗和淘宝等均采用 GSP 机制进行定价。

另一种搜索引擎广告关键词收费的拍卖方案是 VCG 机制，其形成可分为三个阶段。首先，Vickrey[2]提出了一种拍卖机制，通过密封式出价拍卖的方式将单个不可分割物品出售给多个潜在竞标者。出价最高的投标者获得标的物并以次高价格为标准进行支付。这种机制称为 Vickrey 拍卖机制，它鼓励竞标者真实出价，因为真实出价是最优的投标策略。其次，Clarke[3]将 Vickrey 拍卖机制应用于公共物品供应与分配中，通过对潜在购买者征收 Clarke 税，以鼓励购买者表达其真实偏好。最后，Groves[4]在 Vickrey 和 Clarke 的基础上进一步推广，为政府提供了一种有效的激励补偿机制，以鼓励企业的发展。这三位学者提出的机制都基于激励原则来引导消费者表达真实偏好，以提高公共产品供给与分配的效率，因此，这种机制称为 VCG 机制。VCG 机制是一种高效、公平的机制，可以使每个投标者的需求最大化，从而使整个拍卖的效率最大化。同时，它确保每个投标者的最终支付价格等于拍卖物品的真实价值，避免了因价格不公平导致投标者不参与拍卖的情况发生。在 VCG 机制中，每个广告商的支付等于其对其他广告商造成的总损失，包括在广告商参与和不参与竞拍时其他广告商获得的收益增量。每个广告商的支付用于补偿其参与竞拍所造成的社会福利损失，因此 VCG 机制不会对社会效率造成影响。此外，在 VCG 机制中，说真话（即每个广告商真实出价）是最优策略，因此 VCG 机制是激励相容的。实践中广泛采用的 GSP 机制并不鼓励说真话，因为说真话并不是一个占优策略。但是因为 VCG 机制相对于 GSP 机制更加复杂，广告商不容易掌握 VCG 机制的支付规则，所以尽管 VCG 机制在理论上具有良好的性质，但实际上很少有搜索引擎公司采用 VCG 机制。目前，只有 Meta 在其 AdAuction 系统中采用了 VCG 机制，谷歌也考虑将来在某些关联广告中应用 VCG 机制[5]。

　　Varian[6]和 Edelman 等[7]对关键词拍卖进行了深入的理论分析。Varian[6]在 GSP 机制下定义了纳什均衡（Nash equilibrium，NE）和对称纳什均衡（symmetric Nash equilibrium，SNE），证明了对称纳什均衡所具有的重要性质，即收益的非负性、估价的单调性、支付的单调性，以及对称纳什均衡是纳什均衡的子集。他还给出了最小和最大的对称纳什均衡下的出价，以及搜索引擎从对称纳什均衡中获得的最小和最大收益，并得出了在 GSP 机制下搜索引擎获得的最小收益与在 VCG 机制下获得的均衡收益相等的结论。Edelman 等[7]在 GSP 机制下定义了局部无妒忌均衡（locally envy free equilibrium，LEFE），并证明了局部无妒忌均衡与对称纳什均衡是等价的。他们指出 GSP 机制不存在占优策略均衡，说真话并不是 GSP 机制的均衡策略。此外，他们提出了基于英式拍卖在多物品拍卖场景拓展的广义英式拍卖，并证明该拍卖存在唯一的贝叶斯均衡，并且在该均衡下广告商的收益与 VCG 机制下占优策略的收益是相同的。在此研究基础上，学术界进一步从放松模型假设、机制设计及引入质量因子等方面对该问题进行了探索和研究。

　　从内生化用户点击行为的角度出发，一些学者对广告位点击率不是外生变量的情况进行了分析。为了区分广告商的产品质量，Chen 和 He[8]提出了基于消费者最优搜索行为的关键词拍卖模型，并指出拍卖机制可以按照产品质量从好到差进行区分，从而增加社会整体福利。关键词拍卖机制的设计对于关键词广告的发布和推广具有重要影响。Athey 和 Ellison[9]也将消费者搜索行为因素纳入关键词拍卖模型的理论框架，并对预设价格、点击率权重、商品多样性、广告词精准度、支付方式等对消费者、广告商和在线平台收益的影响进行了系统分析。GSP 机制并非诱导真实出价的拍卖机制，而且可能存在多个纳什均衡策略。另外，一些文献探讨了广告位点击率之间的相互影响，研究了不同广告之间的点击率。Aggarwal 等[10]首次考虑了不同广告之间点击率的相互影响，并提出了马尔可夫（Markov）模型，该模型成为第一个考虑广告间外部性的模型。Kempe 和 Mahdian[11]在同期提出了类似的模型。在该模型下，出价高的广告商不一定能获得更靠前的广告位。然而，广告位的最优分配结果仍然满足出价的单调性，即在最优分配下，广告商的出价越高，广告位越靠前。Giotis 和 Karlin[12]在马尔可夫模型框架下证明了纳什均衡的存在性，讨论了 GSP 机制相对于 VCG 机制的效率，但仍未找到可用于比较 GSP 机制和 VCG 机制的有效方法。此外，由于在 GSP 机制下讲真话并非占优策略，许多学者从不同角度比较了 GSP 机制和 VCG 机制。Aggarwal 等[13]提出了一种新的拍卖机制——阶梯式拍卖机制，证明了它是真实告知的拍卖机制，并且与 GSP 机制下的分配结果相同，而且无须做任何特殊假设。事实上，当点击率可分离时，阶梯式拍卖机制等同于 VCG 机制，即阶梯式拍卖机制是一种更一般的真实告知的拍卖机制。然而，这种拍卖机制并非最优。Bu 等[14]提出了前瞻性出价策略，定义了前瞻性纳什均衡，证明了前瞻性纳什均衡的结果是真实有效的，并且与 VCG 机制的均衡结果相同。姜晖等[15]假设广告商的估值与广告位相关，并在此基础上构建了 GSP 模型，证明了有效均衡的存在性，并且可以实现 VCG 机制的结果。

　　此外，在关键词广告的机制设计中，搜索引擎通常会设置保留价以排除估值较低的广告商，从而提高拍卖效率。因此，确定搜索引擎的最优保留价也是机制设计中的重要研究方向。Feng 等[16]在同时合并拍卖框架下，应用 Riley 和 Samuelson[17]的方法讨论了如何通过保留价来设计最优的关键词拍卖机制。Gonen 和 Vassilvitskii[18]在 Aggarwal 等[13]的基础上引入保留价，提出了双阶梯式拍卖机制，证明了该机制是真实告知的拍卖机制，但可能出现预算赤字问题。Xiao 等[19]在动态、不完全信息假设下研究了具有保留价的 GSP 机制，并证明了搜索引擎的最优保留价应当等于广告商的第 S 高估值的期望值（其中 S 表示广告位的数量）。Edelman 和 Schwarz[20]研究了关键词拍卖中的最优保留价，并证明了最优保留价满足的方程与传统拍卖中 Riley 和 Samuelson[17]的结果一致，且不依赖于广告商的数量。戎文晋和刘树林[21]通过建立可分单物品拍卖模型，给出了每个关键词最优保留价满足的方程，且最优保留价与投标者数量有关。张娥等[22]在广告位供大于求的情况下考虑了保留价对广告商出价策略和收益的影响，发现保留价对高类型广告商的投标激励效果较为明显，而较高水平的保留价会导致低类型广告商的投标与保留价呈反向变化，当保留价较低时，搜索引擎从一个广告位获得的收益比从两个广告位获得的收益更高；当保留价较高时，情况恰好相反。Thompson和 Leyton-Brown[23]研究了 GSP 机制中不同类型的保留价，发现不加权保留价比质量因子加权保留价效果更好，该结论在理论和实验上都是稳健的。Yang 等[24]研究了静态和动态两种情况下 GSP 机制的最优保留价，并发现当广告商的估值具有递增的广义失败率时，静态和动态情况下 GSP 机制的最优保留价是存在的。在静态情况下，最优保留价为常数；在动态情况下，最优保留价不仅与广告商的估值相关，而且与广告位数量有关。王平和张玉林[25]在广告商估值异质的假设下得到了搜索引擎的最优保留价，且该结果不受广告位与广告商点击率是否满足可分离假设的影响。此外，随着保留价的提高，广告商获得广告位的概率会降低。为了吸引更多广告商参与竞价拍卖，搜索引擎应设定一个相对合理的保留价。

13.2　研究模型构建与分析

1. 模型构建

前面介绍了针对在线平台广告位的有效分配所采用的不同定价机制。本节通过简单的例子比较这些广告位定价机制在理论和实际应用中的优缺点，并提出一种新的改进定价机制，以提高现有定价机制的效果。在线广告位的有效分配是定价机制的基本要求。如果广告位达到有效分配，那么预期点击量最高的广告位将分配给估值最高的广告商，次高的广告位将分配给估值次高的广告商，依此类推，直至完成分配，从而使得在线广告位供需市场的总剩余达到最大。

某在线广告平台有 K 个广告位出售给 N 个有意竞买该广告位的广告商，假设广告商的数量大于在线广告平台广告位的数量，即 $N > K$。广告位根据预期点击量从高到低进行排序，并编号为 $1,2,\cdots,K$，其中，广告位 k（$k \in \{1,2,\cdots,K\}$）每天的预期点击量为 x_k，满足 $x_1 > x_2 > \cdots > x_K$。广告商可以是不同产品的广告商，也可以是类似产品的广告商。假设每个广告商 i（$i \in \{1,2,\cdots,N\}$）对于在线广告平台的广告链接每被点击一次的估值 v_i 是不同的。将广告商的估值从高到低排序，估值最高的广告商为 $i=1$，估值次高的广告商为 $i=2$，依此类推，满足 $v_1 > v_2 > \cdots > v_N$。令 $u(k):\{1,2,\cdots,K\} \to \{1,2,\cdots,N\}$ 表示广告位分配函数，其中，$u(k)=i$ 表示广告位 k 被分配给广告商 i。

2. 定价机制

1）市场出清价格

广告位定价是指在线广告平台根据不同广告位的特性对其进行定价，并将其出售给潜在广告商，广告商可以根据自身的偏好进行购买。广告位定价的目标是通过调节市场的供需关系，实现广告位的有效分配并使市场达到出清状态。令 $p_k \in P = (p_1, p_2, \cdots, p_K)$ 表示广告位 k 每被点击一次广告平台向广告商收取的费用。市场出清价格需要满足以下三个条件。

首先，在市场出清价格下，广告位供需平衡并实现有效分配，即广告位的分配结果使得市场总剩余达到最大。若广告位达到有效分配，估值排在第 k 位的广告商获得第 k 个广告位，直到分配完毕。因此，在价格 P 下，有 $u(k) = k, \forall k \in \{1, 2, \cdots, K\}$。

其次，市场出清价格要求广告商获得广告位后满足参与约束，即在市场出清价格下，获得广告位的广告商有购买动机，即估值排在第 k 位的广告商在获得广告位 k 时的参与收益大于等于零。对于所有 $k \in \{1, 2, \cdots, K\}$，有 $v_k x_k - p_k x_k \geqslant 0$，即 $p_k \leqslant v_k$。

最后，市场出清价格使得广告位的分配结果满足激励相容原则，即广告位 k 是估值排在第 k 位的广告商的最佳选择，在给定价格下获得最高的净期望收益，因此没有广告商有动机改变自己的广告位。对于估值排在第 k 位的广告商，广告位 k 作为最佳选择需要满足两个要求。①广告位 k 的期望净收益比广告位 $k-1$ 的期望净收益高，因此广告商没有动机去竞争期望点击量更高的广告位，即 $(v_k - p_k)x_k \geqslant (v_k - p_{k-1})x_{k-1}$。此外，由于 $v_k \geqslant p_k$ 且 $x_{k-1} \geqslant x_k$，市场出清价格满足 $p_{k-1} \geqslant p_k$，即期望点击量更高的广告位的每次点击费用更高。②广告位 k 的期望净收益比广告位 $k+1$ 的期望净收益高，因此广告商没有动机改变广告位去获取期望点击量更低的广告位，即 $(v_k - p_k)x_k \geqslant (v_k - p_{k+1})x_{k+1}$。

一般情况下，市场出清价格并不唯一，只要价格 $P = (p_1, p_2, \cdots, p_K)$ 满足前述三个条件，即可被视为市场出清价格。广告位 k 的最低市场出清价格 p_k 必须满足两个条件：①在期望点击量最低的广告位 K 上，满足 $p_K = v_{K+1}$，即 p_K 是使得估值排在第 $K+1$ 位的广告商没有参与动机的最低价格，即以每次点击支付 p_K 的价格获得广告位 K 对于广告商 $i = K+1$ 来说和不参与广告位竞争时净收益相等；②价格 p_k 使得广告商 $i = k+1$ 在获得广告位 k 和广告位 $k+1$ 时净收益无差异，即 $(v_{k+1} - p_k)x_k = (v_{k+1} - p_{k+1})x_{k+1}$。

以市场出清价格进行定价面临的主要问题是搜索广告平台无法准确获取广告商的支付意愿信息，从而导致平台和广告商之间存在信息不对称。因此，以市场出清价格进行定价无法诱导支付意愿更高的广告商进行真实选择。如果平台无法准确评估不同广告商的支付意愿，定价过程就会具有一定的随机性，最终可能无法实现市场出清。此外，以市场出清价格进行定价对于搜索广告平台是一项工作量巨大的任务。由于产品关键词词库庞大，对几百万个关键词进行动态定价几乎是不可能完成的。因此，在互联网初期，搜索广告平台考虑改进传统的以市场出清价格进行定价的方式，出现了一系列基于关键词拍卖以点击量计价的定价机制。

2）GFP 机制定价

GFP 机制是对单一物品第一价格密封式拍卖在多物品拍卖中的扩展应用。20 世纪 90 年代中期，Overture 公司首创了基于关键词竞拍搜索结果并根据网页链接点击量进行收费的搜索引擎广告定价模式。雅虎公司和其他一些网站相继采用了 GFP 机制，根据广告商的出价和点击量进行费用收取。假设有 N 个广告商参与对其产品网页在消费者搜索某个关键词后展示的广告位的竞拍。这些关键词对应共计 K 个广告位。每位广告商 i 提交一个出价 b_i，将所有广告商的出价按从高到低排名：$b_1 > b_2 > \cdots > b_K > b_{K+1} > \cdots$，出价最高的广告商获得广告位 1，出价次高的广告商获得广告位 2，以此类推，直到所有 K 个广告位分配完成。获胜的 K 位广告商将按其出价的排名赢得相应的广告位，并支付其在竞拍中的出价作为每次点击费用：$p_k = b_k$。GFP 机制具有简单明了的优点，每个赢得广告位的广告商支付的是自己的出价，因此很容易计算自己在赢得广告位后的净收益。然而，从在线广告平台的角度来看，GFP 机制存在纳什均衡的不稳定性问题，因此很容易出现循环价格。

3）GSP 机制定价

谷歌公司改进了关键词搜索拍卖定价模式，采用 GSP 机制作为关键词搜索广告的定价机制，成为目前最主流的搜索广告定价模式。国内的百度、淘宝等互联网巨头也纷纷采用 GSP 机制进行广告位收费。GSP 机制与 GFP 机制在广告位分配规则上是相同的：出价最高的 K 位广告商按照竞拍出价从高到低的顺序赢得相应期望点击量从高到低的广告位，出价排在第 k 位的广告商赢得期望点击量排在第 k 的广告位。两者的关键区别在于广告商需要支付的广告费用。如果搜索广告位通过 GSP 机制进行分配，那么赢得广告位 k 的广告商需要支付的广告费用等于在竞拍中排在其后的广告商的出价：$p_k = b_{k+1}$。Edelman 等[7]证明了尽管静态 GSP 借鉴了 Vickrey 拍卖机制，但不同于单一标的物拍卖场景，在多标的物关键词拍卖中，通常情况下 GSP 机制并不存在占优策略均衡，而且按估值进行真实出价并不一定是纳什均衡。

4）VCG 机制定价

Meta 在关键词搜索广告中严格遵循 VCG 机制进行定价。VCG 机制与 GSP 机制的一个重要区别在于：在 VCG 机制中，广告商的出价是其对广告位每次点击的价值估计，以达到占优策略的纳什均衡。因此，VCG 机制可以引导广告商进行真实出价，并具备采集广告商估值信息的功能。VCG 机制的广告位分配方式与

GSP机制和GFP机制相同,搜索广告平台采用使得总价值最高的广告位分配方式:出价最高的广告商获得广告位1,出价次高的广告商获得广告位2,以此类推,直至所有广告位分配完毕。但与前两种拍卖机制不同的是,VCG机制要求每位广告商支付的费用等于其所取代的广告位的总价值。假设有N位广告商,他们的出价按从高到低进行排名:$b_1 > b_2 > \cdots > b_N$。广告位也按照出价从高到低进行分配。现在考虑排名为k且出价为b_k的广告商,他的加入不会影响排名为$1, 2, \cdots, k-1$的广告商的广告位和排名,但会导致排名为$k+1$,$k+2$,$\cdots$,$K+1$的广告商的排名都后移一位。排名为k的广告商的每次点击费用等于排名为$k+1$,$k+2$,$\cdots$,$K+1$的广告商因他的存在而损失的价值之和。由于VCG机制是一种诱导真实出价的机制,每位广告商的最优出价是其真实估值,即$b_j = v_j$。因此,排名为k的广告商的总支付费用为

$$\sum_{j=k+1}^{K+1} v_j(x_{j-1} - x_j) = \sum_{j=k+1}^{K+1} b_j(x_{j-1} - x_j) \qquad (13\text{-}1)$$

广告商k每次点击费用即总支付费用除以他获得的广告位的期望点击量。VCG机制最重要的特征是对所有广告商而言真实出价是占优策略。然而,VCG机制在现实应用中计算支付费用的方法较为复杂,不容易被理解。因此,大多数搜索广告平台采用更简单直观的GSP机制。

3. 定价举例

下面通过一个例子来阐述以上介绍的几种搜索广告定价机制。假设搜索广告平台有两个关键词广告位可供销售,分别为$k=1$和$k=2$。每天这两个广告位的期望点击量分别为$x_1 = 200$次和$x_2 = 100$次。共有三位广告商,他们对每次点击的估值分别为$v_1 = 10$元、$v_2 = 4$元和$v_3 = 2$元。表13-1展示了当三位广告商获得广告位1和广告位2时,这两个广告位的市场价值,即$v_i x_k$。

表13-1   广告位分配价值(单位:元)

广告商	广告位1	广告位2
广告商1	2000	1000
广告商2	800	400
广告商3	400	200

首先,以市场出清价格进行定价。用p_1和p_2分别表示广告位1和广告位2的每次点击费用。广告商3在市场出清价格下没有需求,即$p_1 \geq 2$元且$p_2 \geq 2$元。广告商2在市场出清价格下的最佳选择是广告位2,满足两个条件:①广告位2

的收益大于等于零，即 $100(v_2-p_2)\geqslant0$ ；②广告位 2 的收益超过广告位 1 的收益，即 $100(v_2-p_2)\geqslant200(v_2-p_1)$ 。将 $v_2=4$ 元代入上式，得到 $p_2\leqslant4$ 且 $p_2\leqslant2p_1-4$ 。广告商 1 在市场出清价格下的最佳选择是广告位 1，即 $200(v_1-p_1)\geqslant100(v_1-p_2)$ ，得到 $2p_1\leqslant10+p_2$ 。综合上述条件，市场出清价格满足以下关系：

$$2\leqslant p_2\leqslant4 \tag{13-2}$$

且

$$2+\frac{1}{2}p_2\leqslant p_1\leqslant5+\frac{1}{2}p_2 \tag{13-3}$$

图 13-1 展示了市场出清价格区间。所有落在平行四边形内的价格组合 (p_1,p_2) 都是市场出清价格。在最低市场出清价格（ $p_1=3$ 元, $p_2=2$ 元）的情况下，搜索广告平台的总期望收费为 $p_1x_1+p_2x_2=800$ 元。

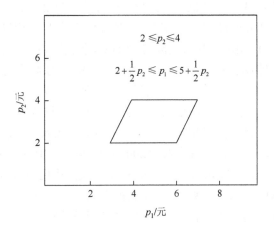

图 13-1　市场出清价格区间

若搜索广告平台采用 GFP 机制进行定价，广告商按照自己的出价支付每次点击费用，可能导致循环价格的情况发生。假设广告商 3 以最高的出价 $b_3=2$ 元参与竞拍，广告商 2 可以出价 $b_2=2.01$ 元获得广告位 2，于是广告商 1 出价 $b_1=2.02$ 元获得广告位 1。然而，广告商 2 可以通过提高出价至 $b_2=2.03$ 元来获得广告位 1。这样一来，广告商 1 和广告商 2 可以不断加价，直到每次点击费用达到 3 元。在这种情况下，广告商 2 以每次点击费用为 3 元获得广告位 1 的净收益与以每次点击费用为 2 元获得广告位 2 的净收益相等。因此，只要广告位 1 的出价超过 3 元，广告商 2 就有动机将出价调整回 2 元，从而引发新一轮加价，导致循环价格的情况发生。基于此，GFP 机制的均衡出价将满足 $b_1,b_2\in[2,3]$ 元。

若搜索广告平台采用 GSP 机制进行定价，出价最高的两位广告商分别获得相应的广告位，并按照比其出价低一位的广告商的出价支付每次点击费用。首先，我们通过一个例子来证明在 GSP 机制下广告商的真实出价并非占优策略。考虑对每次点击费用的估值为 10 元的广告商，假设当前竞争对手的出价分别为 4 元和 8 元。此时，若该广告商以真实出价 $b=10$ 元参与竞拍，他将赢得广告位 1，每次点击费用为 8 元，净收益为 $200 \times (10-8) = 400$（元）。然而，若该广告商出价 $b=5$ 元，他将赢得广告位 2，每次点击费用为 4 元，净收益为 $100 \times (10-4) = 600$（元），高于真实出价时的净收益。因此，在搜索广告定价中，GSP 机制下的广告商真实出价并非占优策略。

此外，GSP 一般存在多个纳什均衡。在这个例子中，虽然真实出价不是广告商的占优策略，但所有广告商都采取真实出价（$b_1 = 10$ 元，$b_2 = 4$ 元，$b_3 = 2$ 元）是一个纳什均衡：没有广告商可以通过单方面改变自己的出价获得更高的收益。在这个策略组合下，广告商 3 获得广告位 2，每次点击费用为 4 元，但其每次点击的估值只有 2 元，所以广告商 3 没有动机提高出价以争夺广告位 2；广告商 2 当前每次点击费用为 2 元，获得 2 元的净剩余。如果他想争夺广告位 1，则需要将出价定在 10 元以上并支付 10 元，这超出了其估值范围，所以广告商 2 没有动机改变自己的出价；广告商 1 以当前策略组合获得广告位 1，每次点击费用为 4 元，获得 6 元的净剩余，且其提高出价不会改变广告位分配和支付价格。如果广告商 1 将出价降低至 2～4 元，他可以获得广告位 2，每次点击费用为 2 元，但这种改变会导致点击量和净收益的减少。综上所述，策略组合（$b_1 = 10$ 元，$b_2 = 4$ 元，$b_3 = 2$ 元）是该例子中的一个纳什均衡，搜索广告平台的总收入为 $200 \times 4 + 100 \times 2 = 1000$（元）。同样地，我们可以证明策略组合（$b_1 = 10$ 元，$b_2 = 3$ 元，$b_3 = 2$ 元）是该例子中 GSP 机制下的一个纳什均衡。在这个纳什均衡下，搜索广告平台的总收入为 $200 \times 3 + 100 \times 2 = 800$（元），与最低市场出清价格时搜索广告平台获得的总收入相等。

最后，若搜索广告平台采用 VCG 机制进行定价，则广告商按照自己的估值进行真实出价是占优策略。拍卖存在占优策略均衡（$b_1 = 10$ 元，$b_2 = 4$ 元，$b_3 = 2$ 元），并且出价最高的两位广告商赢得相应的广告位。赢得拍卖的广告商的支付费用是其出价对其他广告商造成的价值损失。广告商 2 的支付费用为 200 元，相当于每次点击费用为 2 元：广告商 2 的出价将广告商 3 从广告位 2 移除，造成的价值损失为 $100 \times 2 = 200$（元）。广告商 1 的支付费用为 600 元，相当于每次点击费用为 3 元：广告商 1 的出价将广告商 3 从广告位 2 移除，造成广告商 3 的价值损失为 $100 \times 2 = 200$（元）；广告商 1 将广告商 2 从广告位 1 后移到广告位 2，造成广告商 2 的价值损失为 $(200-100) \times 4 = 400$（元）。因此，在该例子中，VCG 机制下广告商每次点击费用为 $p_1 = 3$ 元，$p_2 = 2$ 元，等于最低市场出清价格时的定价，搜索广告平台的总收入为 800 元。

以上例子解释了主要的搜索广告定价机制。谷歌公司的首席经济学家 Varian 曾经指出，大多数人并不了解谷歌公司的经营收入是通过从广告商那里每点击一次而积累出来的。搜索广告拍卖和点击计价的模式取得了巨大的成功，但并非搜索广告定价的完美机制。点击计价模式存在一个重要缺陷，即出现大量的点击欺诈问题。在竞争对手之间往往存在通过雇佣代理点击竞争对手的广告链接来增加其搜索广告成本的情况。对这种恶意竞争的监管难度大且成本高昂，而且由于点击量的增加会增加搜索广告平台的广告收入，平台在短期内缺乏监测和管理点击欺诈问题的动力，从而给广告商造成巨大的广告成本损失。另外，从平台的角度来看，单纯通过拍卖出价高低来分配广告位在现实应用中也可能导致效率损失。质量较差、品牌关注度低的小型广告商往往通过在关键词拍卖中出高价来增加自己网页的曝光度，质量高、知名度高的广告商的链接则可能被挤出曝光度较高的搜索位置。同时，大量消费者在关键词链接展示后更倾向于点击知名度较高的广告商，而这些广告商由于竞价排名较低，其搜索结果链接的点击量会显著减少，从而影响了搜索广告平台的整体收入。因此，谷歌、百度等主要搜索引擎一直在寻求改进搜索广告的定价模式。部分搜索广告平台已经开始采用更复杂的方法，将拍卖竞价和品牌过往点击量加权进行结合，进行搜索广告的位置分配和收费。

13.3　搜索广告动态按时收费机制

针对点击计价模式存在的点击欺诈和低质量产品置顶等问题，本节提出一种新的搜索广告拍卖定价机制：动态按时收费机制。该机制可以有效规避上述问题。首先，广告商向搜索广告平台提交针对特定关键词的出价，按时间单位计算费率，如 b_i 元/天，并指定出价的有效时段 t。搜索广告平台根据广告商的出价，将对特定日期进行竞价的广告商按出价从高到低进行排名，并将搜索结果展示位置按出价从高到低进行分配，出价更高的广告商在时段 t 内的搜索中获得更高的期望浏览量位置。广告商向搜索广告平台支付费用可以采用 GSP 机制或 VCG 机制：赢得位置的广告商所支付的费率为排名在其后一位的广告商的出价（GSP 机制），或根据该广告商对排名在其后的广告商造成的价值影响进行收费（VCG 机制）。

搜索广告动态按时收费机制具有以下三个主要特征：①有效规避点击欺诈问题，广告不再基于广告商链接的点击量计费，而是按时间计费，因此广告商无法通过增加竞争对手点击量的手段进行恶意竞争；②有效体现广告商品牌价值差异性，广告商根据关键词搜索结果的期望价值进行策略评估，综合考虑期望点击量和转化率等因素，作为出价的重要考量，出价高但期望点击量低的广告商无法通过点击价格的竞争赢得最显著的搜索结果位置；③有效结合搜索广告的动态特征，搜索广告平台可以根据需要调整费率计算单位，竞价可以按天、小时、分钟等时间单位进行计算，而付费可以通过广告商设定的时间段进行。因此，竞价可以动态适应广告商的加入、退出和价格调整。对于搜索广告平台来说，广告商通过欺诈手段操纵广告位分配的风险显著降低；广告商则可以通过按时竞价和付费方式更清晰、简单地对广告效果进行准确高效的评估。

13.4 研究发现及营销管理建议

本章通过对搜索广告及其收费机制的发展历程和相关研究文献进行梳理，系统地介绍了搜索广告的主要定价机制及这些机制在实际应用中的优缺点。同时，本章总结了以市场出清价格进行定价在互联网搜索广告初期迅速被拍卖机制取代的原因，对比不同拍卖定价机制在搜索广告发展过程中的使用情况，概括了几种主要的搜索广告定价机制对搜索广告平台和广告商的优缺点。针对目前应用中普遍存在的点击欺诈和低质量产品置顶等问题，本章提出了搜索广告动态按时收费机制，取代了目前主流的基于点击量收费的定价机制。通过搜索广告动态按时收费机制，搜索广告平台能够有效规避低质量广告商通过高出价占据显著广告位从而降低平台收益的问题，同时广告商能够有效规避点击欺诈等恶性竞争行为所带来的营销成本损失。该机制结合了现有广告位拍卖机制，可以广泛应用于不同类型的互联网平台企业，在广告位分配和定价中实现有效配置平台广告资源的同时，降低广告商的营销风险，提高平台广告营销服务的质量和收益。本章的研究为搜索广告的定价机制提供了一个新的思路和方法，能够解决当前该领域存在的问题，并提高搜索广告平台和广告商的效益。

参 考 文 献

[1] EDELMAN B, OSTROVSKY M. Strategic bidder behavior in sponsored search auctions[J]. Decision support systems, 2007, 43 (1): 192-198.

[2] VICKREY W. Counterspeculation, auctions, and competitive sealed tenders[J]. Journal of finance, 1961, 16 (1): 8-37.

[3] CLARKE E H. Multipart pricing of public goods[J]. Public choice, 1971, 11 (1): 17-33.

[4] GROVES T. Incentives in teams[J]. Econometrica, 1973, 41 (4): 617-631.

[5] VARIAN H R, HARRIS C. The VCG auction in theory and practice[J]. American economic review, 2014, 104 (5): 442-445.

[6] VARIAN H R. Position auctions[J]. International journal of industrial organization, 2007, 25 (6): 1163-1178.

[7] EDELMAN B, OSTROVSKY M, SCHWARZ M. Internet advertising and the generalized second-price auction: Selling billions of dollars worth of keywords[J]. American economic review, 2007, 97 (1): 242-259.

[8] CHEN Y M, HE C. Paid placement: Advertising and search on the internet[J]. Economic journal, 2011, 121 (556): F309-F328.

[9] ATHEY S, ELLISON G. Position auctions with consumer search[J]. Quarterly journal of economics, 2011,

126（3）：1213-1270.

[10]　AGGARWAL G, FELDMAN J, MUTHUKRISHNAN S, et al. Sponsored search auctions with Markovian users[C]//PAPADIMITRIOU C, ZHANG S. Internet and network economics. WINE 2008. Berlin, Heidelberg: Springer, 2008: 621-628.

[11]　KEMPE D, MAHDIAN M. A cascade model for externalities in sponsored search[C]//PAPADIMITRIOU C, ZHANG S. Internet and network economics. WINE 2008. Berlin, Heidelberg: Springer, 2008: 585-596.

[12]　GIOTIS I, KARLIN A R. On the equilibria and efficiency of the GSP mechanism in keyword auctions with externalities[C]//PAPADIMITRIOU C, ZHANG S. Internet and network economics. WINE 2008. Berlin, Heidelberg: Springer, 2008: 629-638.

[13]　AGGARWAL G, GOEL A, MOTWANI R. Truthful auctions for pricing search keywords[C]. Ann Arbor: Proceedings of the 7th ACM Conference on Electronic Commerce, 2006: 1-7.

[14]　BU T M, DENG X T, QI Q. Forward looking Nash equilibrium for keyword auction[J]. Information processing letters, 2008, 105（2）：41-46.

[15]　姜晖, 王浣尘, 高朝伟. GSP 机制下付费搜索拍卖有效均衡的存在性研究[J]. 软科学, 2009, 23（7）：12-16.

[16]　FENG J A, SHEN Z J M, ZHAN R L. Ranked items auctions and online advertisement[J]. Production and operations management, 2007, 16（4）：510-522.

[17]　RILEY J G, SAMUELSON W F. Optimal auctions[J]. American economic review, 1981, 71（3）：381-392.

[18]　GONEN R, VASSILVITSKII S. Sponsored search auctions with reserve prices: Going beyond separability[C]//PAPADIMITRIOU C, ZHANG S. Internet and network economics. WINE 2008. Berlin, Heidelberg: Springer, 2008: 597-608.

[19]　XIAO B C, YANG W, LI J. Optimal reserve price for the generalized second-price auction in sponsored search advertising[J]. Journal of electronic commerce research, 2009, 10（3）：114-129.

[20]　EDELMAN B, SCHWARZ M. Optimal auction design and equilibrium selection in sponsored search auctions[J]. American economic review, 2010, 100（2）：597-602.

[21]　戎文晋, 刘树林. 关键词拍卖中最优保留价的研究[J]. 管理科学学报, 2010, 13（4）：29-37.

[22]　张娥, 郑斐峰, 刘亚旭, 等. 供大于求时关键字广告位拍卖保留价设计研究[J]. 预测, 2011, 30（2）：40-45.

[23]　THOMPSON D R M, LEYTON-BROWN K. Revenue optimization in the generalized second-price auction[C]. Philadelphia: Proceedings of the Fourteenth ACM Conference on Electronic Commerce, 2013: 837-852.

[24]　YANG W, QIAO J, FENG Y Y, et al. Optimal reserve price in static and dynamic sponsored search auctions[J]. Journal of systems science and systems engineering, 2013, 22（4）：440-456.

[25]　王平, 张玉林. 广告主异质下的关键词拍卖的最优保留价研究[J]. 武汉理工大学学报（信息与管理工程版）, 2013, 35（4）：608-612.

第14章　搜索排名下产品定价策略研究

14.1　价格与搜索排名关系

近年来，中国电子商务交易规模持续扩大，稳居全球网络零售市场首位。根据国家统计局的数据，我国电子商务交易规模从 2016 年的 26.1 万亿元增长到 2021 年的 40.14 万亿元，年均复合增长率为 8.99%。其中，网络购物交易规模迅速增长，成为刺激消费活力再生的重要推动力。2021 年，线上零售额达到 13.1 万亿元，同比增长 14.1%。电子商务的快速发展在零售领域推动了消费模式的重构，用户进行网络购物的消费习惯逐渐形成。根据《第 49 次中国互联网络发展状况统计报告》，2021 年我国网民规模达到 10.32 亿人，网络购物用户规模达到 8.42 亿人，网络支付用户规模达到 9.04 亿人。这表明我国的经济发展整体向好，电子商务市场中的经济良好运行得到了充分体现，并且人们对网络购物的接受度不断增加。

相较于线下销售，线上零售市场具有更大的规模和更强的网络效应。通过线上销售，商家可以拓展市场规模和利润。此外，线上市场降低了搜索成本，消费者能够实时获取价格信息，从而加剧了商家之间的价格竞争。然而，人们在浏览电子商务平台时很明显地感受到，即使销售的是完全同质的商品，不同位置的商家展示的价格也存在差异。仅位置因素就足以导致商家在定价时做出不同的决策，为同质商品赋予不同的价格，这导致同质商品的价格出现离散现象。这是否意味着商家所处的位置会影响其商品的价格和价格离散度？如果是，又是通过什么机制影响商家的价格和价格离散度？本章将从价格与搜索排名的关系和价格离散度与搜索排名的关系两个方面研究搜索排名下的产品定价策略。

价格和搜索排名之间的关系在电子商务营销策略中至关重要。价格是消费者购物时重要的决策因素之一，而搜索排名直接影响消费者浏览和购买商品的顺序。因此，价格和搜索排名是线上商家必须密切关注和有效管理的因素。在搜索理论模型中有两种常见的搜索方式设定：一种是固定样本数量的搜索模型；另一种是顺序搜索模型。Stigler[1]考虑了一个固定样本数量的搜索模型，该模型设定消费者在购买前就决定从 n 个商家中选择最低出价的商家购买商品，而每个商家的价格分布是外生确定的。研究发现，随着搜索成本的增加，出价和交易价格的离散度都会增加；价格分布越分散，期望交易价格就越低，消费者包括搜索成本在内的总期望成本也越低。Rothschild[2]指出固定样本数量的搜索模型中的搜索过程并不是最优的，它没有考虑过程中的新信息。相比之下，顺序搜索是最优的停止法则。在顺序搜索中，消费者设定一个保留价，只要在搜索过程中发现某个商家的商品价格低于保留价，就选择购买并终止搜索活动。Reinganum[3]提出了消费者参与最优顺序搜索的概念。在顺序搜索模型中，商家成本服从一定的分布，而消费者在支付垄断价格后的剩余应大于搜索成本。该模型通过引入商家成本的异质性分析并解决了 Rothschild 所提出的问题。在没有消费者进行搜索时将价格设定为高于保留价的商家会发现，当部分消费者开始搜索时，将价格调整为保留价是最优的。因此，价格的分布呈现截断状，并且搜索成本的减少会降低均衡价格的方差。Gilgenbach[4]发现当消费者的搜索成本低于某临界水平时，商家可能更频繁地收取高价，并且平均价格可能更高。此外，当商家拥有不对称的专属细分市场时，每个商家收取的预期价格可能随着搜索成本的下降朝相反的方向移动。Pires[5]评估了搜索成本对均衡价格和利润的影响。通过使用洗衣粉市场需求和成本的估计模型，发现搜索成本对价格和利润的影响程度和方向是异质的。搜索成本为商家降低价格以吸引搜索消费者的注意力创造了相互矛盾的激励，同时提高了价格以从不了解竞争产品的消费者那里获取利润。这些影响会随着商家实际价格和消费者对价格的搜索信念之间的关系的变化而变化。王飞龙[6]提出在商对客（business-to-consumer，B2C）市场中，低价策略并不总是绝对占优的策略。网络购物用户在搜索时考虑了搜索成本等因素，选择最低价商家的概率并非百分之百，这导致低价商家在市场中的存活环境恶化。焦韩涛[7]从消费者搜索机制和平台推荐机制两个途径入手，构建了消费者、商家和平台的三方博弈模型，试图解释信息不对称的相关问题，研究商家在何种程度上可以获取消费者信息、是否可以将这些信息作为定价的依据，以及消费者的搜索成本对其自身福利最大化的影响，发现在消费者搜索机制中，较低的搜索成本意味着较低的均衡价格，并且对消费者的福利水平存在一定的正向影响。周振红[8]专注于预售环境下商家的定价决策，并考虑了市场需求和消费者估值的不确定性，探讨了在两种市场环境下，商家采用预售策略与否对价格和期望利润的影响，并基于理性预期理论使用均衡分析方法进行求解。研究发现，市场需求越大，消费者估值越确定，此时预售策略是更优的选择。同时，消费者搜索成本的增加会对预售价格和期望利润产生负向影响。

　　商家位置的不同在一定程度上反映了搜索成本的存在，位置因素对价格的影响机制也存在差异。Xu 等[9]构建了一个研究寡头价格竞争的博弈模型，该模型假设在线搜索中存在共同的搜索顺序和具有非零搜索成本的消费者，推导得出了商家均衡的价格分布，并发现这种概率性的定价在不同位置的商家之间是不同的。此外，研究发现，直接的价格竞争只会在相邻位置的商家之间发生，表现出局部竞争的现象。Xu 等[10]通过研究最显著的位置在价格竞争中的作用，有效地评估了商家购买广告位的必要性。研究发现，最显眼的位置并不总能为具有竞争优势的商家带来最佳结果，这意味着最昂贵的位置并不一定对应最昂贵的商品。这说明商家在竞价争夺广告位时应充分考虑赢得位置后所带来的额外需求与过高竞价之间的利弊，并根据市场上竞争对手的实力确定竞价水平。Ghose 等[11]将消费者偏好和搜索成本纳入动态结构模型，并结合顺序搜索中的最优停止法则和个体随机效用选择模型，描绘了消费者在商品搜索引擎中的搜索路径。他们使用了 2117 家美国酒店的客房预订数据对模型结果进行实证检验，发现搜索排名规则导致搜索成本的异质性，并对价格产生不同影响。一个良好的排名平均可以使价格降低 9.38 美元，一个较差的排名则可能导致价格升高 18.54 美元。Ursu[12]提出网络搜索引擎可以以清单的方式列出商家的价格，从而降低消费者的搜索成本，减少市场摩擦，有利于提高买卖双方的匹配度，实现双方福利的优化。研究发现，排名提升 1 个单位平均导致价格升高 1.92 美元。Liu 等[13]考虑位置不同的商家和具有搜索行为异质性的消费者对商家价格分布的影响，得出了价格竞争博弈的均衡定价策略，并确定了商家位置与价格之间的关系函数。当商家处于不同位置时，根据理论模型推导，每个商家会有不同的价格分布。此外，每个商家还对应一条商品信息，在定价时商家会考虑其所处的位置。当位置是外生变量时，处于较后位置的商家会设定较低的价格以吸引搜索者购买商品，处于较前位置的商家一方面会设定较高的价格，以通过向非搜索者销售来获取利润，另一方面会通过提供具有竞争力的低价来吸引搜索者购买商品。究竟采取哪种策略取决于搜索者比例。当搜索者比例较小时，处于较前位置的商家更关注非搜索者带来的利润，因此会采取较高的定价策略；当搜索者比例较大时，处于较前位置的商家不得不采取较低的定价策略以吸引搜索者。因此，本章提出以下假设。

H14-1：商家所处的位置对其定价决策是有影响的，但具体的影响方向要根据搜索者在整体消费者中所占的比例而定。

14.2　价格离散与搜索排名关系

价格离散是指同一类商品在同一时间的搜索结果中出现不同价格的情况。在电子商务竞争激烈的市场环境中，价格离散与搜索排名之间存在非常复杂的关系。Stigler[1]通过构建在不完全信息条件下的价格搜索模型，指出市场上的一些消费者并没有完全了解商品的价格信息，即存在信息不对称现象，因此，这些消费者为了获得最低价格，必须支付一定的搜索成本。商家根据消费者所了解的价格信息制定价格策略，从而导致市场出现价格离散的现象。MacMinn[14]同样设定了固定样本数量搜索的情境，并且假设商家的边际成本是私有的且低于消费者的单位价值。通过理论推导发现，即使搜索成本非常低，均衡价格离散仍然存在。这种离散不仅导致消费者信息集中程度不同，而且导致一定程度的商家竞争。同时，商家边际成本的方差增加会导致价格的方差增加，即搜索成本的降低会增加均衡价格的离散度。Burdett 和 Judd[15]构建了固定样本数量搜索模型，并将消费者分为搜索者和非搜索者，证明了不同的消费者搜索行为会导致价格离散。Varian[16]将市场上的消费者根据知情程度分为两类，并认为商家为了实现利润最大化，会针对不同的消费者群体实行价格歧视，从而导致市场呈现价格离散的状态。Kim D W 和 Kim J H[17]使用面板数据集对消费者搜索成本降低对韩国汽油市场的影响进行了实证检验，在控制价格离散和价格边际的影响因素后，消费者搜索成本的降低会减少大都市区的价格离散现象。Chandra 和 Tappata[18]聚焦美国零售汽油行业，发现价格离散随着搜索成本的增加而增加。Sherman 和 Weiss[19]围绕耶路撒冷户外市场，利用消费者搜索强度的截面和时间差异进行研究，发现价格离散随着搜索成本的增加而增加。

在理论模型中，进一步引入清算所的概念。清算所是一个买卖双方互动的场景，卖方需要决定价格和是否向清算所提供价格，买方则决定是否通过清算所获取相关信息。Varian[16]指出在清算所环境下，消费者面对不同的事前信息集会导致价格离散。一部分消费者通过清算所获取信息，另一部分消费者不知道相关信息，这种事前的差异由两类消费者获取清算所信息的成本不同所致。显而易见，清算所提供的信息价值与消费者获取该信息所支付的期望价格之间存在差异。知情的消费者支付的平均价格低于不知情的消费者，从而导致价格离散。然而，价格离散度并不是消费者信息成本或市场中搜索者比例的单调函数。当信息成本非常高时，没有消费者知晓信息，所有商家将收取保留价；当信息成本为零时，所有消费者知晓信息，商家将价格定为边际成本，从而出现伯川德（Bertrand）悖论。只有在相对可接受的信息成本下，才会出现价格离散。此外，当竞争商家数量增加时，对于知情的消费者，竞争效应将导致平均交易价格下降；对于不知情的消费者，由于商家降低价格以吸引搜索者的激励减少，平均交易价格上升。Baye 和 Morgan[20]创造了一个这样的环境：相同商品分布在分散的市场中，在不同地区仅有一个垄断供应商，但购买清算所的消费者可以查看其他地区的商品价格，支付费用的商家也可以向其他地区的消费者发出信号。即使在消费者和商家之间没有差异，并且所有消费者无成本地从清算所获取信息的情况下，均衡价格离散仍然发生，这仅仅是因为商家在清算所传递信息时需要支付广告费。Spulber[21]假设边际成本私有化且服从一定的分布。在均衡状态下，即使所有消费者是搜索者，并且所有商家的价格在清算所上公开，商家仍会出现正的利润。随着竞争商家数量的增加，利润会减少。即使在没有引入消费者异质性的情况下，商家成本的异质性也将导致均衡价格离散。

部分学者通过放松纳什均衡假设，研究了有限理性对价格和价格离散度的影响。在这种假设下，不再要求市场上的每个商家根据对其他市场参与者给定行动的最佳回应来选择行动，而是根据有限理性确定自己的价格和搜索策略。在这一思路下，学者得出了两个均衡概念。首先是 McKelvey 和 Palfrey[22]提出的随机最优响应均衡。在随机最优响应均衡中，Lopez-Acevedo[23]指出特定商家设定特定价格的可能性取决于该价格带来的预期利润。商家的价格是由随机决策规则决定的，但是能够带来更高预期利润的价格更有可能被采用。同时，每个商家从不同定价决策中获得的预期利润取决于其他参与者价格的概率分布。随机最优响应均衡要求所有商家对其他参与者行为的概率分布持有正确的信念，因此随机最优响应均衡的非退化价格分布要么可以被视为对商家利润函数的冲击，要么源于商家的决策错误。这种错误可能源于决策者对信息的处理能力的局限性，或者源于互联网商家所使用的动态定价算法中的"漏洞"。其次是 Radner[24]提出的 ε-均衡。在 ε-均衡中，没有商家能够通过改变价格获得超过 ε 的额外利润。这种均衡是由商家的认知或动机约束产生的。例如，如果动态定价的成本很高，当最终收益小于 ε 时，管理者可能不愿意承担这些经济或心理成本。Baye 和 Morgan[25]将随机最优响应均衡和 ε-均衡概念应用于定价博弈中，表明只需一点有限理性就可以产生在实验室中可观测到的及在互联网价格比较网站上能观察到的价格离散模式。Rauh[26]指出当市场参与者在他们对价格分布的信念上犯了小而不同的错误时，价格离散就会出现。

雷兵[27]将网络零售平台的四种排名方式（分别是价格、评价、销量和综合排名）作为商家的陈列规则，结果发现价格离散现象存在于每种排名方式中。Xu等[10]通过博弈模型分析了位置本身的价值和商品本身的价值并不总是匹配的，从而得出了二维均衡价格离散的结论，即同一位置的实际价格不同，不同位置的预期价格也不同。张艺和李秀敏[28]利用双向固定效应模型动态地检验了"双十一"期间价格比较网站中搜索效率对排名的敏感程度，结果显示，排名与价格离散度之间存在正向关系。虽然商家所销售的商品并不存在本质上的区别，但由于消费者需要花费一定的时间和精力进行搜索，产生了搜索成本。由于市场中存在部分非搜索者的消费者，市场交易双方对信息的掌握并不是均衡分布的，导致商家对同质商品定价的差异化，从而形成价格分布。不同位置的商家所销售的同质商品的定价没有达到均一化，也就是说出现了价格离散现象。因此，本章提出以下假设。

H14-2：商家所处的位置对价格离散度是有影响的。

14.3　研究模型构建与分析

1. 研究数据与变量定义

本章的截面数据采集自 2020 年的"双十一"网络购物节，样本取自零售电子商务行业中最具代表性的京东、苏宁易购和淘宝平台，获取这三大电子商务平台上书籍类商品的高度同质化截面数据。原始数据包括商品名称、商品价格、商家名称、商家数量、商家所处位置、商家所在平台等相关信息。通过对商品名称进行关键词提取，将具有相同关键词的商品确定为同质商品。通过关键词筛选，删除没有同质商品的数据，得到本章的样本。最终，本章选取 10 个符合要求的关键词，样本总量为 724 个，其中，京东平台上的样本量为 239 个，苏宁易购平台上的样本量为 179 个，淘宝平台上的样本量为 306 个。

　　基于收集到的原始数据和理论模型的假设，本章首先确定两个因变量，即 rprice 和 rsd。其中，rprice 为标准化价格，定义为某同质商品的价格与最低价格之差和最高价格与最低价格之差的比值：

$$\text{rprice}_{ijh} = \frac{\text{price}_{ijh} - \min(\text{price}_{ijh})}{\max(\text{price}_{ijh}) - \min(\text{price}_{ijh})} \tag{14-1}$$

其中，i 为某个商品；j 为商品的关键词；h 为商品所在的平台。rsd 为价格离散度，可通过计算同质商品中的 rprice 得到：

$$\text{rsd}_{ijh} = \sqrt{\frac{\sum_{i=1}^{n_i}\left(\text{rprice}_{ijh} - \overline{\text{rprice}_{jh}}\right)^2}{n_i}} \tag{14-2}$$

其中，n_i 为商品 i 的同质商品的数量。

　　表 14-1 提供了变量描述性统计，分别展示了变量名称、变量定义、均值、标准差、最小值与最大值。其中，因变量为价格（rprice）和价格离散度（rsd），核心自变量为商家位置（position）。此外，本章将商家数量（log s）、商家类型（property）、搜索强度（log ap）纳入模型估计的控制变量中。

表 14-1　变量描述性统计

变量	定义	均值	标准差	最小值	最大值
rprice	同质商品中,某商品的价格与最低价格的差和最高价格与最低价格的差的比值	0.46	0.31	0	1
rsd	同质商品中 rprice 的标准差	0.23	0.09	0.15	0.71
position	某商品信息在同质商品页面中体现的商家相对位置	49.45	49.64	1	192
log s	商家数量,在各个平台中销售某商品的商家数量的对数形式	4.05	1.17	0.69	5.26
property	商家类型,0 表示该商家为入驻商家;1 表示该商家为平台自营商家	0.01	0.04	0	1
log ap	搜索强度,同质商品平均价格的对数形式	4.78	0.52	4.39	6.91

2. 测量与模型

为符合模型中价格为[0, 1]的设定和排除样本中商品个体的差异，并且为了更直观地呈现价格的分布，本章对商品的原始价格数据进行标准化处理，得到分布在[0, 1]的 rprice。由此，本章使用 rprice 进行描述性统计、绘制价格分布图和将其作为因变量进行实证分析。从图 14-1 中可以观察到，价格在[0, 1]呈现出双峰分布，两端的密度较高，表明商家在定价时倾向于采用极端定价。

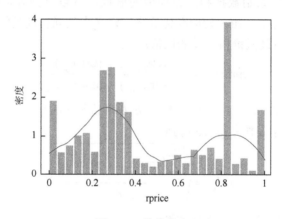

图 14-1　价格分布

鉴于商家存在极端定价的现象，本章进一步研究极端定价的商家，即那些定最低价格和最高价格的商家分布在何处，描述最低价格与位置、最高价格与位置的关系，具体见图 14-2 和图 14-3。

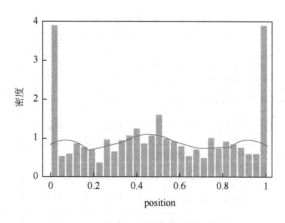

图 14-2　定最低价格商家位置分布

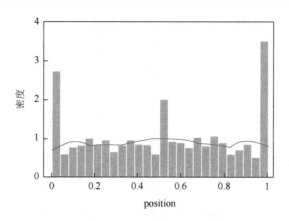

图 14-3　定最高价格商家位置分布

图 14-2 展示了定最低价格商家位置分布。最低价格往往更容易在最显眼和末尾的位置被找到，处于最显眼位置的商家更愿意采用最低价格来吸引消费者。图 14-3 展示了定最高价格商家位置分布。最高价格也往往更容易在最显眼和末尾的位置被找到。与定最低价格商家位置分布不同的是，相当一部分商家在中间位置选择了最高价格策略，同时末尾的商家制定最高价格的概率最大。

此外，如图 14-4 所示，本章使用 rsd 作为横坐标来描述价格离散度。从图 14-4 中可以观察到，样本中的价格离散度集中在[0, 0.4]，这表明销售同质商品的商家所制定的价格相对接近，没有出现极端异常定价的情况。

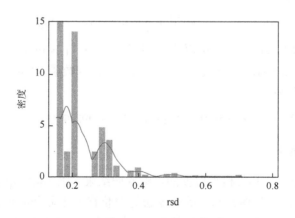

图 14-4　价格离散度分布

对位置排在前 50%与后 50%的商家进行分析和绘图，结果如图 14-5 所示。可以观察到，位置排在前 50%的商家与位置排在后 50%的商家的价格离散度分布存在些微差别，但整体上非常相似。

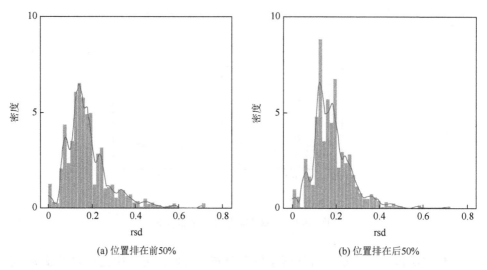

(a) 位置排在前50%　　　　　　　　　　　(b) 位置排在后50%

图 14-5　不同位置商家的价格离散度分布

为了研究商家位置对价格和价格离散度的影响，本章将价格和价格离散度作为因变量，并以商家位置作为核心自变量，同时加入其他控制变量构建研究模型。

首先，本章以标准化价格（rprice）作为因变量，将商家位置（position）作为核心自变量，并引入商家类型（property）和商家数量（log s）作为控制变量，构建如下计量模型：

$$\text{rprice} = \alpha_0 + \alpha_1 \text{position} + \alpha_2 \text{property} + \alpha_3 \log s + \varepsilon \qquad (14\text{-}3)$$

将价格离散度（rsd）作为因变量，将商家位置（position）作为核心自变量，加入商家类型（property）、搜索强度（log ap）、商家数量（log s）作为控制变量，构建如下计量模型：

$$\text{rsd} = \alpha_0 + \alpha_1 \text{position} + \alpha_2 \text{property} + \alpha_3 \log ap + \alpha_4 \log s + \varepsilon \qquad (14\text{-}4)$$

3. 研究结果分析

商家位置对价格和价格离散度的影响回归结果见表 14-2。rprice 列结果表明，在 0.01 的水平上，整体回归中的商家位置对价格产生显著的正向影响（系数为 0.000847）。这表明随着商家位置的增加，商家在定价时更倾向于设定较高的价格。每增加 1 个单位的商家位置，价格就会增加 0.000847 个单位。值得注意的是，在最显眼的位置上，商家并没有选择设定高价以吸引非搜索者，而是采取低价策略以吸引尽可能多的搜索者，这验证了 H14-1，并说明此时搜索者比例较高。rsd 列结果表明，在 0.01 的水平上，整体回归中的商家位置对价格离散度产生显著的正

向影响（系数为 0.000346）。每增加 1 个单位的商家位置，价格离散度就会增加
0.000346 个单位。这说明随着商家位置的增加，商品的价格离散度也会增加，验
证了 H14-2，即商家位置确实对价格离散度产生影响。

表 14-2　商家位置对价格和价格离散度的影响回归结果

变量	rprice	rsd
position	0.000847*** （0.000304）	0.000346*** （0.0000527）
property	0.349 （0.303）	−0.0684 （0.0525）
log s	0.0166 （0.0129）	−0.0697*** （0.00265）
log ap	—	−0.00779 （0.00497）
常数项	0.345*** （0.0452）	0.532*** （0.0306）
N	724	724
调整后的 R^2	0.031	0.630

***$p < 0.01$

14.4　研究发现及营销管理建议

现有研究更多地从消费者的角度入手考虑搜索成本对商家定价决策的影响，
但很少从商家位置这一角度研究商家定价决策问题。本章衡量了商家位置对商品
价格和价格离散度的影响，通过回归检验得到的研究结果与假设基本一致，反映
了商家位置与价格和价格离散度之间的正向关系。本章与现有文献的不同之处在
于提供了一种新视角，可以从商家位置这一切入点研究其定价的相关决策。另外，
本章的研究对消费者、商家和平台市场均具有实践意义

理论贡献方面，本章完善了商家位置与价格和价格离散度的研究结构。一是
本章拓展了价格研究的新视角。从商家位置这一具体化的搜索成本因子切入，发
现对于同质商品，仅商家位置这一因素的差异化就足以引起商家在定价决策时有
不同的考虑，从而形成价格分布，进一步出现了价格离散。二是本章提供了一种
综合性的价格研究框架。商家考虑位置的不同从而做出不同的定价决策，因此衡
量价格均一化而被定义出的价格离散度应该作为定价决策的进一步研究。大多数
研究只关注价格与商家位置的关系，或商家位置如何影响价格离散度，本章全面

地考虑了价格及价格离散度与商家位置的关系，将二者整合起来形成完整的研究框架。

实践贡献方面，本章为消费者、商家与平台市场提供了指导与借鉴之处。首先，基于三大电子商务平台的数据，研究发现购物节当天商家位置与价格和价格离散度会呈现出正向影响的效果。当大多数消费者为非搜索者时，商家降低价格以吸引搜索者的激励减少；当市场中充斥着搜索者时，这部分对价格敏感的消费者在进行购买决策时要尤其关注商家位置对价格的正向促进作用，利用商家的定价思路，为自己节约搜索成本来购买商品与服务，实现消费者效用的最大化。其次，鉴于搜索者比例较大，建议商家顺势而为，选择迎合消费者的搜索习惯来进行定价决策。商家可以利用广告、营销等方式占据有利的窗口位置，位置显眼的商家更容易被消费者看到，制定低价来获得消费者的青睐是更加占优的决策。同时，商家为实现自身的利润最大化，还要考虑市场中销售同质商品的商家状况，综合衡量广告位的成本与收益。最后，电子商务平台通过商家和消费者的最优匹配，辅以算法实现商家广告位的设定和消费者搜索的优化，提高平台的运作效率。商家在平台上传递信息需要缴纳广告费，平台就可以通过对商家进行收费实现自身的利润最大化，本章对平台的设计优化决策有着参考意义。

参 考 文 献

[1]　STIGLER G J. The economics of information[J]. Journal of political economy，1961，69（3）：213-225.

[2]　ROTHSCHILD M. Models of market organization with imperfect information：A survey[J]. Journal of political economy，1973，81（6）：1283-1308.

[3]　REINGANUM J F. A simple model of equilibrium price dispersion[J]. Journal of political economy，1979，87（4）：851-858.

[4]　GILGENBACH R G. Can a decline in search cost increase prices？[J]. Canadian journal of economics，2015，48（4）：1381-1402.

[5]　PIRES T. Measuring the effects of search costs on equilibrium prices and profits[J]. International journal of industrial organization，2018，60：179-205.

[6]　王飞龙. 零售电商的价格竞争与商业模式研究[J]. 中国物价，2018（7）：75-78，85.

[7]　焦韩涛. 消费者隐私和消费者信息披露[D]. 哈尔滨：哈尔滨工业大学，2020.

[8]　周振红. 随机需求下考虑顾客估值和搜索成本的预售策略研究[J]. 湖北经济学院学报（人文社会科学版），2022，19（3）：57-60.

[9]　XU L Z, CHEN J Q, WHINSTON A. Oligopolistic pricing with online search[J]. Journal of management information systems，2010，27（3）：111-142.

[10]　XU L Z, CHEN J Q, WHINSTON A. Price competition and endogenous valuation in search advertising[J]. Journal of marketing research，2011，48（3）：566-586.

[11]　GHOSE A, IPEIROTIS P G, LI B B. Modeling consumer footprints on search engines：An interplay with social

media[J]. Management science，2019，65（3）：1363-1385.

[12] URSU R M. The power of rankings：Quantifying the effect of rankings on online consumer search and purchase decisions[J]. Marketing science，2018，37（4）：530-552.

[13] LIU Y，JIANG M H，WU H. The brushing game in online marketplaces[J]. International journal of electronic commerce，2023，27（2）：163-184.

[14] MACMINN R D. Search and market equilibrium[J]. Journal of political economy，1980，88（2）：308-327.

[15] BURDETT K，JUDD K L. Equilibrium price dispersion[J]. Econometrica，1983，51（4）：955-969.

[16] VARIAN H R. A model of sales[J]. American economic review，1980，70（4）：651-659.

[17] KIM D W，KIM J H. Consumer search activities and price dispersion：Evidence from the opinet[J].The Korean journal of economic studies，2010，58：37-56.

[18] CHANDRA A，TAPPATA M E. Consumer search and dynamic price dispersion：An application to gasoline markets[J]. RAND journal of economics，2011，42（4）：681-704.

[19] SHERMAN J，WEISS A. On fruitful and futile tests of the relationship between search and price dispersion[J]. Economic inquiry，2017，55（4）：1898-1918.

[20] BAYE M R，MORGAN J. Information gatekeepers on the internet and the competitiveness of homogeneous product markets[J]. American economic review，2001，91（3）：454-474.

[21] SPULBER D. Bertrand competition when rivals' costs are unknown[J]. Journal of industrial economics，1995，43（1）：1-11.

[22] MCKELVEY R D，PALFREY T R. Quantal response equilibria for normal form games[J]. Games and economic behavior，1995，10（1）：6-38.

[23] LOPEZ-ACEVEDO G. Quantal response equilibria for posted offer markets[J]. Estudios economicos，1997，12：95-131.

[24] RADNER R. Collusive behavior in noncooperative epsilon-equilibria of oligopolies with long but finite lives[J]. Journal of economic theory，1980，22（2）：136-154.

[25] BAYE M R，MORGAN J. Price dispersion in the lab and on the internet：Theory and evidence[J]. RAND journal of economics，2004，35（3）：448-466.

[26] RAUH M T. Heterogeneous beliefs，price dispersion，and welfare-improving price controls[J]. Economic theory，2001，18（3）：577-603.

[27] 雷兵. 网络零售平台排名规则对于价格离散的影响[J]. 系统工程理论方法应用，2019（2）：240-247.

[28] 张艺，李秀敏. 销售排名、电商数量与价格离散[J]. 中国流通经济，2022，36（2）：45-55.

第15章　搜索排名下异质性对产品定价影响研究

在当今数字时代,消费者越来越依赖互联网搜索引擎获取所需信息。对于产品定价,搜索排名下的平台异质性、商品种类异质性和商家类型异质性等因素对其产生深远的影响。因此,本章深入探讨这些因素对产品定价的影响,并为相关从业者提供参考和指导。

首先,搜索排名下的平台异质性是影响产品定价的重要因素之一。不同电子商务平台和搜索引擎平台之间存在受众覆盖范围、服务水平和广告投放策略等差异,这些因素会影响消费者的购物体验和购买行为。在竞争激烈的市场中,为了在搜索排名中获得更靠前的位置,商家往往选择进行广告投放以提高品牌曝光率。然而,这种提高品牌曝光率的行为需要消耗大量资金,从而对产品定价产生一定影响。因此,本章需要通过深入研究平台异质性的影响,更好地理解产品定价的机制。其次,商品种类异质性也是影响产品定价的重要因素。不同商品种类在市场竞争程度、生命周期和消费者需求等方面存在差异。在同一商品种类内,价格往往相对稳定,但在不同商品种类之间,价格可能存在明显差异。因此,在定价时需要考虑商品种类异质性所带来的影响,以适应市场的变化。最后,商家类型异质性也会影响产品定价。不同商家类型在生产、管理、市场营销等方面存在差异,这也会影响产品定价。例如,品牌商家通常具有更高的品质保障和品牌溢价,因此价格可能较高;第三方平台上的商家通常需要通过较低的价格来吸引消费者,以获得更大的市场份额。因此,商家类型异质性是需要考虑的重要因素之一。综上所述,搜索排名下的平台异质性、商品种类异质性和商家类型异质性是影响产品定价的重要因素。本章旨在通过实证研究深入探讨这些因素对产品定价的具体影响,为相关从业者提供参考和指导,以更好地适应市场的变化和满足消费者的需求。

15.1　平台异质性分析

在电子商务平台上,搜索排名机制得到广泛使用,其作用是根据用户搜索的关键词,将相关商品按照一定的规则排序显示,从而提高商品的曝光率和销量。淘宝、京东、苏宁易购等电子商务平台作为我国市场占有率较高的电子商务平台,其搜索排名机制不同,平台异质性也导致了对产品定价的影响不同。首先,淘宝作为一个以客对客（consumer-to-consumer，C2C）为主的电子商务平台，其搜索排名机制主要基于搜索关键词的匹配度和卖家的综合评价等。由于卖家数量众多，同一商品的价格和质量会存在较大差异。卖家可以通过提高评分、增加店铺销量、优化服务等方面来提高搜索排名。消费者在淘宝平台上购买商品时，需要考虑价格、质量等因素，才能做出最终的决策。因此，淘宝平台卖家之间经过激烈的竞争，对于同一种商品定价可能差异较小，价格区间也可能较窄。其次，京东作为一个以 B2C 为主的电子商务平台，其搜索排名机制主要基于综合排序和销量排序。京东平台上的商品由京东自营商家或入驻商家提供，京东会对商家进行一定的审核和管理，商品的价格和质量较为稳定。京东平台上的搜索排名机制除了考虑商品的综合评价，还考虑商品的销量。由于京东平台上的商品较为规范，同一种商品价格波动可能较小，消费者在购买商品时更加注重商品的质量和信誉度，价格对于消费者的影响较小。最后，苏宁易购作为一个以 O2O 为主的电子商务平台，其搜索排名机制主要基于价格排序和销量排序。苏宁易购平台上的商品主要由苏宁易购自营商家和入驻商家提供，商品价格相对较高，但质量和售后服务相对较好。由于苏宁易购平台上商品的价格较高，价格对消费者的影响较大。消费者在购买商品时，会更加注重价格的合理性，而不仅仅是商品的质量和信誉度。另外，孙震等[1]提出平台与消费者之间存在锁定效应，这种锁定效应与转换成本是类似的，即消费者通过购物积分等方式成为某个平台的稳定用户后，便不愿再利用其他平台进行搜索比价甚至转换成为另一个平台用户的现象。这种平台与消费者层面的锁定效应使得不同平台的用户群体并非完全同质，在不同平台上消费者的搜索行为就是差异化的，平台也会针对性地推出相应的算法机制，进一步加剧跨平台的市场分割，在不同平台上商家位置与价格和价格离散度的关系会有不同的表现。因此，本章提出以下假设。

H15-1：价格和价格离散度与商家位置的关系在不同平台上会有着不同的表现。

15.2　商品种类异质性分析

商品种类异质性是指同一类商品在品牌、规格、质量等方面存在差异性。在市场经济中，商品种类异质性十分常见，它反映了商家和消费者在市场上的多样性和差异性。Park 和 Kim[2]通过对不同渠道的商家之间的价格分布进行研究发现，在定价的有效性方面，线上和线下相结合的商店在季节性商品和主导商品方面更具优势。Smith 和 Thomassen[3]使用英国商店品类选择数据集对消费者需求进行实证建模，表明了使用该模型来衡量超市定价中商品种类的实证重要性。Tripathi 和 Pandey[4]通过三个实验证了不同产品类型（绿色产品和非绿色产品）对定价和消费者购买意愿的显著影响。姜永玲等[5]证明了商品种类是价格离散度的影响因素之一。他们选取了服装和电脑配件类商品，并通过实证分析发现不同种类商品的价格离散度之间存在显著差异。Petkov[6]考虑了商品差异化的影响，并将消费者设定为寻求多样化而进行搜索行为的群体，因此市场中的商品并非完全替代品。通过混合策略均衡求解，发现商品差异化对价格离散度有一定程度的影响，同时市场中的讨价还价者使得价格上限和预期利润持续走低。付荣荣[7]同时考虑线上和线下市场中实体商品和服务类商品的价格离散度对比及影响因素，并通过实证研究发现，酒店预订类商品的价格离散度远大于家用电器类商品，也就是说不同种类商品存在显著的价格离散度差异。Moen 等[8]以挪威零售市场中的 766 种商品为研究对象，发现与其他商品相比，服装、鞋类和其他半耐用品的价格更加分散。张艺和李秀敏[9]利用我国价格比较网站的销售大数据进行实证分析，说明商品种类和品牌的差异可以解释部分价格离散度的差异。

陈洁和王方华[10]从快速消费品、耐用消费品和奢侈品入手，发现商品种类会影响消费者对商品的感知价值和程度，并通过影响消费者的态度最终产生不同的购买意愿。不同商品种类的感知价值差异会导致消费者在搜索时对不同种类的商品有不同的心理预期，消费者的搜索策略会根据商品种类进行调整。平台会利用消费者的这种心理预期，相应地调整商家的位置排序，以最大限度地获得利润，价格和价格离散度与商家位置在不同商品种类中会呈现出差异化的关系。因此，本章提出以下假设。

H15-2: 价格和价格离散度与商家位置的关系在不同的商品种类中会有着不同的表现。

15.3　　商家类型异质性分析

我国电子商务运营平台的战略基本上可分为两种类型。一种类型是商家入驻模式，平台大量主动引入在市场上销售产品的第三方供应商，以吸引消费者购买商品。另一种类型是商家入驻 + 平台自营模式，平台首先以自营形式独立经营或与大型运输公司合作建设自给自足的商家模式，通过在线销售批发和询价与外部商家合作，从而将新的运营商引入平台市场，新的运营商必须支付固定费用和佣金，最终平台市场的商家分为自营商家和入驻商家。胡晓鹏和王菲瑶[11]提出自营商家和入驻商家的定价模式存在显著区别。入驻商家的成本受到平台收取的固定费用和佣金的影响，在定价时入驻商家会将这部分成本考虑进去，从而可能定价较高。在平台引进入驻商家之后，自营商家也会根据市场情况对价格进行相应调整。即使消费者无须搜索就能全面了解所有商家的价格信息，即市场无摩擦，仅商家类型的不同也会引起价格离散现象，因为消费者除了对商品本身存在需求，还对个性化的其他方面存在需求。严玉珊[12]在京东、国美、苏宁易购、天猫四个平台上对空调、冰箱、洗衣机、油烟机、热水器、电视机六类家用电器的价格离散度进行了实证研究。从商家类型入手，发现自营商家和入驻商家的不同经营行为通过调价、价格黏性和消费者搜索活动映射到价格离散度上，并且基于入驻商家的天然弱势，其无法通过调价和价格黏性的增加来调节价格离散度的增加，还会因竞争关系削弱自营商家在这些方面的促进作用。

自营商家和入驻商家的生存模式不同。虽然自营商家与入驻商家共同参与市场竞争，但自营商家能够与平台实现利益共享，平台会通过各种渠道为自营商家的经营提供支持，相对入驻商家，自营商家能享受更多的规则优惠，以提供更优质的服务和高质量的商品。从价值感知的角度来看，自营商家由于依托平台，更容易赢得消费者的信任[13]。因此，相较于入驻商家，在定价时自营商家拥有更大的自由度，其定价很少以商家位置为主要考虑因素，价格和价格离散度与商家位置之间的联系较弱。因此，本章提出以下假设。

H15-3：对于不同的商家类型，价格和价格离散度与商家位置的关系会有着不同的表现，并且自营商家的价格和价格离散度会更少地受到商家位置的影响。

15.4　研究模型构建与分析

1. 研究数据与变量定义

本章采用 2020 年"双十一"网络购物节的截面数据作为样本，选取具有代表性的京东、苏宁易购和淘宝平台作为样本来源，在零售电子商务行业中获得七类商品（根据消费者需求和特征将商品划分为电信产品类商品、家用电器类商品、日用品类商品、书籍类商品、文体用品类商品、医疗器械类商品、食品类商品[14]）的信息数据。原始数据包括商品名称、商品价格、商家名称、商家数量、商家位置、所属平台等相关信息。通过对商品名称进行关键词提取，将具有相同关键词的商品确定为同质商品。通过关键词筛选，删除没有同质商品的商品信息，剩下的数据作为本章的样本。最终，共有 174 个符合要求的关键词，样本总量为 17176 个，其中，京东平台的样本量为 6910 个，苏宁易购平台的样本量为 3416 个，淘宝平台的样本量为 6850 个。

表 15-1 提供了变量描述性统计。因变量为价格（rprice），定义为某商品在同质商品中的价格与最低价格的差值与最高价格与最低价格的差值之比，以消除商品的个体差异；价格离散度（rsd）为同质商品中价格的标准差。核心自变量为商家位置（position），表示某商品信息在同质商品页面中体现的商家位置。此外，本章还将商家数量（log s）、商家类型（property）、搜索强度（log ap）和商品种类（genre$_1$～genre$_7$）作为控制变量纳入模型估计中。

表 15-1　变量描述性统计

变量	定义	均值	标准差	最小值	最大值
rprice	同质商品中某商品的价格与最低价格的差比上最高价格与最低价格的差	0.34	0.27	0	1
rsd	同质商品中 rprice 的标准差	0.20	0.09	0	0.71
position	某商品信息在同质商品页面中体现的商家位置	76.14	88.50	1	599
log s	商家数量，在各个平台中销售某商品的商家数量的对数形式	4.46	1.19	0	6.20
property	商家类型，0 表示该商家为入驻商家；1 表示该商家为平台自营商家	0.08	0.27	0	1
log ap	搜索强度，同质商品平均价格的对数形式	5.60	1.97	1.54	8.80
$genre_1$	电信产品类商品	0.28	0.45	0	1
$genre_2$	家用电器类商品	0.08	0.28	0	1
$genre_3$	日用品类商品	0.17	0.38	0	1
$genre_4$	书籍类商品	0.04	0.20	0	1
$genre_5$	文体用品类商品	0.08	0.27	0	1
$genre_6$	医疗器械类商品	0.02	0.12	0	1
$genre_7$	食品类商品	034	0.47	0	1

2. 测量与模型

根据平台对 rprice 进行分类，如图 15-1 所示。京东和苏宁易购两个平台的价格分布相似，即价格密度随 rprice 升高而下降，在 rprice=1 点出现凸起，且 rprice = 0 处的密度显著高于 rprice = 1 处的密度。淘宝平台上的价格分布与其他两个平台有所不同，呈现出先上升后下降的趋势。从图 15-2 中可以看出，三个平台的价格离散度分布存在明显差异。淘宝平台的价格离散度分布与整体分布相似，而京东和苏宁易购两个平台在 rsd = 0.2 附近出现了密度的突然减小，且整体分布并不集中于均值附近。

如图 15-3 所示，日用品类和家用电器类商品的价格分布相似，而电信产品类和食品类商品的价格分布更接近，其余三类商品的价格分布的相似性不太明显。从图 15-4 中可以看出，七种类型的商品的价格离散度分布并没有呈现出统一的形状。

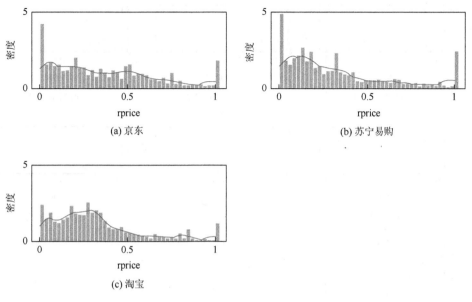

图 15-1 按平台分类的价格分布

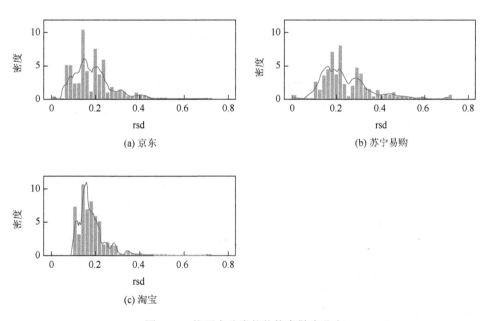

图 15-2 按平台分类的价格离散度分布

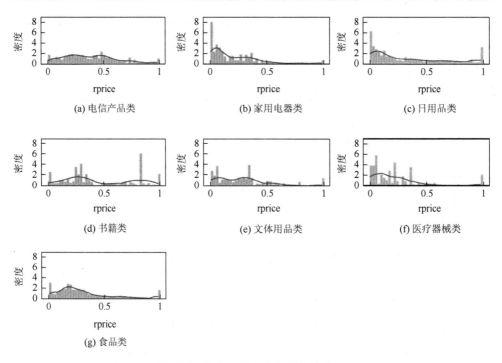

图 15-3 按商品种类分类的价格分布

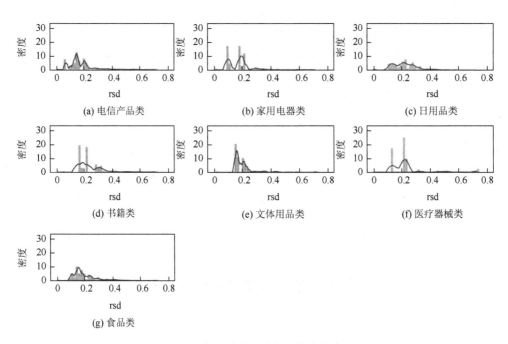

图 15-4 按商品种类分类的价格离散度分布

如图 15-5 所示，以商家类型为标准对 rprice 进行分类后，发现自营商家和入驻商家之间的价格分布存在显著差异。尽管两者的价格分布都呈现出先下降后上升的趋势，但在细节上存在明显差异。相较于入驻商家，自营商家的价格分布在两端具有更高的密度，价格分布也更加稀疏，表明自营商家出现极端定价的可能性较高。如图 15-6 所示，入驻商家和自营商家的价格离散度分布也存在显著差异，其中，自营商家更加散布，并呈现双峰现象。

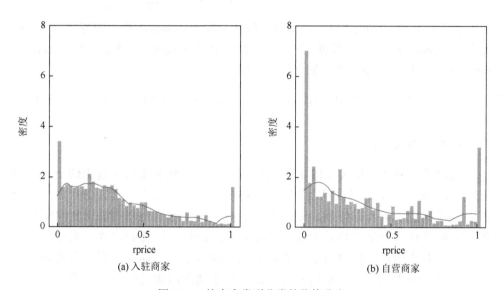

图 15-5　按商家类型分类的价格分布

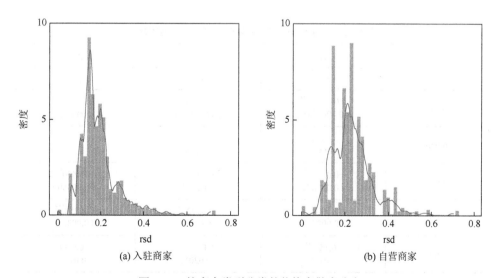

图 15-6　按商家类型分类的价格离散度分布

为了研究商家位置对价格和价格离散度的影响，将价格与价格离散度分别作为因变量，商家位置作为核心自变量，再加入其他控制变量构建模型。

以标准化价格（rprice）作为因变量，将商家位置（position）作为核心自变量，加入商家类型（property）、商家数量（log s）和商品种类（$genre_1 \sim genre_6$）作为控制变量，构建如下计量模型：

$$rprice = \alpha_0 + \alpha_1 position + \alpha_2 property + \alpha_3 \log s + \sum_{i=1}^{6} \beta_i genre_i + \varepsilon \quad （15\text{-}1）$$

将价格离散度（rsd）作为因变量，商家位置（position）作为因变量，加入商家类型（property）、搜索强度（log ap）、商家数量（log s）和商品种类（$genre_1 \sim genre_6$）作为控制变量，构建如下计量模型：

$$rsd = \alpha_0 + \alpha_1 position + \alpha_2 property + \alpha_3 \log ap + \alpha_4 \log s + \sum_{i=1}^{6} \beta_i genre_i + \varepsilon \quad （15\text{-}2）$$

3. 研究结果分析

根据式（15-1）和式（15-2），对京东、苏宁易购和淘宝平台上的 rprice 和 rsd 进行回归分析，结果见表 15-2 和表 15-3。在表 15-2 中，京东平台上商家位置对价格具有显著正向影响，淘宝平台上商家位置对价格却有显著负向影响，苏宁易购平台上商品价格并不显著受商家位置影响。在表 15-3 中，京东平台上商家位置对价格离散度具有显著负向影响，淘宝平台上商家位置对价格离散度具有显著正向影响，苏宁易购平台上商品价格离散度也受到商家位置显著的正向影响。

表 15-2　按平台分类的价格与商家位置的回归结果

变量	京东	苏宁易购	淘宝
	rprice	rprice	rprice
position	0.000168*** （0.0000381）	−0.0000165 （0.000103）	−0.000176*** （0.0000536）
property	−0.0104 （0.00980）	0.00764 （0.0158）	—
log s	−0.0308*** （0.00365）	−0.0452*** （0.00534）	−0.0400*** （0.00350）
genre₁	0.160*** （0.00857）	−0.0592*** （0.0163）	0.0258*** （0.00834）
genre₂	−0.153*** （0.0130）	−0.0991*** （0.0201）	−0.0168 （0.0117）

续表

变量	京东	苏宁易购	淘宝
	rprice	rprice	rprice
genre$_3$	0.0454*** (0.0103)	−0.0884*** (0.0161)	−0.0417*** (0.00872)
genre$_4$	0.0447** (0.0183)	−0.0381 (0.0243)	0.258*** (0.0142)
genre$_5$	0.0224* (0.0133)	0.0812*** (0.0280)	−0.0198** (0.00981)
genre$_6$	−0.102*** (0.0355)	−0.146** (0.0719)	−0.122*** (0.0177)
常数项	0.437*** (0.0155)	0.550*** (0.0183)	0.519*** (0.0148)
N	6910	3416	6850
调整后的 R^2	0.108	0.089	0.101

*$p<0.1$

**$p<0.05$

***$p<0.01$

表 15-3　按平台分类的价格离散度与商家位置的回归结果

变量	京东	苏宁易购	淘宝
	rsd	rsd	rsd
position	−0.0000253*** (0.00000783)	0.000236*** (0.0000262)	0.000101*** (0.00000999)
property	0.0132*** (0.00201)	0.00451 (0.00396)	—
log s	−0.0616*** (0.000802)	−0.0748*** (0.00145)	−0.0629*** (0.000661)
log ap	0.00943*** (0.000870)	−0.00191 (0.00122)	−0.000975* (0.000567)
genre$_1$	−0.0305*** (0.00350)	−0.000989 (0.00533)	−0.0111*** (0.00241)
genre$_2$	−0.0375*** (0.00417)	0.0321*** (0.00642)	0.00946*** (0.00304)
genre$_3$	−0.00471** (0.00229)	0.0172*** (0.00408)	−0.0226*** (0.00171)
genre$_4$	−0.0282*** (0.00388)	0.000361 (0.00614)	0.0365*** (0.00271)

变量	京东	苏宁易购	淘宝
	rsd	rsd	rsd
$genre_5$	-0.0301^{***} (0.00393)	-0.000246 (0.00816)	0.0246^{***} (0.00268)
$genre_6$	-0.0373^{***} (0.00729)	0.126^{***} (0.0182)	-0.0465^{***} (0.00334)
常数项	0.426^{***} (0.00380)	0.530^{***} (0.00546)	0.474^{***} (0.00315)
N	6910	3416	6850
调整后的 R^2	0.645	0.643	0.663

$*p<0.1$

$**p<0.05$

$***p<0.01$

由表 15-2 和表 15-3 可知，在三个平台上，价格和价格离散度与商家位置之间存在差异，这验证了 H15-1 的有效性。这些现象可能是由不同平台对商品信息的排名机制和算法不同所导致的。不同平台对于广告位的推荐模式也不同，这会对商家在定价时的决策产生差异性的影响，从而形成了各平台上商家位置、价格和价格离散度之间不同的关系。在三个平台中，商家数量对价格和价格离散度均具有负向影响，这表明不论在哪个平台上，销售某种商品的商家越多，就越容易引发价格竞争，从而导致价格和价格离散度的下降。从表 15-3 中可以观察到，在淘宝平台上，消费者增加搜索强度可以有效减少价格离散度，而且该结果在 0.1 的水平上成立。这一结果肯定了消费者通过搜索行为来实现自身福利最大化的行为。同时，不同平台上的商品种类会影响商家的定价决策，进而导致价格离散度的差异。有些商品种类对价格和价格离散度呈现出正向影响，有些商品种类对价格和价格离散度表现为负向影响，还有些商品种类对价格和价格离散度则没有显著性影响。关于商品种类对价格和价格离散度的影响，本章将在后续进行进一步探讨。

根据式（15-1）和式（15-2），对不同类型的商品价格、价格离散度与商家位置以及其他控制变量进行回归分析。表 15-4 和表 15-5 分别展示了按商品种类分类的价格和价格离散度与商家位置的回归结果。表 15-4 的结果显示，电信产品类、日用品类、书籍类和文体用品类的商家位置增加会显著提高价格，但其影响程度各异；家用电器类和食品类商品的价格则随着商家位置增加而显著降低；医疗器械类商品的价格受商家位置影响不显著。表 15-5 的结果显示，电信产品类、日用品类、书籍类、医疗器械类、食品类和文体用品类的商家位置增加会显著增加价格离散度，家用电器类商品则呈现出价格离散度与商家位置的负向关系。这验证了 H15-2，即不同商品种类中价格和价格离散度与商家位置之间存在不同的关系。这可能是因为消费者在不同商品种类上采用不同的搜索策略，不同商品种类给消费者带来不同的感知价值，进而影响其行为。平台通过大数据分析消费者的搜索行为画像，针对不同商品种类，精准优化推送机制，从而使得商家位置与价格和价格离散度的关系在不同商品种类中表现出差异。

表 15-4　按商品种类分类的价格与商家位置的回归结果

变量	电信产品类	家用电器类	日用品类	书籍类	文体用品类	医疗器械类	食品类
	rprice	rprice	rprice	rprice	rprice	rprice	rprice
position	0.000242*** (0.0000373)	−0.000296*** (0.0000674)	0.000305* (0.000174)	0.000847*** (0.000304)	0.000324*** (0.000125)	0.000778 (0.000856)	−0.000200*** (0.0000597)
property	−0.00817 (0.0171)	0.0537** (0.0241)	0.0216 (0.0153)	0.349 (0.303)	0.0166 (0.0377)	0.220** (0.0958)	−0.0206 (0.0126)
log s	0.00792* (0.00407)	−0.0668*** (0.00672)	−0.0705*** (0.00744)	0.0166 (0.0129)	−0.0608*** (0.00712)	−0.0534*** (0.0192)	−0.0490*** (0.00349)
常数项	0.324*** (0.0178)	0.582*** (0.0303)	0.583*** (0.0263)	0.345*** (0.0452)	0.576*** (0.0291)	0.408*** (0.0633)	0.554*** (0.0134)
N	4719	1437	2904	724	1332	266	5794
调整后的 R^2	0.020	0.161	0.041	0.031	0.055	0.055	0.074

*$p<0.1$
**$p<0.05$
***$p<0.01$

表 15-5　按商品种类分类的价格离散度与商家位置的回归结果

变量	电信产品类	家用电器类	日用品类	书籍类	文体用品类	医疗器械类	食品类
	rsd	rsd	rsd	rsd	rsd	rsd	rsd
position	0.0000382*** (0.00000691)	−0.0000390*** (0.0000120)	0.0000918** (0.0000393)	0.000346*** (0.0000527)	0.000102*** (0.0000253)	0.000347** (0.000169)	0.000106*** (0.0000140)
property	0.0203*** (0.00315)	0.00100 (0.00429)	0.0218*** (0.00344)	−0.0684 (0.0525)	−0.0192** (0.00762)	0.00236 (0.0189)	0.00824*** (0.00295)
log s	−0.0773*** (0.000950)	−0.0647*** (0.00145)	−0.0566*** (0.00167)	−0.0697*** (0.00265)	−0.0611*** (0.00150)	−0.127*** (0.00375)	−0.0659*** (0.000824)
log ap	0.0100*** (0.000610)	0.0139*** (0.00115)	0.00310* (0.00160)	−0.00779 (0.00497)	−0.00916*** (0.00139)	0.0368*** (0.0138)	−0.00483*** (0.00152)
常数项	0.461*** (0.00376)	0.388*** (0.00723)	0.426*** (0.00948)	0.532*** (0.0306)	0.539*** (0.00994)	0.502*** (0.0607)	0.500*** (0.00607)
N	4719	1437	2904	724	1332	266	5794
调整后的 R^2	0.730	0.724	0.390	0.630	0.670	0.861	0.642

*$p<0.1$
**$p<0.05$
***$p<0.01$

根据式（15-1）和式（15-2），在控制其他变量的情况下，本章对不同类型商家的商品价格及价格离散度与商家位置进行回归分析。表 15-6 展示了按商家类型分类的价格和价格离散度与商家位置的回归结果。根据表 15-6 的回归结果，在 0.01 的水平上，对于入驻商家而言，商家位置对价格具有显著的正向影响（系数为 0.000187），商家位置提高 1 个单位，价格平均会上升 0.000187 个单位；商家位置对价格离散度具有显著的正向影响（系数为 0.0000382），这表明了不同位置的入驻商家在"双十一"时期定价的不同反应。然而，对于自营商家而言，商家位置对价格和价格离散度的影响并不显著，这验证了 H15-3。因此，对于不同类型的商家，价格和价格离散度与商家位置之间的关系呈现出差异，相较于入驻商家，自营商家的价格和价格离散度受到的商家位置的影响较小。

表 15-6 按商家类型分类的价格和价格离散度与商家位置的回归结果

变量	入驻商家	自营商家	入驻商家	自营商家
	rprice	rprice	rsd	rsd
position	0.000187^{***} (0.0000292)	0.00000393 (0.000178)	0.0000382^{***} (0.00000628)	−0.0000363 (0.0000367)
log s	-0.0428^{***} (0.00221)	-0.0333^{***} (0.0112)	-0.0641^{***} (0.000493)	-0.0665^{***} (0.00226)
$genre_1$	0.0738^{***} (0.00528)	0.0766^{**} (0.0298)	-0.0130^{***} (0.00202)	-0.0402^{***} (0.0112)
$genre_2$	-0.0888^{***} (0.00791)	−0.0388 (0.0416)	0.0000246 (0.00250)	-0.0478^{***} (0.0129)
$genre_3$	-0.0228^{***} (0.00639)	0.00288 (0.0208)	-0.00650^{***} (0.00146)	−0.00338 (0.00462)
$genre_4$	0.119^{***} (0.0102)	0.388 (0.320)	0.00667^{***} (0.00226)	−0.0927 (0.0643)
$genre_5$	0.00438 (0.00802)	0.0198 (0.0492)	0.00599^{**} (0.00236)	-0.0616^{***} (0.0132)
$genre_6$	-0.115^{***} (0.0165)	0.122 (0.123)	-0.0395^{***} (0.00355)	0.0437^{*} (0.0248)
log ap	—	—	0.00188^{***} (0.000477)	0.0141^{***} (0.00258)
常数项	0.500^{***} (0.00931)	0.468^{***} (0.0405)	0.472^{***} (0.00231)	0.444^{***} (0.0121)
N	15873	1303	15873	1303
调整后的 R^2	0.065	0.013	0.640	0.558

*$p<0.1$

**$p<0.05$

***$p<0.01$

15.5　研究发现及营销管理建议

尽管大多数研究将价格作为核心内容进行探讨,但在线平台商家位置与价格及价格离散度之间的关系鲜少受到关注,缺乏针对这种关系的实证研究。本章通过衡量商品种类和商家类型异质性的情况,探究了商家位置对商品价格和价格离散度的影响,通过回归检验得到的研究结果与假设基本一致,凸显了异质性因素对商家位置与价格和价格离散度之间差异化表现的影响。本章与现有文献的不同之处在于为揭示商家背后的定价决策机制提供了新的研究视角。此外,本章也具有实践意义,针对不同商品种类和商家类型,监管部门应制定相应的定价管理策略,以促进市场的出清,实现各利益主体的行为优化,并最终实现社会总福利的最大化。

在理论贡献方面,本章进一步完善了商家位置与价格及价格离散度的研究框架。首先,本章综合考虑了不同商品种类的价格与商家位置之间的关系,完善了商品种类异质性下价格和价格离散度受商家位置影响的研究。其次,本章提供了定价研究的新视角,鲜有文献研究自营商家和入驻商家这两种商家类型的价格和价格离散度问题,本章探索了入驻商家和自营商家的差异对价格效应的影响,揭示了商家位置与价格和价格离散度的传导机制。

在实践贡献方面,本章为提高电子商务市场监管效率提供了以下研究启示。首先,应合理监管不同商品种类。消费者对不同商品种类会产生不同的心理预期,平台可能利用信息不对称来损害消费者利益,导致市场失灵。因此,应关注特定种类商品的市场信息传播数量和质量,打破优势方的信息壁垒,提高市场的信息质量,促进市场的良性运转。其次,应根据商家类型调整监管政策。考虑自营商家在供应链节流和平台销售等方面的天然优势,市场监管部门应更加关注自营商家的定价和商品质量问题,防止市场上出现垄断合谋制定畸高价格及通过价格战进行掠夺性定价等恶性价格竞争行为,保障中小型零售商的利益。

参 考 文 献

[1]　孙震,刘健平,刘涛雄. 跨平台竞争与平台市场分割——基于中国线上市场价格离散的证据[J]. 中国工业经济,2021(6):118-136.

[2]　PARK C,KIM D T. Price comparison between online and offline distribution channel:Differences of store type,product category and price type[J]. Journal of channel and retailing,2006,11(1):99-124.

[3]　SMITH H,THOMASSEN Ø. Multi-category demand and supermarket pricing[J]. International journal of industrial organization,2012,30(3):309-314.

[4]　TRIPATHI A,PANDEY N. Does impact of price endings differ for the non-green and green products? Role of

product categories and price levels[J]. Journal of consumer marketing，2018，35（2）：143-156.

[5]　姜永玲，徐智博，胥莉. 搜索成本、网络外部性与价格离散：来自淘宝服装和电脑配件市场的经验[J]. 系统管理学报，2015，24（1）：8-13，21.

[6]　PETKOV V. A model of sales with differentiated and homogeneous goods[J]. Economics letters，2018，171：214-217.

[7]　付荣荣. B2C 市场线上线下价格均值及价格离散的实证研究[D]. 广州：华南理工大学，2019.

[8]　MOEN E R，WULFSBERG F，AAS Ø. Price dispersion and the role of stores[J]. The scandinavian journal of economics，2020，122（3）：1181-1206.

[9]　张艺，李秀敏. 销售排名、电商数量与价格离散[J]. 中国流通经济，2022，36（2）：45-55.

[10]　陈洁，王方华. 感知价值对不同商品类别消费者购买意愿影响的差异[J]. 系统管理学报，2012，21（6）：802-810.

[11]　胡晓鹏，王菲瑶. 平台收费扩大价格离散了吗？——对"自营＋入驻"市场商家定价的机理分析和仿真检验[J]. 上海经济研究，2022，34（4）：99-111，128.

[12]　严玉珊. 电商异质性与线上价格离散[J]. 商业经济与管理，2022（2）：17-28.

[13]　王菲瑶，胡晓鹏. "同品不同价"：价值感知与定价差异——基于当当网自营与入驻商家的比较[J]. 价格月刊，2022（3）：17-28.

[14]　刘秀生，陈及. 社区市场营销：商场营销的新理论[M]. 北京：中国商业出版社，2001.

第16章 基于道德风险防范的搜索排名广告机制优化研究

16.1 搜索排名广告与点击欺诈

搜索引擎是互联网最重要的信息检索工具之一，消费者可以通过搜索引擎方便地获取所需的信息。然而，随着搜索引擎的发展和普及，点击欺诈和刷单等不良现象逐渐出现。这些不良行为不仅对搜索引擎的搜索结果质量产生影响，而且对商家的商业利益构成严重威胁。因此，如何优化搜索引擎的排名机制，防止点击欺诈和刷单行为，成为研究者关注的热点问题。

在经济学领域，点击欺诈和刷单都被视为市场失灵的表现。市场失灵是指市场在资源配置过程中未能有效实现社会福利最大化的情况。点击欺诈和刷单的出现表明市场对搜索排名机制的信任度下降，商家和消费者的利益受到损害。在这种情况下，需要通过制定合适的政策来引导市场行为，以实现市场的有效性。点击欺诈是指人为地点击网页以提高其排名，以吸引更多消费者点击。点击欺诈实质上是通过人工干预搜索排名机制来获取不当商业利益。这种行为不仅严重损害其他商家和消费者的利益，而且扰乱了市场秩序。因此，需要建立监管机制，加大对点击欺诈行为的打击力度。刷单是指商家为了提高产品销量和信誉，在自身或第三方平台上进行大量虚假交易，以欺骗消费者。刷单行为的出现不仅扰乱了市场秩序，而且对消费者的利益造成了巨大伤害。因此，需要加大对刷单行为的监管和打击力度，提高监管的有效性。

在优化搜索排名机制方面，需要采取多种策略防止点击欺诈和刷单的发生。一种策略是加强对用户的监管。通过分析用户的登录信息、搜索历史等数据，可以及时发现点击欺诈和刷单行为，从而采取相应的预防措施。另一种策略是加强对搜索排名机制的监管。通过调整和优化搜索排名机制，可以降低点击欺诈和刷单行为的发生率，提高搜索结果的准确性和公正性。此外，加强对第三方平台的监管也是一种策略。许多刷单行为是通过第三方平台进行的，加强对第三方平台的监管可以有效打击刷单行为，保障消费者和商家的利益。总之，防止点击欺诈和刷单是保障搜索排名机制有效性的关键。只有通过有效监管和合理政策，才能有效减少不当行为的发生，保护市场正常运转和商家与消费者的合法权益。

点击欺诈的目的通常是获得不当利益，如提高排名、获得广告费用[1]。点击欺诈对广告商和广告平台都会造成负面影响。对于广告商，他们可能因为支付虚假的点击费用而损失巨额资金。对于广告平台，点击欺诈可能导致广告平台的声誉受损，从而影响其客户群体的信任度和市场地位。点击欺诈的形式主要包括人为点击、机器人点击和点击农场三种。人为点击是指通过雇佣人员或使用一些刺激性的手段来增加广告点击量，以达到欺诈的目的。这种点击欺诈方式在一些低技术门槛的行业中比较常见，如一些小型电商、游戏。机器人点击是指通过程序或机器人来模拟真实消费者的行为，从而增加广告的点击量。机器人点击可能通过伪造 IP 地址、使用多个代理服务器、模拟多个消费者行为等方式进行。点击农场是指一些恶意网站或 App 会通过提供虚假的奖励或优惠等手段来鼓励消费者点击广告，从而获取不当利益。目前谷歌、必应和百度等诸多搜索引擎平台已采取实施自动监测系统、人工审核等多种措施来避免点击欺诈。Metwally 等[2]提出一种可以被搜索引擎使用的算法，并发现搜索引擎在过滤来自同一台计算机的重复点击方面做得相当不错。广告商端检测工具主要包括统计方法和基于特征的方法。其中，统计方法对聚合数据进行离线分析，以捕获预测行为（如点击追踪），如果预测值与实际值之间存在广泛差异，则可能存在欺诈行为。基于异常的检测方法是一种基于特征的方法，它为广告商网站上的访问者特征创建一个特征标识[3, 4]。基于异常的检测方法可以为每个点击分配欺诈分数，统计方法则显示聚合模式。另外，搜索引擎使用的过程是在搜索引擎将广告商的点击标记为有效之后，允许广告商提交无效点击索赔，以解决点击计数中的冲突。

　　这些点击测量技术仍是不完善的。在理想情况下，所有无效的点击都应该被检测出来。然而，欺诈方案随着时间变化而改变，并且欺诈检测需要检查大量数据流（如点击流），因此很难检测点击欺诈。所有点击欺诈检测技术都受到搜索引擎将有效点击标记为无效点击及将无效点击标记为有效点击的影响，从而对广告商造成严重的影响。首先，点击欺诈会导致广告商的预算流失，广告商需要支付每次点击费用。如果广告商的广告频繁遭受点击欺诈，那么他们将损失一部分预算，而这些预算原本可以用于推广他们的产品或服务，吸引真正的潜在消费者。其次，点击欺诈可能导致广告商对广告投放的不信任感，广告商无法确定广告点击量中有多少是真正的潜在消费者点击的。最后，点击欺诈可能影响广告商的品牌声誉，被恶意的点击欺诈影响的广告往往是低质量的，消费者可能将这些广告与品牌本身联系在一起，从而影响品牌形象。

16.2　搜索排名广告与刷单

　　信息技术的空前发展使网络购物成为最受消费者欢迎的消费方式，零售商热衷于在亚马逊、京东、淘宝等主要电子商务平台上销售产品。这些平台充当了促进消费者和零售商之间交易的双边中介。消费者访问该平台并发起对产品的搜索。该平台通过显示零售商提供的匹配产品的商店链接来做出反应。消费者点击一个或多个链接以获得更多产品信息并做出购买决定。该平台跟踪这些交易，并根据销售额收取佣金。平台使用各种匹配和排名机制来显示商店链接以响应消费者的查询。

尽管关于搜索排名机制的详细信息公布得很少，但人们普遍认为平台上零售商的销售额是一个关键指标。例如，在淘宝上销量作为权重占比约 25%，这比其他已知指标都要多。促使平台根据零售商的历史销售额对商家进行排名的一个原因是它们对每笔交易收取佣金作为技术服务费[5]。对于平台，过去销售额较大的零售商更有可能在未来为平台创造更多的佣金收入，这也激发了基于销售额的排名机制的使用。实证研究发现，消费者倾向于从排名靠前的链接购买更多的产品[6-8]。

部分零售商采用刷单这种欺诈行为来增加其商店链接在电子商务平台上的可见性和突出性。刷单是指网络零售商为了在搜索结果中占据更突出的位置而订购自身产品的订单以提高销量[9,10]。刷单的本质是通过虚假的手段，使得一些产品或服务看起来比它们实际上更受欢迎，从而欺骗消费者，增加销量和收入。一些零售商通过雇佣刷单员以低成本的方式刷单，还有一些零售商开设不同的消费账号来进行刷单。为了逃避审查，零售商甚至可能运出空包裹或装有低价值物品的盒子，但会上传一个真实的物流单号来欺骗平台。这些虚假交易如果未被发现，便会提高零售商的销售额，使其产品搜索排名更高[11]。刷单不仅会影响消费者的购买决策，而且会给电子商务平台和商家造成巨大的经济损失。一方面，刷单行为会扰乱市场的竞争秩序，使得一些优质的产品无法获得合理的竞争优势，对于消费者和商家来说都是不公平的。另一方面，刷单行为会导致电子商务平台和商家的指标被虚假的数据所扭曲，使得它们无法准确了解市场的需求和变化，从而无法有效地做出决策。刷单已成为各大电子商务平台越来越常见的行为。尽管平台频频宣称会积极打击刷单行为，但只有一小部分参与刷单的零售商被发现并受到实质性处罚[11]。

16.3　研究模型构建与分析及拓展分析

1. 研究模型构建与分析

在同一市场中，存在两个相互竞争的零售商 i 和 j （ $i, j \in \{A, B\}$ 且 $i \neq j$ ）。市场规模为 D （即市场总需求），由两种类型的消费者共同组成，其中一部分消费者为非搜索者，占比为 u_N，这类消费者具有很高的搜索成本，只会从搜索排名更靠前的零售商处进行购买，剩余一部分消费者为搜索者，占比为 u_S，这类消费者具有很低的搜索成本（假设为零），会选择从价格更低的零售商处进行购买。为简单起见，本章将每个阶段的消费者的总量都设定为 1，每个消费者对该产品都有 1 个单位的需求，如果产品售价低于 v，他就会进行购买，否则，不进行购买。在每个阶段开始时，平台会根据上个阶段零售商的销售排名为两个零售商分配广告位 $s \in \{1,2\}$，其中，高销量的零售商会被分配到位置 1，低销量的零售商则会被分配到位置 2。相较于位置 2，位置 1 显得更为突出并具有更高的消费者流量。零售商在观察到自身的位置后，同时做出本阶段的定价与刷单决策。搜索者会对两个位置上的商家均进行搜索，并选择从价格较低的那一方进行购买，非搜索者只会从位置 1 处的零售商进行购买。定义 F_s^i 为零售商 i 在位置 s 的产品售价；$F_s^i(p)$ 为零售商 i 在位置 s 的混合定价策略，表示其售价不大于价格 p 的概率。另外，平台会跟踪零售商在平台上每个阶段的总交易量，并按每笔销量的固定比例 α 收取佣金。平台的位置分配规则诱使零售商期望通过刷单制造虚假销售以获得显著位置。定义 $G_i(z_i)$ 为零售商 i 投资的刷单量不大于 z_i 的概率。因此，零售商在每个阶段的利润主要取决于自己所处的位置和产品的售价。本章通过一个简化的两阶段模型来刻画两个零售商在平台上所面对的竞争。在阶段 1 开始时，假设平台随机分配销售位置给两个零售商。在知道自己的位置后，两个零售商各自同时选择自己的定价策略和刷单策略，不同类型的消费者做出购买决策，平台根据每个零售商的销量抽取佣金。在阶段 2 开始时，平台根据零售商在阶段 1 的总销售额（实际销售额与虚假销售额之和）进行位置分配，位置 1 会被分配给总销售额更高的零售商。假设在两个零售商销售额一致的情况下，平台会随机分配位置，每个零售商均有一半的概率获得位置 1。在位置分配之后，两个零售商各自制定阶段 2 的定价策略，然后消费者做出购买决策，博弈流程结束。

本章采用逆向归纳方法来探讨该博弈的纳什均衡。首先探究在阶段 2 不同位置零售商之间的价格竞争并求解他们的均衡收益，然后探究他们在阶段 1 的刷单策略。

不失一般性，本章假设两个零售商的采购成本均为零，零售商 i 搜索排名更靠前，零售商 j 搜索排名则相对靠后。根据以上假设，对于零售商 i，如果 $p_i < p_j$，其需求就由所有的搜索者和非搜索者组成，如果 $p_i > p_j$，其需求就是所有的非搜索者，如果 $p_i = p_j$，其需求就由所有的非搜索者和一半的搜索者共同组成。由此可得到零售商 i 的利润表达式：

$$\pi_i(p_i, p_j) = \begin{cases} u_N p_i, & p_i > p_j \\ \left(u_N + \dfrac{u_s}{2}\right) p_i, & p_i = p_j \\ p_i, & p_i < p_j \end{cases} \tag{16-1}$$

对于零售商 j，由于其搜索排名相对靠后，如果 $p_j < p_i$，其需求就由所有的搜索者组成，如果 $p_j > p_i$，其需求就为零，如果 $p_i = p_j$，其需求就由一半的搜索者组成。由此可得到零售商 j 的利润表达式：

$$\pi_j(p_j, p_i) = \begin{cases} 0, & p_j > p_i \\ \dfrac{u_S}{2} p_j, & p_j = p_i \\ u_S p_j, & p_j < p_i \end{cases} \tag{16-2}$$

首先通过反证法推断出该价格竞争博弈并不存在纯策略纳什均衡。假设 (p_i^*, p_j^*) 是该博弈的纯策略纳什均衡。如果 $p_i^* > p_j^*$，零售商 j 想要通过提高价格来增加利润，零售商 i 也会想要通过提高价格直至 v 来只卖给非搜索者以获取更高的利润。如果 $p_i^* < p_j^*$，零售商 i 会期望通过提高价格来增加利润，零售商 j 则会想要通过降低价格直至 $p_i^* - \varepsilon$（ε 是一个任意小的正数）来吸引搜索者的注意以获取正利润。如果 $p_i^* = p_j^*$，两个零售商都想要通过降低价格来获取所有搜索者的需求从而实现利润增长。

然后求解该价格竞争博弈的混合策略均衡。令 $F_i(p_i):[0, v] \rightarrow [0,1]$ 为零售商 i 的定价策略的累积概率分布，$F_j(p_j):[0, v] \rightarrow [0,1]$ 为零售商 j 的定价策略的累积概率分布。

对于零售商 i，任何在 $[0, u_N v)$ 内的价格都被价格 v 占优。这是因为如果 $p_i < u_N v$，零售商 i 即便获得全部的市场需求，其实现的利润也要低于以价格 v 仅卖给所有非搜索者 u_N 这一策略。

在混合策略均衡中，$F_i^*(p_i)$ 和 $F_j^*(p_j)$ 在 $[u_N v, v)$ 内是连续的，可以采用反证法进行证明。首先，假设零售商 i 的定价策略 $F_i^*(p_i)$ 是不连续的，并且存在某一价格 $x \in [u_N v, v)$ 被其以正概率选择，而零售商 j 的定价策略 $F_j^*(p_j)$ 在 $[u_N v, v)$ 内是连续的。那么，对于零售商 j，在定价为 $x - \varepsilon$ 处的期望利润会比在定价为 $x + \varepsilon$ 处更高，这与"$F_j^*(p_j)$ 在 $[u_N v, v)$ 内是连续的"这一条件相悖。以相同的方法也可以证明"$F_i^*(p_i)$ 在 $[u_N v, v)$ 内是连续的，而 $F_j^*(p_j)$ 在 $[u_N v, v)$ 内某一点处是不连续的"这一情况是不存在的。其次，如果 $F_i^*(p_i)$ 在 $[u_N v, v)$ 内是连续的，则 $F_j^*(p_j)$ 不可能在 $u_N v$ 这一点处存在质点，否则这会使得零售商 i 在选择定价为 $u_N v$ 时并不能获得所有搜索者的需求，其定价在 $u_N v$ 处的期望利润相比于定价为 v 更低，造成 $p_i = u_N v$ 是被占优的，并且 $F_i^*(p_i)$ 在 $[u_N v, v)$ 内不连续。最后，如果 $F_i^*(p_i)$ 和 $F_j^*(p_j)$ 都在某一价格 x'（$x' \in (u_N v, v)$）处不连续，那么两个零售商都有动机以正概率选择 $x' - \varepsilon$ 以提升利润。如果 $F_i^*(p_i)$ 和 $F_j^*(p_j)$ 都在价格 $u_N v$ 处不连续，那么零售商 j 有动机以正概率选择 $u_N v - \varepsilon$ 并且零售商 i 有动机以正概率选择价格 v。

（1）给定零售商 j 的定价策略 $F_j(p_j)$，零售商 i 选择定价为 p_i 的期望利润可表示为

$$E\pi_i(p_i, F_j(p_j)) = u_S p_i(1 - F_j(p_i)) + u_N p_i \tag{16-3}$$

根据式（16-3），零售商 i 最大化自身利润时所选价格 p_i 需要满足：

$$\frac{\partial E\pi_i(p_i, F_j(p_j))}{\partial p_i} = 1 - u_S[F_j(p_i) + p_i f_j(p_i)] = 0 \tag{16-4}$$

经整理，可得到

$$\frac{\mathrm{d}p_i F_j(p_i)}{\mathrm{d}p_i} = \frac{1}{u_S} \tag{16-5}$$

该微分方程的解如下：

$$p_i F_j(p_i) = \frac{1}{u_S} p_i - k_1 \tag{16-6}$$

其中，k_1 为常数。根据定义可知 $F_j(u_N v) = 0$ 恒成立，进而求解得到

$$k_1 = \frac{u_N v}{u_S} \tag{16-7}$$

因此，在均衡状态下零售商 j 的定价策略 $F_j^*(p_j)$ 具体形式为

$$F_j^*(p_j) = \frac{p_j - u_N v}{u_S p_j}, \ p_j \in [u_N v, v] \tag{16-8}$$

（2）给定零售商 i 的定价策略 $F_i(p_i)$，零售商 j 选择定价为 p_j 的期望利润可表示为

$$E\pi_j(p_j, F_i(p_i)) = u_S p_j(1 - F_i(p_j)) \tag{16-9}$$

根据式（16-9），零售商 j 最大化自身利润时所选价格 p_j 需要满足：

$$\frac{\partial E\pi_j(p_j, F_i(p_i))}{\partial p_j} = 1 - F_i(p_j) - p_j f_i(p_j) = 0 \tag{16-10}$$

经整理，可得到

$$\frac{\mathrm{d}p_j F_i(p_j)}{\mathrm{d}p_j} = 1 \tag{16-11}$$

该微分方程的解如下：

$$p_j F_i(p_j) = p_j - k_2 \tag{16-12}$$

其中，k_2 为常数。根据定义可知 $F_i(u_N v) = 0$ 恒成立，进而求解得到

$$k_2 = u_N v \tag{16-13}$$

因此，在均衡状态下零售商 i 的定价策略 $F_i^*(p_i)$ 具体形式为

$$F_i^*(p_i) = \frac{p_i - u_N v}{p_i}, \ p_i \in [u_N v, v) \tag{16-14}$$

综上，本章用定理 16-1 来完整描述该价格博弈的均衡。

定理 16-1　令 $F_i^*(p_i)$ 和 $F_j^*(p_j)$ 分别为零售商 i 和 j 在均衡状态下所采用的定价策略，$F_i^*(p_i)$ 和 $F_j^*(p_j)$ 的具体表达式为

$$F_i^*(p_i) = \begin{cases} 0, & p_i \in [0, u_N v) \\ \dfrac{p_i - u_N v}{p_i}, & p_i \in [u_N v, v) \\ 1, & p_i = v \end{cases} \quad (16\text{-}15)$$

且

$$F_j^*(p_j) = \begin{cases} 0, & p_j \in [0, u_N v) \\ \dfrac{p_j - u_N v}{u_S p_j}, & p_j \in [u_N v, v] \end{cases} \quad (16\text{-}16)$$

混合策略均衡中，零售商 i 的价格分布函数一阶随机于零售商 j 的价格分布函数。两个零售商选择 $[0, u_N v)$ 内价格的概率均为零，在 $(u_N v, v)$ 内价格分布概率非线性递减。零售商 i 有 u_N 概率会选择价格 v，而零售商 j 的均衡价格分布中不存在质点。零售商 i 面临以低价格吸引搜索者和以高价格剥削非搜索者之间的权衡；零售商 j 则采用更具竞争性的定价策略只为吸引搜索者。

在均衡状态下，两个零售商各自在 $[0, u_N v]$ 内的期望利润保持不变。具体地，零售商 i 的均衡期望利润为

$$R_1^* = u_N v \quad (16\text{-}17)$$

零售商 j 的均衡期望利润为

$$R_2^* = u_S u_N v \quad (16\text{-}18)$$

由式（16-17）和式（16-18）可推导出零售商 i 和 j 的利润之差为

$$\Delta R = R_1^* - R_2^* = u_N^2 v \quad (16\text{-}19)$$

这一结果表明，在单一定价决策场景中，基于消费者搜索行为的异质性，搜索排名更靠前的零售商往往更有机会获得更高的利润。

在价格竞争博弈中，位置 1 相较于位置 2 的优势引发了零售商试图通过刷单竞争更显著位置的动机。在刷单博弈中，两个零售商决定在阶段 1 刷虚假销售额 z_A 和 z_B。不失一般性，假设在阶段 1 开始时零售商 A 被分配到了位置 1，零售商 B 被分配到了位置 2。因此，零售商 A 在阶段 1 的总销售额为 $R_1 + z_A$，零售商 B 在阶段 1 的总销售额为 $R_2 + z_B$。在不刷单的情况下，给定价格竞争博弈的均衡，零售商 A 在阶段 1 的总销售额比零售商 B 具有 $R_1^* - R_2^* = u_N^2 v$ 的优势。

令 δ 表示时间折现因子，$s(i) \in \{1,2\}$ 表示零售商 i 在阶段 2 被分配到的位置。零售商的总预期利润由三项组成：①阶段 1 价格竞争博弈中销售的预期利润，即预期收入减去佣金；②刷单销售产生的额外佣金；③阶段 2 价格竞争博弈中销售

的（带有时间折现因子）预期利润。因此，零售商 A 和零售商 B 的总利润函数可以表示为

$$\pi^A(z_A) = (1-\alpha)R_1 - \alpha z_A + \delta(1-\alpha)R_{S(A)} \qquad （16-20）$$

$$\pi^B(z_B) = (1-\alpha)R_2 - \alpha z_B + \delta(1-\alpha)R_{S(B)} \qquad （16-21）$$

零售商在阶段 2 的预期利润取决于位置分配结果，由价格竞争博弈获得的实际销售额和阶段 1 投入的虚假销售额共同决定。将零售商 i 的（混合）刷单策略定义为 $G_i(z_i): Z_i \rightarrow [0,1]$，其中，$Z_i \subset [0,\infty)$。给定零售商 B 的刷单策略 $G_B(z_B)$，零售商 A 刷单量为 z_A 的期望利润函数为

$$\pi^A(z_A, G_B(z_B)) = (1-\alpha)R_1 - \alpha z_A + \delta(1-\alpha)$$
$$\times [R_1 G_B(z_A + \Delta R) + R_2(1 - G_B(z_A + \Delta R))]$$
$$（16-22）$$

同样，给定零售商 A 的刷单策略 $G_A(z_A)$，零售商 B 刷单量为 z_B 的期望利润函数为

$$\pi^B(z_B, G_A(z_A)) = (1-\alpha)R_2 - \alpha z_B + \delta(1-\alpha)$$
$$\times [R_1 G_A(z_B - \Delta R) + R_2(1 - G_A(z_B - \Delta R))]$$
$$（16-23）$$

对于刷单竞争，两个零售商面临的关键权衡是赢得显著位置产生的额外销售额与刷单所产生的额外佣金之间的权衡。本章对刷单竞争的分析如下。定理 16-2 表明，如果 $\alpha \geq \delta/(1+\delta)$，那么没有零售商有刷单的动机，并且 $(z_A^* = 0, z_B^* = 0)$ 是唯一的纯策略纳什均衡；定理 16-3 表明，如果 $\alpha < \delta/(1+\delta)$，则不存在纯策略纳什均衡，刷单博弈中只存在混合策略均衡；定理 16-4 给出了在 $\alpha < \delta/(1+\delta)$ 时刷单博弈的混合策略均衡的具体形式。

定理 16-2　当且仅当 $\alpha \geq \delta/(1+\delta)$ 时，刷单博弈存在唯一的纯策略纳什均衡 $(z_A^* = 0, z_B^* = 0)$。

证明： 如果 $(z_A^* = 0, z_B^* = 0)$ 是一个均衡状态，那么没有零售商愿意将刷单量 z_i 提高至正水平。对于零售商 A，$z_A = 0$ 是对 $z_B = 0$ 的最佳响应：零售商 B 若不采取刷单，基于在阶段 1 显著位置上获得的实际销售优势，零售商 A 在阶段 2 仍顺利赢得位置 1，因此零售商 A 无须刷单。对于零售商 B，$z_B = 0$ 是对 $z_A = 0$ 的最佳响应：零售商 B 没有动机提高 z_B 以获得位置 1。换言之，在给定 $z_A = 0$ 的情况下，零售商 B 选择 $z_B = 0$ 的利润应至少等同于选择 $z_B = \Delta R$ 的利润，ΔR 也是零售商 B 争夺位置 1 所需的最小刷单量。这一情形可以表示为

$$(1-\alpha)R_2^B + \delta(1-\alpha)R_2^B \geq (1-\alpha)R_2^B - \alpha\Delta R + \delta(1-\alpha)R_1^B \qquad （16-24）$$

由式（16-24）可得 $\alpha \geq \delta/(1+\delta)$。在此情况下，$z_B = 0$ 是零售商 B 的主导刷

单策略，而 $z_A = 0$ 是零售商 A 响应 $z_B = 0$ 的最佳策略。因此，在 $\alpha \geqslant \delta / (1+\delta)$ 时，$(z_A^* = 0, z_B^* = 0)$ 是唯一的纳什均衡。

定理 16-2 表明，如果平台佣金率超过某个水平，零售商刷单产生的佣金会大于位置提升带来的潜在收益，从而抑制了处于非显著位置的零售商的刷单动机，处于显著位置的零售商也不需要通过刷单来保持领先位置。然而，当 $\alpha < \delta / (1+\delta)$ 时，佣金率低到无法限制零售商想要通过刷单来争夺显著位置的动机。同时，预期处于非显著位置的零售商的刷单行为，处于显著位置的零售商不得不通过刷单来维护自己的领先位置。一方面，在均衡状态下，两个零售商的总销售额不可能相等，否则任一零售商选择增加刷单来获得位置 1 的策略都是更优的。另一方面，两个零售商的刷单策略不可能达到纯策略均衡，因为对于总销售额较低的零售商，要么选择增加刷单量以超过竞争对手的销售额，要么因位置优势无法弥补刷单成本而退出刷单竞争。定理 16-3 给出了相应的推理过程。

定理 16-3　当 $\alpha < \delta / (1+\delta)$ 时，刷单博弈不存在纯策略纳什均衡。

证明：首先，如果 $\alpha < \delta / (1+\delta)$，那么 $(z_A = 0, z_B = 0)$ 不可能是均衡状态。这是因为当 $z_A = 0$ 时，零售商 B 就有动机将 z_B 提高至 $\Delta R + \varepsilon$（ε 是一个任意小的正数）以超过零售商 A 的销售额从而获得位置 1。其次，任何 $z_A > 0$ 和/或 $z_B > 0$ 的纯策略 (z_A, z_B) 都不是均衡状态。这是因为如果 $R_1 + z_A \neq R_2 + z_B$，总销售额较低的零售商将在阶段 2 被分配到位置 2，该零售商有动机将其虚假销售额减少至零以降低佣金。最后，如果 $R_1 + z_A = R_2 + z_B$，则两个零售商均有动机将刷单量略微提高至 $z_i + \varepsilon$ 以在阶段 2 获得位置 1。

通过定理 16-3 可知，在 $\alpha < \delta / (1+\delta)$ 的情况下，零售商之间的刷单博弈不存在纯策略纳什均衡。因此，定理 16-4 给出该博弈的混合策略均衡。

定理 16-4　当 $\alpha < \delta / (1+\delta)$ 时，定义刷单范围 $Z_A \equiv [0, (\delta(1-\alpha) / \alpha - 1)u_N^2 v]$ 和 $Z_B \equiv \{0, [u_N^2 v, \delta(1-\alpha)u_N^2 v / \alpha]\}$，在混合策略均衡状态下，零售商 A 和零售商 B 的刷单策略 $G_A^*(z_A) : Z_A \to [0,1]$ 和 $G_B^*(z_B) : Z_B \to [0,1]$ 分别表示为

$$G_A^*(z_A) = \frac{\alpha}{\delta(1-\alpha)} + \frac{\alpha z_A}{\delta(1-\alpha)u_N^2 v}, \quad z_A \in Z_A \tag{16-25}$$

$$G_B^*(z_B) = \begin{cases} \dfrac{\alpha}{\delta(1-\alpha)}, & z_B = 0 \\[3mm] \dfrac{\alpha z_B}{\delta(1-\alpha)u_N^2 v}, & z_B \in Z_B, z_B \neq 0 \end{cases} \tag{16-26}$$

由定理 16-4 可知，在均衡状态下，两个零售商在各自的刷单范围内的累积概率分布遵循 $G_A^*(z_A)$ 和 $G_B^*(z_B)$。首先，不在 Z_A 和 Z_B 范围内的刷单策略均是被占优的。这是因为要竞争在阶段 2 中的位置 1，零售商 B 必须首先填补在阶段 1 中的

销售额劣势 ΔR，任何小于 ΔR 的刷单量都是被严格占优的，这种策略不能帮助零售商 B 获得位置 1 反而造成额外的佣金。此外，$z_B = \Delta R$ 同样是严格被占优的，$z_B = \Delta R$ 有概率使得零售商 B 无法在刷单竞争中获胜从而产生沉没的佣金。高于 Z_B 上限的刷单量同样被严格占优，选择这些策略所产生的佣金超过了显著位置带来的利润提升。对于零售商 A，高于 Z_A 上限的刷单量同样是这种情况。

根据上述刷单均衡结果，可以进一步求得，在 $\alpha < \delta / (1+\delta)$ 时，零售商 A 和零售商 B 的预期刷单总量 z^{total} 为

$$z^{\text{total}} = E(z_A^*) + E(z_B^*) = \left(\frac{\delta(1-\alpha)}{\alpha} - 1 \right) u_N^2 v \qquad (16\text{-}27)$$

较大的时间折现因子 δ 意味着在均衡状态下会出现更大的预期刷单总量。但在现实中，δ 通常由平台计算销售额和调整位置排名的频率决定，δ 对刷单量的影响是模糊的。一方面，如果时间折现因子为 $\delta = e^{-r\Delta t}$，其中，r 为利率，Δt 为一个时期的长度。较短的时期对应较大的时间折现因子及在均衡状态下更大的刷单总量。另一方面，平台的消费者流量是销售排名所依据的时期长度的递增函数，时期越短，显著位置的优势越小，导致刷单量越小。

随着佣金率的增加，刷单成本也在增加，对刷单施加了一个负的佣金效应。当 $\alpha \geqslant \delta / (1+\delta)$ 时，刷单成本超过了排名提升带来的潜在利益，佣金效应起决定性作用，消除了零售商的刷单动机。当 $\alpha < \delta / (1+\delta)$ 时，位置效应开始发挥作用，促使零售商投资于虚假销售。u_S 的增加降低了零售商处理虚假交易的动机，这是因为搜索者数量的增加削弱了显著位置的吸引力。当 u_S 接近 1 时，所有消费者变成搜索者，价格竞争博弈变成标准的 Bertrand 竞争博弈，位置在零售商的战略决策中不再起作用。

下面考虑刷单对零售商的利润影响。在不刷单的情况下，在阶段 2 中零售商 A 被分配至显著位置 1，而零售商 B 被分配至非显著位置 2。令 π_A^{NB} 和 π_B^{NB} 分别表示无刷单情况下零售商 A 和零售商 B 的利润：

$$\pi_A^{\text{NB}} = (1-\alpha)(1+\delta)u_N v \qquad (16\text{-}28)$$

$$\pi_B^{\text{NB}} = (1-\alpha)(1+\delta)u_S u_N v \qquad (16\text{-}29)$$

令 $E\left(\pi_A^{\text{BE}}\right)$ 和 $E\left(\pi_B^{\text{BE}}\right)$ 分别表示零售商 A 和零售商 B 在混合刷单策略均衡下的预期利润，根据定理 16-4 可以推导出

$$E\left(\pi_A^{\text{BE}}\right) = u_N v + (\delta(1-\alpha) - \alpha)u_S u_N v \qquad (16\text{-}30)$$

$$E\left(\pi_B^{\text{BE}}\right) = (1-\alpha)(1+\delta)u_S u_N v \qquad (16\text{-}31)$$

通过比较两种情况下零售商 A 和零售商 B 各自的利润，可以得到

$$E\left(\pi_A^{\text{BE}}\right) - \pi_A^{\text{NB}} = (\alpha - \delta(1-\alpha))u_N^2 v < 0 \qquad (16\text{-}32)$$

$$E\left(\pi_B^{\text{BE}}\right) - \pi_B^{\text{NB}} = 0 \qquad (16\text{-}33)$$

因此，零售商 A 在刷单博弈均衡下的预期利润低于无刷单情况下的利润。零售商 A 在采取刷单策略时需要向平台支付额外的佣金，在刷单均衡中零售商 A 有概率在刷单竞争中落败从而在阶段 2 中被分配至非显著位置，这也使得其预期利润受损。与之相比，零售商 B 在刷单博弈均衡下的预期利润等于无刷单情况下的利润。虽然零售商 B 会因刷单产生额外的佣金而使利润受损，但他也有机会赢得刷单竞争从而获得显著位置并使利润提升，二者相互抵消。总之，虽然刷单竞争会导致预期利润受损，但零售商 A 仍会选择刷单来捍卫自己的显著位置，因为利润损失的程度小于选择不刷单直接放弃显著位置；零售商 B 即使选择刷单，预期利润也不会受损，因此更有意愿参与刷单。

2. 拓展分析

平台市场中通常拥有众多零售商，而且零售商之间的竞争通常持续很长时间。因此，本章探讨额外零售商和额外时期对零售商刷单行为的影响。

首先，本章讨论当至少有三个零售商在电子商务平台上竞争时的刷单竞争。上述价格竞争分析表明，显著位置保证了占比为 u_N 的非搜索者的需求。如果在这个市场上让一个零售商变得突出，并以垄断价格 $p = v$ 为所有非搜索者市场提供服务，其余零售商之间的博弈将是标准的 Bertrand 竞争博弈，均衡价格将是 $p = 0$。因此，让一个零售商变得突出，对其余零售商施加外部性，推动剩余市场达到完全竞争水平，突出了显著位置的重要性。因此，在多零售商情况下，显著位置创造了更多的销售优势，这意味着零售商有更高的动机来争取显著位置。

其次，前面主要考虑两阶段情况，只有在佣金率低到一定程度时，处于非显著位置的零售商才会选择通过刷单来争夺显著位置。然而，两阶段模型本质上是静态的，只考虑了刷单决策对于一个阶段的位置分配影响，如果将模型扩展至多阶段场景，则可以从动态的角度来考虑刷单竞争问题。在其他条件不变的情况下，将刷单位置竞争简单地扩展至三个阶段来进行说明。从阶段 2 开始的刷单子博弈与两阶段刷单情况一致，根据定理 16-2，当 $\alpha \geqslant \delta / (1+\delta)$ 时，无论哪个零售商在阶段 2 中处于位置 1，双方都不进行刷单才是这个阶段的均衡状态。对于阶段 1，情况发生了变化，零售商 B 有一个额外的动机来选择刷单，这是因为赢得位置 1 不仅会增加其在阶段 2 的销售利润，这一效果同时会在阶段 3 中起作用。在这种情况下，为了在阶段 1 中达到无刷单的均衡状态，需要满足以下条件：

$$\pi_B(z_{B,t=1} = 0 \mid z_{A,t=1} = 0) \geqslant \pi_B(z_{B,t=1} = u_N^2 v \mid z_{A,t=1} = 0) \qquad (16\text{-}34)$$

这要求：

$$\delta(1-\alpha)u_S u_N + \delta^2(1-\alpha)u_S u_N \geq \delta(1-\alpha)u_N + \delta^2(1-\alpha)u_N - \alpha u_N^2 \quad （16\text{-}35）$$

式（16-35）可简化为 $\alpha \geq \delta$。因此，刷单位置博弈从两阶段到三阶段的简单动态扩展揭示了零售商和平台机制设计者面临的一个现实：在销售权重排名和位置分配机制下，高佣金率不一定能阻止零售商的刷单行为。举例说明，当 $\delta = 0.9$ 时，要想达到不刷单的均衡，在两阶段博弈中，需要 $\delta \geq 0.474$，但在三阶段博弈中，要求 $\delta \geq 0.9$。因此，在销售权重排名和位置分配机制下，平台用高佣金率来阻止刷单行为是不可能的，也是不可行的。平台要识别刷单行为对平台业绩和效率的潜在危害。从短期来看，平台可能有动力去纵容零售商的刷单行为，这能带来平台利润的提升。但是如果过度刷单行为持续下去，不仅会对平台的声誉造成损害，而且会对平台的运营机制的有效性造成损害。在实际市场中，除了佣金，刷单通常会产生额外的成本，如交付成本、人工费用和潜在的合规风险，这在一定程度上可能阻止刷单行为。

16.4　研究发现及营销管理建议

电子商务平台的进步极大地推动了零售商与消费者之间的交易活动，为商业领域带来了巨大的便利与机遇。然而，与其并行发展的网络市场上，欺诈行为（如点击欺诈和刷单）的盛行也带来了一系列挑战。这些欺诈行为可能导致"劣币驱逐良币"的现象，即劣质产品或服务的供应商通过欺骗消费者而获取大量市场份额。特别是刷单行为已成为一个严重的问题，对许多主要电子商务平台上的零售商之间的公平竞争产生了不利影响。

本章深入分析了刷单现象及其对零售商竞争的影响，揭示了其背后的机制与动因。一般而言，电子商务平台使用基于销售的排名机制来展示消费者的搜索结果。显著位置提供了更多曝光率和吸引更多消费者流量的机会，同时意味着更高的利润，因此触发了零售商之间为争夺显著位置而展开的刷单竞争。本章的研究结果表明，在佣金率相对较高的情况下，零售商不太可能采取刷单行为，因为额外的刷单成本超过了显著位置带来的利润；在低佣金率情况下，非显著位置的零售商则有动机通过刷单来争取更显眼的展示位置，显著位置的零售商则不得不通过刷单来维持他们的领先地位。

本章的研究为电子商务平台管理者和在线零售商提供了有益的启示。本章的研究结果表明，控制佣金率、调整平台计算销售额和调整位置排名的频率、考虑搜索者比例等因素会对零售商的刷单行为产生不同的影响，这对电子商务平台管理者优化平台规则具有指导意义。将经济学领域的平台规则设计与计算机科学领域的欺诈检测方法相结合，才能更好地遏制刷单等欺诈行为的泛滥，营造一个健康的网络市场环境。这不仅有利于提升消费者信任水平，还将为零售商提供更好的竞争机会，促进电子商务行业的可持续发展。具体而言，电子商务平台管理者可以通过控制佣金率来影响零售商的刷单行为。较高的佣金率意味着额外的刷单成本较高，零售商倾向于不采取刷单行为。平台可以根据实际情况调整销售额的计算方式和位置排名的频率，以减少刷单行为的诱因。此外，考虑搜索者比例也是重要的方式，对于那些倾向于主动搜索的消费者，零售商更有动机通过刷单来争夺更显眼的展示位置。

参 考 文 献

[1]　WILBUR K C，ZHU Y. Click fraud[J]. Marketing science，2009，28（2）：293-308.

[2]　METWALLY A，AGRAWAL D，EL ABBADI A. Duplicate detection in click streams[C]. Chiba：Proceedings of the 14th International Conference on World Wide Web，2005：12-21.

[3]　CAHILL M H，LAMBERT D，PINHEIRO J C，et al. Detecting fraud in the real world[M]//ABELLO J，PARDALOS P M，RESENDE M G C. Handbook of massive data sets. Boston：Springer，2002：911-929.

[4]　CORTES C，PREGIBON D. Signature-based methods for data streams[J]. Data mining and knowledge discovery，2001，5（3）：167-182.

[5]　WANG J，ZHANG Q A，HOU P W. Fixed fee or proportional fee？Contracts in platform selling under asymmetric information[J]. International journal of electronic commerce，2022，26（2）：245-275.

[6]　AGARWAL A，HOSANAGAR K，SMITH M D. Location，location，location：An analysis of profitability of position in online advertising markets[J]. Journal of marketing research，2011，48（6）：1057-1073.

[7]　BAYE M R，GATTI J R J，KATTUMAN P，et al. Clicks，discontinuities，and firm demand online[J]. Journal of economics and management strategy，2009，18（4）：935-975.

[8]　URSU R M. The power of rankings：Quantifying the effect of rankings on online consumer search and purchase decisions[J]. Marketing science，2018，37（4）：530-552.

[9]　JIN C，YANG L Y，HOSANAGAR K. To brush or not to brush：Product rankings，consumer search，and fake orders[J]. Information systems research，2023，34（2）：532-552.

[10]　LIU Y E，JIANG M H，WU H. The brushing game in online marketplaces[J]. International journal of electronic commerce，2023，27（2）：163-184.

[11]　XU H，LIU D，WANG H，et al. An empirical investigation of ecommerce-reputation-escalation-as-a-service[J]. ACM transactions on the web，2017，11（2）：1-35.